云南省哲学社会科学学术著作出版资助专项经费资助出版
云南省哲学社会科学规划项目（YB2014089）研究成果

滇西边境口岸地区
国家通用语言文字普及度调查研究

周 芸 吴秋娜 曾晓英 岳 雄 著

科学出版社

北 京

内 容 简 介

滇西边境口岸自古就是中国通向东南亚、南亚的门户。国家通用语言文字在当地的普及度，与多民族边境口岸地区的经济发展、社会稳定、文化传承等密切相关。本书通过描述中缅边境滇西国家一类口岸畹町口岸、瑞丽口岸、猴桥口岸、清水河口岸普及国家通用语言文字的状况，剖析其存在问题及成因，尝试为多民族边境口岸地区普及国家通用语言文字、跨学科思考国家边境问题提供新的视角，并通过对国家通用语言文字普及制约因素、特点规律的具体认识，为国家通用语言文字传播提供依据。

本书的读者对象为应用语言学、社会语言学等相关学科、专业的研究者和研究生，以及关注语言国情、语言生活、语言生态等问题的读者。

图书在版编目（CIP）数据

滇西边境口岸地区国家通用语言文字普及度调查研究/周芸等著. —北京：科学出版社，2019.10

ISBN 978-7-03-060317-3

Ⅰ. ①滇… Ⅱ. ①周… Ⅲ. ①边疆地区-普通话-调查研究-云南 Ⅳ. ①H102

中国版本图书馆 CIP 数据核字（2018）第 298794 号

责任编辑：张 达/责任校对：杨 赛
责任印制：李 彤/封面设计：铭轩堂

科 学 出 版 社 出版
北京东黄城根北街 16 号
邮政编码：100717
http://www.sciencep.com
北京建宏印刷有限公司 印刷
科学出版社发行 各地新华书店经销
*

2019 年 10 月第 一 版　开本：720×1000　B5
2019 年 10 月第一次印刷　印张：16 1/2
字数：332 000

定价：128.00 元
（如有印装质量问题，我社负责调换）

目 录

第一章 绪论 ··· 1
  第一节 研究背景及相关问题 ·· 1
  第二节 调查方案的设计 ··· 5
第二章 滇西边境口岸地区普通话普及度调查 ································ 14
  第一节 畹町口岸普通话普及度调查 ·· 14
  第二节 瑞丽口岸普通话普及度调查 ·· 38
  第三节 猴桥口岸普通话普及度调查 ·· 62
  第四节 清水河口岸普通话普及度调查 ······································· 85
第三章 滇西边境口岸地区规范汉字普及度调查 ···························· 115
  第一节 畹町口岸规范汉字普及度调查 ····································· 115
  第二节 瑞丽口岸规范汉字普及度调查 ····································· 142
  第三节 猴桥口岸规范汉字普及度调查 ····································· 168
  第四节 清水河口岸规范汉字普及度调查 ·································· 194
第四章 滇西边境口岸地区国家通用语言文字普及的思考 ············· 226
  第一节 滇西边境口岸地区国家通用语言文字普及 状况及成因 ········· 226
  第二节 滇西边境口岸地区国家通用语言文字的传播 ················· 251
参考文献 ··· 258
后记 ·· 259

第一章 绪 论

第一节 研究背景及相关问题

一、研究的背景及意义

（一）研究的背景

《国家中长期语言文字事业改革和发展规划纲要（2012—2020）》指出："语言文字是人类最重要的交际工具和信息载体，是文化的基础要素和鲜明标志，是促进历史发展和社会进步的重要力量。语言文字事业具有基础性、全局性、社会性和全民性特点，是国家文化建设和社会发展的重要组成部分，事关历史文化传承和经济社会发展，事关国家统一和民族团结，事关国民素质提高和人的全面发展，在国家发展战略中具有重要地位和作用。"推广和规范使用国家通用语言文字——普通话和规范汉字，不仅是中华各民族团结发展的需求，也是我国加快现代化发展、构建和谐社会的要求。《中华人民共和国国家通用语言文字法》（以下简称《国家通用语言文字法》）规定："国家通用语言文字的使用应当有利于维护国家主权和民族尊严，有利于国家统一和民族团结，有利于社会主义物质文明建设和精神文明建设。"我国历来重视语言文字工作，在新的历史时期，推广国家通用语言文字具有十分重要的意义。

中缅边境线北起西藏，南止于云南，傣族、布朗族、哈尼族、傈僳族、景颇族、阿昌族、德昂族等跨境而居。其边境口岸主要集中在云南，尤其是滇西地区，自古就是中国通向东南亚、南亚的门户。国家通用语言文字在中缅边境口岸地区的普及和传播，与多民族边境口岸地区的经济发展、社会稳定、民族平等、宗教文化等密切相关。因此，本书在中缅边境滇西国家一类口岸畹町陆路口岸（以下简称"畹町口岸"）、瑞丽陆路口岸（以下简称"瑞丽口岸"）、腾冲猴桥陆路口岸（以下简称"猴桥口岸"）、孟定清水河陆路口岸（以下简称"清水河口岸"）进行布点调查，将国家通用语言文字传播视为现代国家对外开放战略的重要组成和国际化进程的必然趋势，通过描述和剖析滇西边境口岸地区国家通用语言文字的普及状况和存在问题，为多民族边境口岸地区有效推广国家通用语言文字、跨学科思考国家边境问题提供新的研究视角和典型，深化对国家通用语言文字域内外推广的制约因素、特点规律的认识，为国家通用语言文字传播提供依据。

（二）研究的价值和意义

滇西边境口岸地区边境线长、民族组成复杂，在把云南建设成中国面向东南亚、南亚辐射中心，以及实施"一带一路"倡议和长江经济带建设中，具有十分重要的地位和作用。滇西边境口岸地区国家通用语言文字的普及，作为一种政府行为、公共行为和社会交际行为，正以一种构建语言生态环境的方式，在当地政治、经济、文化、社会建设中发挥着重要的作用。对滇西边境口岸地区国家通用语言文字的普及度进行调查研究具有重要的理论价值和实践意义。

第一，以滇西边境口岸地区跨境民族和领域语言生活为调查对象，充实学界现有研究成果。党的十八大提出"推广和规范使用国家通用语言文字"，这既是我国新时期语言文字工作的核心任务，也是贯彻落实《国家中长期语言文字事业改革和发展规划纲要（2012—2020）》的重要举措。然而，学术界目前对多民族边境口岸地区推广和规范使用国家通用语言文字问题关注不多，现有研究成果也很少从跨境民族语言认同、领域语言生活、语言生态环境等方面展开实证性的研究。

第二，从语言资源及其传播的角度审视国家通用语言文字的普及度，为相关部门提供工作思路。本书将普通话和规范汉字视为一种为社会成员提供交流、沟通和认同功能的社会资源，视为一种具有服务产业性质的经济资源，视为一种代表国家软实力和促进国际化进程的文化资源，以期能够为政府相关部门开展多民族边境口岸地区国家通用语言文字工作提供一定的思路。

二、研究所使用的理论及方法

（一）关于所使用的研究理论

本书的研究主要是以社会语言学、应用语言学、生态语言学等相关学科的理论为依据。

社会语言学是介于社会学和语言学之间的一门新兴的边缘学科，主要运用语言学以及社会学、民族学、文化人类学、社会心理学等学科的理论和方法，从不同学科的角度，研究语言的社会本质和差异，探究语言和社会相互依存的关系。[①] 社会语言学最基本的出发点就在于把语言看成一种社会现象，主张把语言放到其得以产生和运用的人类社会的广大背景中去研究和考察。[②]

应用语言学有广义和狭义之分：广义的应用语言学指语言应用的各个方面，包括语言教学、语言规划、语言和社会的关系与语言在社会中的应用，以及语言

[①] 周庆生. 2010. 中国社会语言学研究述略. 语言文字应用，（4）.
[②] 赵蓉晖. 2003. 社会语言学的历史与现状. 外语研究，（1）.

本体和本体语言学与现代科技的关系等；狭义的应用语言学仅指语言教学。

生态语言学，又称语言生态学，是生态科学和语言学相结合所形成的一门新兴学科。它将语言视为生态系统不可分割的组成部分，主张从语言与外部环境的相互依存和作用关系出发来分析、研究语言，涉及语言多样性、濒危语言、语言进化、语言习得、语言批评、语言与生态危机、语言政策、语言人权等方面的内容。①

本书将运用社会语言学的语言变异、语言接触等理论，应用语言学的语言教学、语言规划、语言和社会的关系等理论，生态语言学的语言多样性、语言习得、语言与生态危机、语言政策等理论，对滇西边境口岸地区国家通用语言文字普及度进行田野调查及数据统计，并对其特点、存在问题及成因进行剖析和阐释。

（二）关于所使用的研究方法

本书主要采用文献研究法、调查研究法、现场研究法、计量统计法等研究方法。

文献研究法是根据一定的研究目的或需要，通过查阅文献来获得相关资料，并全面、正确地了解所要研究的问题，找出事物的本质属性，从中发现问题的一种研究方法。本书通过收集社会语言学、应用语言学、生态语言学等相关学科的文献资料，在梳理相关研究现状以及做好文献综述的基础上，确定课题研究的理论依据和技术路线。

本书所使用的调查研究法主要有问卷法和访谈法。调查问卷设计以封闭式提问为主，内容涉及调查对象国家通用语言文字的能力水平、认同度、使用场合、学习状况、培训及测试情况，以及《国家通用语言文字法》的知晓度、执行情况、认同度等方面。问卷的填写主要采取自填式和代填式：自填式问卷采取调查对象填写和本书作者观察相结合的方式进行评定；代填式问卷通过与调查对象交流和本书作者观察相结合的方式进行评定。访谈法分为结构性访谈和非结构性访谈。结构性访谈是根据提前拟定的问题，按照分层抽样的方法，对合适的调查对象直接进行访谈，调查对象伴随访谈过程所出现的语码选择、语言能力水平等本身也在研究范围之内。非结构性访谈是本书作者根据调查的时间、地点、内容和调查对象的职业、职务、年龄、学历等情况，对调查对象（多为领导干部、具有一定文化教育背景或村寨中有影响力的村民等代表性人员）进行的随机性深度访谈。

现场研究法主要是考察调查对象或访谈对象进行语言文字交流或回答访谈性问题的流利程度，以及调查对象或访谈对象在与不同人群交际时的语言文字使用情况。例如：在填写调查问卷的过程中，有的调查对象会与其家人、亲戚、朋友、同事等用母语交流，有的调查对象会临时接听电话等，这就需要有意识地观

---

① 范俊军.2005.生态语言学研究述评.外语教学与研究，（2）.

察调查对象在具体语境中使用母语及其他语言文字的流利程度，观察其能否顺畅地延续话题。这些都是本书处理田野调查数据时的重要参考。

关于计量统计法，本书主要采用SPSS22.0软件对田野调查所获得的数据进行统计分析，并以此为基础对滇西边境口岸地区国家通用语言文字普及度进行客观描述和阐释。

三、研究语料的情况

本书研究的语料及相关数据主要来自田野调查的问卷和访谈，以及现场采集的图文资料、音频和视频。田野调查的工作思路是求真务实、规范严谨，立足调查点的语言生活实态，客观描写和系统阐释滇西边境口岸地区国家通用语言文字的普及状况。语料获取的流程具体如下。

（一）充分准备，科学规划

经开题论证，本书作者围绕课题的研究目标、研究内容和重点难点，制定了田野调查工作方案，包括确定调查问卷和访谈提纲，确定具有代表性的田野调查点及调查对象，确定分层抽样和穷尽式入户调查相结合、文字记录与音视频实录相结合的调查方法等。该方案于2015-2016年在畹町口岸、瑞丽口岸、猴桥口岸、清水河口岸实施后，本书作者又于2018-2019年对猴桥口岸、畹町口岸、瑞丽口岸的幼儿园、中小学教师（其中：猴桥口岸2人，畹町口岸4人，瑞丽口岸7人）进行了集中访谈。

（二）精心选点，严谨实施

根据滇西边境国家一类口岸有关管理规定的限制，经咨询相关专家和本书作者实地考察，本书最终确定以国家一类口岸畹町口岸、瑞丽口岸、猴桥口岸、清水河口岸为田野调查点，重点关注当地群众及相关部门的国家通用语言文字的能力水平、认同度、使用场合、学习状况、培训及测试等方面的状况。

（三）精确统计，细致描写

在田野调查过程中，本书作者一方面严格按工作方案逐一开展各项工作，一方面使用文字、音视频及时记录调查中临时出现的问题，同时还通过"田野调查每日一总结"会议、撰写田野调查日志等活动，不断总结经验，规范后续工作。田野调查结束后，本书作者运用SPSS22.0软件对调查数据进行了分析和统计，并根据研究目标、研究内容和重点难点，计算和验证调查数据，确保本书语料既有定量描述，也有定性分析。

第二节 调查方案的设计

一、调查原则

本书立足滇西边境地区畹町口岸、瑞丽口岸、猴桥口岸、清水河口岸的实际，坚持求真务实、规范严谨的工作思路，对当地国家通用语言文字普及状况进行田野调查及理论剖析：科学布点调查，规范、严谨地开展各项调查工作，以确保田野调查数据的真实可信、科学有效；坚持用历史的眼光观察和分析问题，既重视当地国家通用语言文字普及的良好状况，也关注其存在问题及成因；对田野调查所获得的原始材料进行数据分析和客观描写，系统梳理滇西边境口岸地区普及国家通用语言文字的实态。调查原则具体如下。

（一）客观性原则

客观性原则是指在开展调查和访谈工作时，应严格按照事物的本来面目去了解、把握和评价事实本身，必须无条件地尊重语言现实，如实记录、收集、分析和运用田野调查数据。在具体实施田野调查工作时，本书作者秉承客观性原则，尽量做到对调查对象不抱成见，收集语料不带主观倾向，严禁对客观事实进行增减或歪曲，以确保获得客观、真实的田野调查数据。

（二）实证性原则

实证性原则是指调查研究的结论及与此相联系的所有观点，都必须依靠于真实、可行的文献资料和语言材料。本书作者在田野调查中，具体做到了以下三点：一是调查研究结论的撰写以资料、数据为依据，不凭空臆造观点、结论和意见、建议；二是田野调查所产生的结论全部源于本书作者的田野调查，杜绝以偏概全的现象，防止以局部的、零散的材料说明总体、全面的情况；三是尽量使用定量统计数据来论证观点，同时辅之以语言事实描写。

（三）系统性原则

在田野调查过程中，由于受到滇西边境口岸地区语言生活复杂性的影响，如调查对象的地位、职业、年龄、性别等各具特色，需要因地制宜地制定调查方法，在实地的田野工作中要能够灵活调整调查手段，以确保调查数据的有效性。据此，本书确立了以下田野调查布点原则：第一，以滇西边境口岸地区为中心，向四周辐射，调查点应毗邻边境，且在口岸4公里以内的行政区划范围内；第二，如涉及少数民族村寨的调查，必须是跨境少数民族聚居的独立自然村寨，且民族成分分布大体均衡。

根据上述调查原则，本书作者于 2015—2016 年先后赴畹町口岸、瑞丽口岸、猴桥口岸、清水河口岸开展田野调查工作。2015 年熟悉调查点的，重点是人文地理情况，采取调查对象分层抽样的方法进行调查，同时配合以访谈法和测试法。2016 年，主要是对 2015 年的调查问卷、访谈问题和现场观察中存在的问题进行了调整和修改，并以穷尽式入户调查法为主、以调查对象分层抽样法为辅，充实了田野调查数据。2017 年—2019 年，在完成田野调查数据的分析后，本书作者针对存在问题进行了数据的查漏补缺工作，完善了田野调查数据。

二、调查布点

滇西边境地区的畹町口岸、瑞丽口岸、猴桥口岸、清水河口岸具有独特的地理位置、悠久的边贸历史、类型繁多的语言文字，调查其国家通用语言文字普及度，不仅有助于深化对语言国情的认识，而且还能发挥国家通用语言文字在促进边境口岸地区社会和谐、经济发展、民族团结、安全防御等方面的积极作用。

（一）口岸的基本概况

1. 瑞丽市及畹町口岸、瑞丽口岸[①]

瑞丽市地处云南省西部，隶属于德宏傣族景颇族自治州，西北、西南、东南均与缅甸相连，与缅甸木姐共同构成了 1 坝（勐卯坝）、2 国（中国、缅甸）、3 省邦（云南省、克钦邦、掸邦）交汇、4 区（瑞丽经济合作区、姐告边境贸易区、畹町经济开发区、畹町合作区）、5 座城市（瑞丽、畹町、木姐、南坎、九谷）的边境地理特色。全市总面积 1020 平方公里，下辖 2 区 3 镇 3 乡，有 11 个社区，29 个村委会，229 个村民小组，283 个自然村，11 个社区居民委员会，居住着傣族、景颇族、德昂族、傈僳族等少数民族。

畹町口岸位于瑞丽市畹町镇，该镇以傣族、汉族、景颇族和德昂族为主。当前，畹町口岸已成为全国第一批进境粮食指定口岸之一，是中缅水果贸易的主要通道，由此带动了批发市场、物流等相关行业的发展。瑞丽口岸位于瑞丽市区，与缅甸国家级口岸木姐对开，是我国最大对缅陆路口岸，部分出口商品经缅甸转销至孟加拉、印度等国，是中缅最大的跨境物流集散基地、人员出入境通道、边境商务信息中心。

---

① 走进瑞丽、瑞丽市人民政府. http://www.rl.gov.cn/web/index.aspx.2017-04-01.

2. 腾冲市及猴桥口岸①

腾冲市地处云南省西部，隶属于保山市，国土面积 5845 平方公里，下辖 11 镇 7 乡，居住有汉、回、傣、佤、傈僳、阿昌等 25 个民族。腾冲与缅甸山水相连，国境线长 150 公里，是中国陆路通向南亚、东南亚的重要门户。

猴桥口岸位于腾冲市猴桥镇。猴桥镇地处腾冲市区西北部，西北与缅甸联邦接壤，总面积 1086 平方公里，下辖 9 个社区，110 个村民小组，152 个自然村，是集林业、边境贸易、物资聚散、边境旅游等多元产业的边关重镇。猴桥口岸是中缅贸易的重要前沿，是著名的史迪威公路通往印度支那半岛的要冲和最后一站，也是祖国西南丝绸之路的必经之地。当前，随着保山猴桥边境经济合作区入驻，腾冲至猴桥高速公路、铁路及密班公路建设、滇西边境物流中心规划项目建设，猴桥在融入国家"一带一路"建设中的条件和优势逐步凸显。

3. 孟定镇及清水河口岸②

孟定镇地处临沧市耿马傣族佤族自治县的西南部，西与缅甸滚弄交界，与缅甸果敢特区相对接，与缅甸第二特区（佤邦）南登特区隔南汀河相望，国境线长 47.35 公里。全镇国土总面积 1101.06 平方公里，下辖 23 个村民委员会，277 个村民小组，233 个自然村，聚居有傣、汉、佤、景颇、德昂等 23 个民族。

孟定清水河口岸是中国孟定、芒卡、永和、南伞四个口岸和缅甸南邓、果敢、清水河经济合作区的圆心，是昆明通往缅甸皎漂港和仰光最近的陆上通道，是连接南亚、东南亚和走向印度洋的重要战略节点。未来，清水河口岸将依托自身及边境地区的资源禀赋和产业基础，建设成为布局合理、技术先进、节能环保、便捷高效、安全有序且具有一定国际竞争力的中缅商贸物流集散中心。

（二）口岸调查点的选择

确定滇西边境口岸地区调查点的基本原则：第一，以口岸为中心，向四周辐射，调查点应毗邻边境，且在口岸 4 公里以内的行政区划范围内；第二，调查点在相应镇的行政区域范围内，应为独立的自然村寨。

根据以上原则，畹町口岸、瑞丽口岸、猴桥口岸、清水河口岸的村寨调查点分别确定为弄弄村、芒棒村和法坡村，姐告村，蔡家寨和余家寨，青树寨和双龙井村，同时对畹町口岸、瑞丽口岸、猴桥口岸、清水河口岸所在地的政府、管委会、海关、边防、交通、税务、工商、公安、司法、社区、广播电视台、中小学、

---

① 腾冲概况. 腾冲人民政府. http://www.TENGCHONG.gov.cn/info/1074/12110.htm.2019-04-16.
② 孟定概况. 孟定网. http://lcds.gov.cn/zjmd/mdgk/3126311630316897545.2014-8-25.

培训机构、汽车客运站、银行、医院、电网（供电所）、商场（商店）、宾馆、饭店等交际领域进行了调查。

三、调查对象

（一）调查对象的确定

根据田野调查工作方案，本书以分层抽样法为基础，确定了筛选滇西边境口岸地区调查对象的三个基本条件：第一，各调查点调查对象的人数尽可能均衡；第二，调查对象应在 6 岁及以上，因为 6 岁以下儿童的语言文字能力水平有限且不稳定；第三，具体到各口岸调查对象的分布情况，如性别、年龄、民族、学历等的分布，也尽可能做到样本平衡。

同时，本书将调查对象划分为四个年龄阶段：6～19 岁年龄段，该年龄段人群语言文字能力趋向于稳定，基本掌握已经习得的语言文字；20～39 岁年龄段，该年龄段人群语言文字能力最为稳定，也是语言文字习得能力、使用能力最强的阶段；40～59 岁年龄段，该年龄段人群语言文字能力及习得方式已经定型；60 岁及以上年龄段，该年龄段人群交际范围相对狭小，语言文字习得方式单一，语言文字能力水平有限。

（二）调查对象的构成与分布

滇西边境口岸地区各调查点的调查对象及其相关情况，具体如表 1-1～表 1-6 所示：

表 1-1　滇西边境口岸地区调查对象性别分布

调查点	性别分布	男性	男性占比（%）	女性	女性占比（%）	人数合计
畹町口岸	普通话调查点	61	55.5	49	44.5	110
	规范汉字调查点	56	51.9	52	48.1	108
瑞丽口岸	普通话调查点	63	54.3	53	45.7	116
	规范汉字调查点	54	45.8	64	54.2	118
猴桥口岸	普通话调查点	53	52.5	48	47.5	101
	规范汉字调查点	50	47.6	55	52.4	105
清水河口岸	普通话调查点	118	50.2	117	49.8	235
	规范汉字调查点					

表 1-2　滇西边境口岸地区调查对象年龄段分布

调查点	年龄段分布	6~19 岁 人数	占比（%）	20~39 岁 人数	占比(%)	40~59 岁 人数	占比(%)	60 岁及以上 人数	占比(%)	人数合计
畹町口岸	普通话调查点	26	23.6	39	35.5	34	30.9	11	10.0	110
	规范汉字调查点	25	23.1	44	40.7	32	29.7	7	6.5	108
瑞丽口岸	普通话调查点	40	34.5	36	31.0	35	30.2	5	4.3	116
	规范汉字调查点	40	33.9	52	44.1	24	20.3	2	1.7	118
猴桥口岸	普通话调查点	33	32.7	42	41.6	20	19.8	6	5.9	101
	规范汉字调查点	32	30.4	47	44.8	23	21.9	3	2.9	105
清水河口岸	普通话调查点 规范汉字调查点	62	26.4	122	51.9	42	17.9	9	3.8	235

表 1-3　滇西边境口岸地区调查对象民族分布

调查点	民族分布	汉族	汉族占比（%）	少数民族	少数民族占比（%）	人数合计
畹町口岸	普通话调查点	35	31.8	75	68.2	110
	规范汉字调查点	36	33.3	72	66.7	108
瑞丽口岸	普通话调查点	50	43.1	66	56.9	116
	规范汉字调查点	65	55.1	53	44.9	118
猴桥口岸	普通话调查点	43	42.6	58	57.4	101
	规范汉字调查点	38	36.2	67	63.8	105
清水河口岸	普通话调查点 规范汉字调查点	177	75.3	58	24.7	235

表 1-4　滇西边境口岸地区普通话调查对象学历分布

学历分布	调查点	畹町口岸	瑞丽口岸	猴桥口岸	清水河口岸
文盲	人数	5	5	9	16
	占比（%）	4.5	4.3	8.9	6.8
小学	人数	26	26	40	48
	占比（%）	23.6	22.4	39.6	20.4
初中	人数	23	18	22	62

续表

学历分布 \ 调查点		畹町口岸	瑞丽口岸	猴桥口岸	清水河口岸
初中	占比（%）	20.9	15.5	21.8	26.4
高中	人数	17	14	9	39
中专	占比（%）	15.5	12.1	8.9	16.6
大专	人数	39	53	21	64
本科	占比（%）	35.5	45.7	20.8	27.2
脱盲	人数	0	0	0	6
	占比（%）	0	0	0	2.6
人数合计		110	116	101	235

表1-5　滇西边境口岸地区规范汉字调查对象学历分布

学历分布 \ 调查点		畹町口岸	瑞丽口岸	猴桥口岸	清水河口岸
文盲	人数	4	1	7	16
	占比（%）	3.7	0.8	6.7	6.8
小学	人数	23	7	39	48
	占比（%）	21.3	5.9	37.1	20.4
初中	人数	33	20	27	62
	占比（%）	30.6	16.9	25.7	26.4
高中	人数	6	26	4	19
	占比（%）	5.6	22.1	3.8	8.1
中专	人数	8	13	5	20
	占比（%）	7.4	11.0	4.8	8.5
大专	人数	17	22	11	27
	占比（%）	15.7	18.7	10.5	11.5
本科	人数	14	28	9	37
	占比（%）	12.9	23.7	8.6	15.7
脱盲	人数	3	1	3	6
	占比（%）	2.8	0.9	2.8	2.6
人数合计		108	118	105	235

表1-6 滇西边境口岸地区调查对象职业所属交际领域分布

领域分布①	调查点	畹町口岸		瑞丽口岸		猴桥口岸		清水河口岸	
		普通话调查点	规范汉字调查点	普通话调查点	规范汉字调查点	普通话调查点	规范汉字调查点	普通话调查点	规范汉字调查点
官方工作	人数	25	25	30	8	13	7		45
	占比（%）	22.7	23.1	25.9	6.8	12.9	6.7		19.1
文化教育	人数	31	22	34	66	28	30		61
	占比（%）	28.2	20.4	29.3	55.9	27.7	28.6		25.9
大众传媒	人数	6	3	11	5	6	2		10
	占比（%）	5.5	2.8	9.5	4.2	5.9	1.9		4.3
公共服务	人数	21	15	22	32	16	27		103
	占比（%）	19.1	13.9	19.0	27.1	15.8	25.7		43.9
其他领域	人数	27	43	19	7	38	39		16
	占比（%）	24.5	39.8	16.4	5.9	37.6	37.1		6.8
人数合计		110	108	116	118	101	105		235

四、调查步骤与方法

（一）调查步骤

本书对滇西边境口岸地区国家通用语言文字普及度的调查，主要遵循了以下步骤：

第一，准备阶段（2014年）：收集文献资料，进行梳理与汇总；选择调查点并了解其地理位置、自然情况、村寨情况、民族构成、民族禁忌以及各单位机构等情况；制订调查方案；做好问卷问题的设计、排序与布局，并不断修改完善。

第二，调查阶段（2015年至2016年）：开展田野调查工作，收集、整理、分析、统计调查数据。首先，对调查点进行分类处理，筛选出调查点范围内符合条件的单位和村寨。其次，根据调查对象的年龄、性别、民族等，一方面对调查对

---

① 本书根据李宇明《语言功能规划刍议》（《语言文字应用》，2008年1期）的观点，立足语言的功能类型，即"国语、官方工作语言、教育、大众传媒、公共服务、公众交际、文化和日常交际"等，结合滇西边境口岸地区语言生活状况和语言功能规划实际，将当地的交际领域划分为官方工作、文化教育、大众传媒、公共服务、其他领域进行调查和研究。官方工作领域是指国家和地方工作机关工作时使用语言文字所形成的交际领域。文化教育领域是指学校或培训机构工作时使用语言文字所形成的交际领域。大众传媒是指报纸、电视、广播、互联网等传递信息时使用语言文字所形成的交际领域。公共服务是指银行、商店、医院、商场（商店）、宾馆、饭店等工作时使用语言文字所形成的交际领域。其他领域，即除官方工作、文化教育、大众传媒、公共服务以外的语言文字交际领域，在本书中主要是指村寨居民使用语言文字所形成的交际领域。

象进行分层处理，保证调查对象样本均衡；另一方面则尽可能对调查范围内村寨民众进行穷尽式入户调查。再次，对调查对象进行分层，如对于积极配合的调查对象、语言文字能力较强的对象和具有典型性的对象，进行细致、深入的问卷调查和访谈调查，而对于一般的调查对象，则确保田野调查的普遍性和真实性即可。

第三，数据分析及成文阶段（2017年至2019年）：使用SPSS22.0软件对田野调查数据进行分析，并针对存在问题完成了调查数据的查漏补缺工作。其次，根据田野调查数据，客观描述滇西边境口岸地区国家通用语言文字普及状况。

（二）调查方法

1. 问卷法

本书设计的调查问卷主要分为两部分内容：

一是调查对象的基本情况，包括调查对象的年龄、性别、民族、学历、职业、出生地、常住地、母语、常用语言等。

二是问卷调查的主体内容，主要包括：①调查对象使用和掌握国家通用语言文字的能力水平，即调查对象在话语交际中所体现出来的使用普通话、规范汉字的具体水平，包括听、说、读、写四个方面的技能。本书将调查对象的国家通用语言文字的听、说、读、写的能力划分为五个等级，具体如表1-7所示。关于调查对象的规范汉字掌握水平，本书设计了错别字辨析题、规范汉字笔画书写题、规范汉字笔顺书写题。②调查对象对国家通用语言文字的认同度，主要是从认知因素、情感因素和意向因素等维度来观测调查对象对国家通用语言文字的重视程度、发展期望、情感态度、实用性认知和学习态度等状况。③调查对象使用国家通用语言文字的情况，以及调查对象对此做出的情感度评价。④国家通用语言文字的学习状况，包括学习途径、难易程度等。

表1-7 国家通用语言文字能力等级及标准

听	完全能听懂	读	能读书看报
	基本能听懂		能看懂家信或简单文章
	能听懂一些日常用语		认识一些常用词
	基本听不懂		基本看不懂
	完全听不懂		完全看不懂
说	能熟练交谈，没有任何障碍	写	能写文章或其他作品
	能熟练交谈，有时候有障碍		能写家信或简单文章
	基本能交谈		会写一些常用的字
	会说一些日常用语		基本不会写
	完全不会说		完全不会写

2. 访谈法

本书主要采用结构性访谈和非结构性访谈。

结构性访谈主要是请调查对象根据本书提供的访谈材料直接作答或进行现场交流。结构性访谈材料，主要是根据访谈对象的职业，包括村民（群众）、领导干部、学生、教师及公务员等类型，设计不同的访谈问题，以全面涵盖本书的调查布点范围。非结构性访谈主要是根据调查需要和调查实际，随机、临时地对调查对象进行提问和交流，访谈内容基于问卷内容和访谈材料。

第二章　滇西边境口岸地区普通话普及度调查

第一节　畹町口岸普通话普及度调查

一、畹町口岸普通话能力及水平

（一）普通话使用能力状况

1. 普通话使用能力的民族分布

如表 2-1 所示，畹町口岸汉族的普通话听、说能力都明显优于少数民族；各少数民族的普通话听力强弱排序为：傣族-景颇族-其他少数民族；各民族说普通话的能力强弱排序为：汉族-傣族-其他少数民族-景颇族。

表 2-1　畹町口岸各民族普通话能力水平　　　　（单位：%）

	普通话使用能力	各民族普通话听、说能力所占百分比			
		汉族	傣族	景颇族	其他少数民族
听	完全能听懂	94.3	66.7	63.0	42.9
	基本能听懂	5.7	18.5	11.1	33.3
	能听懂一些日常用语	0	11.1	18.5	9.5
	基本听不懂	0	0	3.7	9.5
	完全听不懂	0	3.7	3.7	4.8
说	能熟练交谈，没有任何障碍	48.6	25.9	18.5	23.8
	能熟练交谈，有时候有障碍	20.0	18.5	14.8	9.5
	基本能交谈	17.1	18.5	22.2	28.6
	会说一些日常用语	14.3	29.7	29.7	9.5
	完全不会说	0	7.4	14.8	28.6

2. 普通话使用能力的学历分布

如表 2-2 所示，拥有不同学历的调查对象在普通话的听、说能力上表现出来的水平存在明显差异，大致趋势为：学历越高的群体，普通话听、说能力就越强；各学历群体的普通话听力水平，基本都高于普通话的表达能力。

表 2-2　畹町口岸各学历群体普通话能力水平　　　　　（单位：%）

普通话使用能力		各学历群体普通话听、说能力所占百分比				
		文盲	小学	初中	高中、中专	大专、本科
听	完全能听懂	40.0	69.3	69.6	94.1	100.0
	基本能听懂	20.0	11.5	21.8	5.9	0
	能听懂一些日常用语	20.0	11.5	4.3	0	0
	基本听不懂	0	7.7	4.3	0	0
	完全听不懂	20.0	0	0	0	0
说	能熟练交谈，没有任何障碍	0	23.1	34.8	41.2	84.6
	能熟练交谈，有时候有障碍	0	15.4	21.7	35.3	15.4
	基本能交谈	40.0	19.2	17.4	17.6	0
	会说一些日常用语	20.0	23.1	26.1	5.9	0
	完全不会说	40.0	19.2	0	0	0

3. 普通话使用能力的年龄分布

如表 2-3 所示，6～39 岁年龄段内的调查对象在普通话的听、说能力方面表现出了更高的水平。同时，无论哪个年龄段的群体几乎在每一个能力水平段上都有分布，且总体上表现出普通话的表达能力随年龄段的增长而减弱的趋势。

表 2-3　畹町口岸各年龄段群体普通话能力水平　　　　（单位：%）

普通话使用能力		各年龄段群体普通话听、说能力所占百分比			
		6～19 岁	20～39 岁	40～59 岁	60 岁以上
听	完全能听懂	84.6	92.3	67.6	54.5
	基本能听懂	15.4	5.1	17.7	18.2
	能听懂一些日常用语	0	0	8.8	18.2
	基本听不懂	0	2.6	0	0
	完全听不懂	0	0	5.9	9.1
说	能熟练交谈，没有任何障碍	46.1	43.6	32.3	0
	能熟练交谈，有时候有障碍	23.1	17.9	23.5	9.1
	基本能交谈	23.1	15.4	14.8	18.2
	会说一些日常用语	7.7	20.5	17.7	54.5
	完全不会说	0	2.6	11.7	18.2

4. 普通话使用能力的领域分布

如表 2-4 所示,关于普通话的使用能力,大众传媒领域是最强的,其余领域的普通话表达能力强弱排序为:文化教育-官方工作-其他领域-公共服务。

表 2-4　畹町口岸各领域群体普通话能力水平　　　　（单位:%）

	普通话使用能力	各领域群体普通话听、说能力所占百分比				
		官方工作	文化教育	大众传媒	公共服务	其他领域
听	完全能听懂	100.0	100.0	100.0	95.2	66.7
	基本能听懂	0	0	0	4.8	18.5
	能听懂一些日常用语	0	0	0	0	7.4
	基本听不懂	0	0	0	0	3.7
	完全听不懂	0	0	0	0	3.7
说	能熟练交谈,没有任何障碍	68.0	71.0	83.3	23.8	37.0
	能熟练交谈,有时候有障碍	20.0	19.3	16.7	52.4	18.5
	基本能交谈	12.0	6.5	0	0	14.8
	会说一些日常用语	0	3.2	0	23.8	18.6
	完全不会说	0	0	0	0	11.1

5. 普通话使用能力的性别分布

如表 2-5 所示,畹町口岸男性的普通话听力集中于完全能听懂、基本能听懂两级水平上;无论男性还是女性,普通话表达能力在不同等级均有分布;普通话听说能力水平高的男性明显多于女性。

表 2-5　畹町口岸各性别群体的普通话能力水平　　　　（单位:%）

	类型	男性	女性		类型	男性	女性
听	完全能听懂	78.7	81.6	说	能熟练交谈,没有任何障碍	41.0	24.5
	基本能听懂	14.8	8.2		能熟练交谈,偶尔有障碍	21.3	22.4
	能听懂一些日常用语	4.9	4.1		能说一些日常用语	16.4	14.3
	基本听不懂	0	2.0		基本不会说	14.8	14.3
	完全听不懂	1.6	4.1		完全不会说	6.5	24.5

（二）汉语拼音使用能力状况

1. 汉语拼音使用能力的民族分布

如表 2-6 所示，畹町口岸汉族调查对象的汉语拼音拼读能力高于少数民族。

表 2-6　畹町口岸各民族汉语拼音拼读能力　　　　　（单位：%）

	汉语拼音使用能力	各民族汉语拼音拼读能力所占百分比			
		汉族	傣族	景颇族	其他少数民族
等级	完全能拼读	51.4	22.2	33.4	14.3
	基本能拼读	28.6	11.2	29.6	14.3
	能拼读一些简单字词	14.3	29.6	11.1	33.3
	基本不能拼读	0	22.2	7.4	9.5
	完全不能拼读	5.7	14.8	18.5	28.6

2. 汉语拼音使用能力的学历分布

如表 2-7 所示，不同学历的调查对象在汉语拼音拼读方面，大专、本科学历群体的拼读能力最强；小学、初中、高中、中专学历人员多集中于能拼读一些简单字词、基本不能拼读的水平。

表 2-7　畹町口岸各学历群体汉语拼音拼读能力　　　　　（单位：%）

	汉语拼音使用能力	各学历群体汉语拼音拼读能力所占百分比				
		文盲	小学	初中	高中、中专	大专、本科
拼音	完全能拼读	0	0	8.7	17.6	69.2
	基本能拼读	0	11.5	26.1	17.6	30.8
	能拼读一些简单字词	0	38.5	26.1	23.5	0
	基本不能拼读	0	38.5	26.1	41.3	0
	完全不能拼读	100.0	11.5	13.0	0	0

3. 汉语拼音使用能力的年龄分布

如表 2-8 所示，6~19 岁年龄段调查对象的拼音拼读能力最强，其次为 20~39 岁、40~59 岁、60 岁以上年龄段的调查对象。

表 2-8　畹町口岸各年龄段群体汉语拼音拼读能力　　　　（单位：%）

汉语拼音使用能力		各年龄段群体汉语拼音拼读能力所占百分比			
		6～19 岁	20～39 岁	40～59 岁	60 岁以上
等级	完全能拼读	46.1	35.9	11.8	0
	基本能拼读	26.9	15.4	20.6	0
	能拼读一些简单字词	23.2	15.4	20.6	9.1
	基本不能拼读	0	28.2	20.6	36.4
	完全不能拼读	3.8	5.1	26.4	54.5

4. 汉语拼音使用能力的领域分布

如表 2-9 所示，各交际领域群体的汉语拼音拼读能力，从强到弱依次为：大众传媒-官方工作-文化教育-公共服务-其他工作领域。

表 2-9　畹町口岸各领域群体汉语拼音拼读能力　　　　（单位：%）

汉语拼音使用能力		官方工作	文化教育	大众传媒	公共服务	其他领域
等级	完全能拼读	64.0	61.3	83.3	33.3	11.1
	基本能拼读	32.0	25.8	16.7	33.3	22.2
	能拼读一些简单字词	4.0	12.9	2.0	0	18.6
	基本不能拼读	0	0	0	19.0	14.8
	完全不能拼读	0	0	0	14.4	33.3

5. 汉语拼音使用能力的性别分布

如表 2-10 所示，畹町口岸女性调查对象基本能拼读汉语拼音、能拼读一些简单字词的能力，高于男性调查对象。

表 2-10　畹町口岸各性别群体的汉语拼音拼读能力　　　　（单位：%）

汉语拼音使用能力		男性	女性
等级	完全能拼读	32.8	32.7
	基本能拼读	8.2	14.3
	能拼读一些简单字词	19.7	26.5
	基本不能拼读	21.3	12.2
	完全不能拼读	18.0	14.3

二、畹町口岸的普通话使用状况

（一）普通话使用状况的民族分布

如表 2-11、表 2-12 所示，就总体情况而言，畹町少数民族调查对象在人际交流中完全使用普通话的频率比较低，完全使用普通话的汉族的占比也不高；汉族和少数民族完全使用、经常使用普通话相对集中的交际场景是行政事务、看病和买卖。结合调查访谈得知，普通话使用频率较高的一般为外地移居到此或亲属中有外地人员的调查对象。

表 2-11 畹町口岸各民族人际交流中的普通话使用情况　　　（单位：%）

民族及频率		爷爷	奶奶	父亲	母亲	配偶	子女	朋友	
								本族人	非本族人
汉族	完全使用	18.2	23.1	25.9	15.4	13.6	15.0	17.2	14.3
	经常使用	0	7.7	3.7	7.7	9.1	10.0	11.4	14.3
	偶尔使用	18.2	15.4	14.8	19.2	27.3	30.0	40.0	54.3
	从不使用	63.6	53.8	55.6	57.7	50.0	45.0	31.4	17.1
傣族	完全使用	0	0	0	0	0	0	0	0
	经常使用	0	0	5.6	5.6	0	5.6	3.7	18.5
	偶尔使用	40.0	33.4	27.8	27.8	29.4	44.4	14.8	51.9
	从不使用	60.0	66.6	66.6	66.6	70.6	50.0	81.5	29.6
景颇族	完全使用	10.0	0	0	0	0	0	0	14.8
	经常使用	0	0	19.0	19.0	13.3	26.7	29.6	37.0
	偶尔使用	20.0	23.1	19.0	28.6	20.0	13.3	29.6	22.3
	从不使用	70.0	76.9	62.0	52.4	66.7	60.0	40.8	25.9
其他少数民族	完全使用	0	0	6.7	6.3	7.1	20.0	9.5	9.5
	经常使用	0	0	0	6.3	0	33.3	9.5	9.5
	偶尔使用	16.7	16.7	20.0	12.4	21.4	6.7	9.5	28.6
	从不使用	83.3	83.3	73.3	75.0	71.5	40.0	71.5	52.4

表 2-12 畹町口岸各民族不同场景中的普通话使用情况　　　（单位：%）

民族及频率		打招呼	聊天	生产劳动	买卖	看病	行政事务	民族节庆	婚嫁丧葬
汉族	完全使用	11.4	11.4	11.4	11.4	11.4	17.1	11.4	11.4
	经常使用	11.4	11.4	11.4	20.0	17.1	17.1	11.4	8.6
	偶尔使用	40.0	40.0	40.0	40.0	37.2	31.5	37.2	37.2
	从不使用	37.2	37.2	37.2	28.6	34.3	34.3	40.0	42.8

续表

民族及频率		打招呼	聊天	生产劳动	买卖	看病	行政事务	民族节庆	婚嫁丧葬
傣族	完全使用	0	0	0	3.7	3.7	3.7	0	0
	经常使用	7.4	7.4	3.7	14.9	14.9	11.1	3.7	3.7
	偶尔使用	40.7	37.0	37.0	33.3	40.7	33.3	25.9	29.6
	从不使用	51.9	55.6	59.3	48.1	40.7	51.9	70.4	66.7
景颇族	完全使用	3.7	3.7	0	7.4	11.2	18.5	0	0
	经常使用	22.2	25.9	22.2	29.7	44.4	29.7	22.2	18.6
	偶尔使用	44.4	40.7	40.7	37.0	18.5	18.5	29.7	40.7
	从不使用	29.7	29.7	37.1	25.9	25.9	33.3	48.1	40.7
其他民族	完全使用	9.5	9.5	9.5	9.5	9.5	19.0	9.5	9.5
	经常使用	0	9.5	0	0	0	9.5	0	0
	偶尔使用	19.0	28.6	28.6	28.6	38.1	19.0	28.6	19.0
	从不使用	71.5	52.4	61.9	61.9	52.4	52.5	61.9	71.5

（二）普通话使用状况的学历分布[①]

如表 2-13、表 2-14 所示，在人际交流中，大专、本科学历的调查对象完全使用普通话的频率最高。在不同场景中，各学历调查对象在处理行政事务和看病时，完全使用普通话的频率较高；小学学历者多在聊天、看病场景中经常使用普通话；高中、中专学历者多在打招呼、聊天、买卖、行政事务中经常使用普通话。

表 2-13　畹町口岸各学历群体人际交流中的普通话使用情况　　（单位：%）

学历及频率		爷爷	奶奶	父亲	母亲	配偶	子女	朋友	
								本族人	非本族人
小学	完全使用	0	0	0	0	0	0	0	11.5
	经常使用	0	0	18.2	18.2	18.2	18.2	15.4	30.8
	偶尔使用	31.2	37.5	36.4	36.4	0	18.2	46.2	38.5
	从不使用	68.8	62.5	45.4	45.4	81.8	63.6	38.4	19.2
初中	完全使用	0	0	5.0	5.0	7.1	16.7	4.3	4.3
	经常使用	0	0	5.0	5.0	0	8.3	4.3	13.0
	偶尔使用	37.5	18.8	20.0	15.0	14.3	8.3	21.8	39.1
	从不使用	62.5	81.2	70.0	75.0	78.6	66.7	69.6	43.6
高中中专	完全使用	0	0	0	0	0	0	0	11.8
	经常使用	0	0	20.0	20.0	0	27.3	11.8	17.6

[①] 因调查对象中文盲较少，且大多年纪较大，亲属关系较为单一，不便跟其他几类学历群体做出比较，加之文盲调查对象大多为不太会说普通话的人，故此处未对文盲这一学历的调查对象进行分析。

续表

学历及频率		爷爷	奶奶	父亲	母亲	配偶	子女	朋友	
								本族人	非本族人
高中中专	偶尔使用	25.0	22.2	13.3	13.3	38.5	45.4	35.3	29.4
	从不使用	75.0	77.8	66.7	66.7	61.5	27.3	52.9	41.2
大专本科	完全使用	33.3	30.8	20.6	18.2	18.2	20.0	15.4	23.0
	经常使用	0	0	11.8	3.0	12.1	6.7	10.3	2.6
	偶尔使用	8.4	7.7	14.7	27.3	30.3	30.0	25.6	66.7
	从不使用	58.3	61.5	52.9	51.5	39.4	43.3	48.7	7.7

表 2-14　畹町口岸各学历群体不同场景中的普通话使用情况　　（单位：%）

学历及频率		打招呼	聊天	生产劳动	买卖	看病	行政事务	民族节庆	婚嫁丧葬
小学	完全使用	0	0	0	3.8	11.5	11.5	0	0
	经常使用	19.2	38.5	0	30.8	42.4	23.1	15.4	11.5
	偶尔使用	46.2	23.1	57.7	34.6	19.2	30.8	19.2	34.6
	从不使用	34.6	38.4	42.3	30.8	26.9	34.6	65.4	53.9
初中	完全使用	4.3	4.3	4.3	4.3	4.3	8.7	4.3	4.3
	经常使用	13.0	13.0	4.3	8.7	13.0	17.4	8.7	8.7
	偶尔使用	34.9	34.9	39.2	43.5	34.9	30.4	30.5	34.8
	从不使用	47.8	47.8	52.2	43.5	47.8	43.5	56.5	52.2
高中中专	完全使用	0	0	0	0	11.8	11.8	0	0
	经常使用	23.5	23.5	0	23.5	11.8	23.5	0	0
	偶尔使用	41.2	41.2	52.9	47.1	41.2	35.3	58.8	58.8
	从不使用	35.3	35.3	47.1	29.4	35.2	29.4	41.2	41.2
本科大专	完全使用	15.4	15.4	17.9	17.9	20.5	28.2	15.4	15.4
	经常使用	5.1	12.8	17.9	17.9	20.5	28.2	12.8	12.8
	偶尔使用	41.0	41.0	46.3	38.5	35.9	17.9	33.3	38.5
	从不使用	38.5	30.8	17.9	25.7	23.1	25.7	38.5	33.3

（三）普通话使用状况的年龄分布

如表 2-15 所示，6~19 岁的调查对象与爷爷、奶奶交流时，经常使用普通话的频率低于父母，与本族朋友交流时使用普通话的频率低于非本族朋友；20~39 岁的调查对象与家人交流使用普通话的频率差距不大，但与本族朋友、非本族朋友交流时经常使用普通话的频率差距明显；40~59 岁的调查对象与非本族朋友交流时经常使用普通话的频率稍高；60 岁以上的调查对象基本不使用普通话。

表 2-15 畹町口岸各年龄段人际交流中的普通话使用情况　　　（单位：%）

年龄及频率		爷爷	奶奶	父亲	母亲	配偶	子女	朋友	
								本族人	非本族人
6～19 岁	完全使用	4.5	0	0	0	0	0	0	11.6
	经常使用	0	0	17.4	16.0	0	0	42.3	50.0
	偶尔使用	36.4	34.8	43.5	44.0	0	0	30.8	26.9
	从不使用	59.1	65.2	39.1	40.0	0	0	26.9	11.5
20～39 岁	完全使用	16.7	25.0	16.7	16.7	16.1	17.9	10.3	10.3
	经常使用	0	0	3.3	0	6.5	3.6	5.1	17.9
	偶尔使用	8.3	8.3	16.7	23.3	16.1	17.9	17.9	35.9
	从不使用	75.0	66.7	63.3	60.0	61.3	60.6	66.7	35.9
40～59 岁	完全使用	0	0	0	9.1	3.6	3.1	2.9	2.9
	经常使用	0	0	9.1	9.1	3.6	9.4	2.9	8.9
	偶尔使用	0	0	18.2	18.2	28.6	31.3	26.6	44.1
	从不使用	0	0	72.7	63.6	64.2	56.2	67.6	44.1
60 岁以上	完全使用	0	0	0	0	0	0	0	0
	经常使用	0	0	0	0	0	0	0	0
	偶尔使用	0	0	0	0	0	27.3	18.2	18.2
	从不使用	0	0	0	0	100.0	72.7	81.8	81.8

如表 2-16 所示，在各类交际场景中，经常使用普通话频率最高的是 6～19 岁年龄段的调查对象；随着年龄段的升高，人们使用普通话的频率随之降低。

表 2-16 畹町口岸各年龄段群体不同场景中的普通话使用情况　　　（单位：%）

年龄及频率		打招呼	聊天	生产劳动	买卖	看病	行政事务	民族节庆	婚嫁丧葬
6～19 岁	完全使用	0	0	0	0	0	0	0	0
	经常使用	30.8	42.3	11.5	38.5	38.5	42.3	7.7	3.8
	偶尔使用	53.8	42.3	65.4	42.3	46.1	38.4	42.3	57.8
	从不使用	15.4	15.4	23.1	19.2	15.4	19.2	50.0	38.4
20～39 岁	完全使用	10.3	10.3	10.3	12.8	12.8	15.4	10.3	10.3
	经常使用	5.1	5.1	7.7	7.7	5.2	12.8	5.1	2.6
	偶尔使用	35.9	41.0	38.5	38.5	41.0	23.1	25.6	30.7
	从不使用	48.7	43.6	43.5	41.0	41.0	48.7	59.0	56.4

续表

年龄及频率		打招呼	聊天	生产劳动	买卖	看病	行政事务	民族节庆	婚嫁丧葬
40~59岁	完全使用	2.9	2.9	2.9	2.9	2.9	11.8	2.9	2.9
	经常使用	8.8	2.9	2.9	8.8	5.9	11.8	2.9	2.9
	偶尔使用	32.4	38.3	38.3	41.2	41.2	26.4	35.3	32.4
	从不使用	55.9	55.9	55.9	47.1	50.0	50.0	58.9	61.8
60岁以上	完全使用	0	0	0	0	0	0	0	0
	经常使用	0	0	0	0	0	0	0	0
	偶尔使用	18.2	9.1	9.1	54.5	9.1	45.5	9.1	9.1
	从不使用	81.8	90.9	90.9	45.5	90.9	54.5	90.9	90.9

（四）普通话使用状况的领域分布

1. 官方工作领域

如表 2-17 所示，官方工作人员在主持会议时，使用普通话的频率最高。日常工作中，同事之间完全使用、经常使用普通话的频率均低于与工作对象使用普通话的频率。

表 2-17　畹町口岸官方工作领域普通话使用情况　　　（单位：%）

频率	开会时使用普通话的频率			日常工作中使用普通话的频率	
	主持会议	传达上级指示	讨论、发言	同事之间	工作对象
完全使用	44.0	24.0	12.0	4.0	20.0
经常使用	36.0	44.0	36.0	12.0	28.0
偶尔使用	16.0	24.0	40.0	48.0	40.0
从不使用	4.0	8.0	12.0	36.0	12.0

2. 文化教育领域

如表 2-18 所示，随着教学阶段的提升，教师和学生在课堂上使用普通话的频率逐步升高；在课外用语中，师生之间完全使用普通话的频率高于教师之间、学生之间使用普通话的频率；开家长会时，教师使用普通话的频率高于家长。

表 2-18　畹町口岸文化教育领域普通话使用情况　　　（单位：%）

教育领域及频率		课堂用语		课外用语			家长会	
		教师	学生	教师之间	学生之间	师生之间	教师发言	家长发言
学前	完全使用	66.7	33.3	0	0	16.7	50.0	0
	经常使用	33.3	66.7	33.3	66.7	83.3	50.0	66.6
	偶尔使用	0	0	50.0	33.3	0	0	16.7
	从不使用	0	0	16.7	0	0	0	16.7
小学	完全使用	100.0	70.0	0	10.0	10.0	40.0	0
	经常使用	0	30.0	30.0	50.0	40.0	50.0	20.0
	偶尔使用	0	0	50.0	40.0	50.0	10.0	50.0
	从不使用	0	0	20.0	0	0	0	30.0
中学	完全使用	100.0	100.0	12.5	12.5	25.0	75.0	0
	经常使用	0	0	37.5	75.0	50.0	25.0	12.5
	偶尔使用	0	0	50.0	12.5	25.0	0	62.5
	从不使用	0	0	0	0	0	0	25.0

3. 大众传媒领域

如表 2-19 所示，大众传媒领域的人员，在开会及日常工作中，完全使用普通话的频率都很高。

表 2-19　畹町口岸大众传媒领域普通话使用情况　　　（单位：%）

频率	开会时使用普通话的频率			日常工作中使用普通话的频率	
	主持会议	传达上级指示	讨论、发言	同事之间	工作对象
完全使用	100.0	83.3	50.0	33.3	83.3
经常使用	0	16.7	50.0	66.7	16.7
偶尔使用	0	0	0	0	0
从不使用	0	0	0	0	0

4. 公共服务领域

如表 2-20 所示，与官方工作领域人员相比，公共服务领域群体经常使用普通话的频率要略高一些。

表 2-20　畹町口岸公共服务领域普通话使用情况　　　　（单位：%）

频率	开会时使用普通话的频率			日常工作中使用普通话的频率	
	主持会议	传达上级指示	讨论、发言	同事之间	工作对象
完全使用	38.1	23.8	14.3	0	38.1
经常使用	38.1	47.6	38.1	23.8	38.1
偶尔使用	23.8	28.6	47.6	38.1	23.8
从不使用	0	0	0	38.1	0

5. 其他领域

如表 2-21 所示，其他领域人员，与家人交流时使用普通话的频率都不高，而跟非本族朋友交流时，经常使用普通话的频率则要比跟家人使用普通话的频率稍高一些。

表 2-21　畹町口岸其他领域普通话使用情况　　　　（单位：%）

频率	爷爷	奶奶	父亲	母亲	配偶	子女	朋友	
							本族人	非本族人
完全使用	7.4	3.7	7.4	7.4	7.4	7.4	7.4	7.4
经常使用	0	3.7	7.4	7.4	3.7	7.4	11.1	22.2
偶尔使用	22.2	22.2	25.9	22.2	29.6	22.2	29.6	37.1
从不使用	70.4	70.4	59.3	63.0	59.3	63.0	51.9	33.3

（五）普通话使用状况的性别分布

如表 2-22 所示，畹町口岸女性与亲友使用普通话的频率高于男性。调查访谈显示，当地人特别是少数民族男性承担了大多数的交际任务，故在相对严肃的交际场景中，男性使用普通话的频率要高于女性。

表 2-22　畹町口岸各性别群体际交流中的普通话使用情况　　　　（单位：%）

性别及频率		爷爷	奶奶	父亲	母亲	配偶	子女	朋友	
								本族人	非本族人
男性	完全使用	3.3	8.2	1.6	3.3	4.9	3.3	3.3	8.2
	经常使用	0	0	8.2	11.5	8.2	14.8	13.1	21.3
	偶尔使用	21.3	11.5	26.3	24.6	21.3	19.7	21.3	41.0
	从不使用	75.4	80.3	63.9	60.6	65.6	62.3	62.3	29.5
女性	完全使用	18.4	0	10.2	8.2	12.3	8.2	8.2	10.2
	经常使用	0	12.3	8.2	6.1	6.1	16.3	14.3	22.4
	偶尔使用	36.7	30.6	24.5	26.5	24.5	18.4	40.8	45.0
	从不使用	44.9	57.1	57.1	59.2	57.1	57.1	36.7	22.4

如表 2-23 所示，畹町口岸男性在聊天、买卖、行政事务等交际场景中，经常使用普通话的频率高于女性；而在打招呼、生产劳动、看病等交际场景中使用普通话的频率则低于女性；但在民族节庆和婚嫁丧葬等民俗活动中，无论哪种性别的调查对象使用普通话的频率都不高。

表 2-23　畹町口岸各性别群体不同场景中的普通话使用情况　　（单位：%）

性别及频率		打招呼	聊天	生产劳动	买卖	看病	行政事务	民族节庆	婚嫁丧葬
男性	完全使用	3.3	4.9	3.3	6.5	9.8	11.5	3.3	3.3
	经常使用	9.8	16.4	3.3	16.5	19.7	26.2	8.2	6.6
	偶尔使用	39.4	32.8	41.0	42.6	34.4	24.6	31.1	31.1
	从不使用	47.5	45.9	52.4	34.4	36.1	37.7	57.4	59.0
女性	完全使用	8.2	8.2	8.2	8.2	8.2	20.4	8.2	8.2
	经常使用	10.2	12.2	8.2	14.3	20.3	14.3	8.2	6
	偶尔使用	46.9	46.9	42.9	48.9	42.9	36.7	40.7	42.9
	从不使用	34.7	32.7	40.7	28.6	28.6	28.6	42.9	42.6

三、畹町口岸的普通话学习状况

（一）普通话学习途径

1. 各民族普通话学习途径

如表 2-24 所示，汉族学习普通话最主要的三个途径从高到低依次是大众传媒、小学和中学，少数民族最主要的学习途径则是大众传媒、小学、人际交往。可见，大众传媒和小学是畹町口岸调查对象学习普通话的重要途径。

表 2-24　畹町口岸各民族普通话学习途径（多选）　　（单位：%）

民族	幼儿园	小学	中学	大学	家庭教育	工作单位	培训机构	大众传媒	人际交往	自学
汉族	25.6	85.8	77.1	22.9	11.4	14.3	5.7	97.1	68.6	57.1
傣族	18.5	85.2	48.1	11.1	3.7	11.1	7.4	100	70.4	55.6
景颇族	18.5	85.2	40.7	7.4	3.7	7.4	7.4	96.3	55.6	33.3
其他民族	14.3	81.0	52.4	9.5	9.5	4.8	9.5	95.2	52.4	28.6

2. 各年龄段群体普通话学习途径

如表 2-25 所示,年轻人的学习途径比年长者更加多样;年长者的学习途径较少分布在各教育阶段,而各教育阶段为年轻人学习普通话的重要途径。就总体情况而言,大众传媒是各年龄段调查对象学习普通话占比最高的途径。

表 2-25 畹町口岸各年龄段群体普通话学习途径(多选) (单位:%)

年龄段	幼儿园	小学	中学	大学	家庭教育	工作单位	培训机构	大众传媒	人际交往	自学
6~19 岁	92.3	96.2	34.6	3.8	38.5	7.7	7.7	100.0	76.9	19.2
20~39 岁	66.7	92.3	82.1	20.5	10.3	43.6	12.8	97.4	87.2	35.9
40~59 岁	0	76.5	50.0	20.6	2.9	14.7	8.8	100.0	88.2	20.5
60 岁以上	0	45.5	18.2	0	0	9.1	0	81.8	36.4	0

3. 各领域群体普通话学习途径

如表 2-26 所示,官方工作、文化教育和大众传媒等领域调查对象学习普通话的途径较为多样;公共服务领域人员中,小学、中学及大众传媒是他们最主要的学习途径;其他领域人员学习普通话的主要途径为小学、大众传媒。

表 2-26 畹町口岸各领域群体普通话学习途径(多选) (单位:%)

领域	幼儿园	小学	中学	大学	家庭教育	工作单位	培训机构	大众传媒	人际交往	自学
官方工作	52.0	100.0	100.0	88.0	8.0	88.0	24.0	100.0	88.0	44.0
文化教育	77.4	100.0	83.9	38.7	19.4	22.6	32.3	100.0	74.2	67.7
大众传媒	33.3	100.0	100.0	83.3	16.7	83.3	50.0	100.0	66.7	66.7
公共服务	38.1	100.0	95.2	76.2	4.8	23.8	4.8	90.5	71.4	9.5
其他领域	14.8	88.9	59.3	0	0	0	0	88.9	18.5	3.7

(二)普通话学习难度

1. 各民族学习普通话的难度[①]

如表 2-27 所示,汉族在学习普通话时,无论是语音、词汇还是语法,都要比

[①] 统计数据显示各少数民族学习普通话的难度特征相近,且具体数据的差距较小,故此处将所有少数民族合并进行分析。下文同。

少数民族容易,但各民族都认为普通话语法的学习难度大于词汇和语音。

表 2-27　畹町口岸各民族学习普通话的难度　　　　（单位：%）

民族及分类		非常容易	容易	一般	困难	非常困难
汉族	语音	31.4	57.2	5.7	5.7	0
	词汇	25.7	68.5	2.9	2.9	0
	语法	25.7	31.4	20.0	17.2	5.7
少数民族	语音	13.3	33.3	30.7	14.7	8.0
	词汇	12.0	38.7	21.3	21.3	6.7
	语法	14.7	13.3	36.0	25.3	10.7

2. 各年龄段群体学习普通话的难度

如表 2-28 所示,20~39 岁年龄段的调查对象是调查对象中认为学习普通话最为容易的群体,其次是 6~19 岁年龄段、40~59 岁年龄段、60 岁以上年龄段。

表 2-28　畹町口岸各年龄段群体学习普通话的难度　　　　（单位：%）

年龄段及分类		非常容易	容易	一般	困难	非常困难
6~19 岁	语音	15.4	34.6	23.1	19.2	7.7
	词汇	19.2	26.9	30.8	15.4	7.7
	语法	15.4	26.9	30.8	19.2	7.7
20~39 岁	语音	25.6	35.9	23.1	7.7	7.7
	词汇	25.6	30.8	28.2	12.8	2.6
	语法	20.5	30.8	23.1	17.9	7.7
40~59 岁	语音	11.8	17.6	20.6	29.4	20.6
	词汇	14.7	23.5	32.4	17.6	11.8
	语法	11.8	26.4	32.4	17.6	11.8
60 岁以上	语音	9.1	9.1	36.4	27.2	18.2
	词汇	9.1	18.2	36.4	27.2	9.1
	语法	9.1	18.2	36.4	27.2	9.1

（三）普通话学习目的及重视度

1. 各民族学习普通话的目的及重视度

（1）各民族的普通话学习目的

如表 2-29 所示,各民族均认为学习普通话便于跟其他民族交流、学习文化知识、适应时代社会发展,且少数民族选择这三项目的占比都比汉族高,学习目的的倾向性要更为明显。

表2-29 畹町口岸各民族的普通话学习目的(多选) （单位:%）

学习目的	汉族	少数民族
满足工作需要	57.1	37.3
适应时代社会发展	77.1	89.3
个人兴趣爱好	11.4	14.7
便于跟其他民族交流	91.4	94.7
学校(单位)要求	45.7	28.0
提高个人素质	57.1	40.0
别人学,我也跟着学	11.4	26.7
内心具有成就感	32.3	28.0
学习文化知识	85.7	90.7

(2)各民族对普通话学习的重视程度

如表2-30所示,超过半数的少数民族和汉族都重视普通话的学习。

表2-30 畹町口岸各民族学习普通话的重视度 （单位:%）

民族	非常重视	比较重视	不太重视	不重视	不知道
汉族	14.3	37.2	31.4	11.4	5.7
少数民族	18.7	33.3	22.7	16.0	9.3

2. 各领域群体学习普通话的目的及重视程度

(1)各领域群体的普通话学习目的

如表2-31所示,各领域人员学习普通话的目的较为多样,其中占比较高的目的是适应时代社会发展、便于跟其他民族交流。除此之外,官方工作领域人员学习普通话的目的主要是满足工作需要、学习文化知识,文化教育领域人员则主要是学习文化知识、提高个人素质。

表2-31 畹町口岸各领域群体的普通话学习目的(多选) （单位:%）

学习目的	官方工作	文化教育	大众传媒	公共服务	其他领域
满足工作需要	92.0	38.7	83.3	85.7	14.8
适应时代社会发展	100.0	100.0	100.0	95.2	81.5

续表

学习目的	官方工作	文化教育	大众传媒	公共服务	其他领域
个人兴趣爱好	12.0	25.8	33.3	9.5	7.4
便于跟其他民族交流	100.0	100.0	100.0	95.2	92.6
学校（单位）要求	88.0	100.0	83.3	81.0	11.1
提高个人素质	80.0	87.1	66.7	76.2	37.0
别人学，我也跟着学	0	32.2	0	9.5	33.3
内心具有成就感	4.0	45.2	50.0	28.6	7.4
学习文化知识	92.0	96.8	83.3	42.9	55.6

（2）各领域群体对普通话学习的重视程度

如表2-32所示，大众传媒领域群体非常重视普通话的所占比例最高，其次为文化教育领域，其他领域人员的占比则为最低；官方工作群体比较重视、不重视普通话学习的占比都是最高的，有两极分化的态势。

表2-32 畹町口岸各领域群体学习普通话的重视度　　（单位：%）

领域	非常重视	比较重视	不太重视	不重视	不知道
官方工作	16.0	36.0	12.0	28.0	8.0
文化教育	32.3	29.0	16.1	9.7	12.9
大众传媒	49.9	16.7	16.7	0	16.7
公共服务	14.3	28.6	28.6	14.3	14.2
其他领域	7.4	29.6	25.9	25.9	11.2

（四）普通话水平测试及培训状况

1. 普通话水平测试状况

（1）普通话水平测试的参与度

如表2-33所示，参加过普通话测试的调查对象仅占17.3%，超过1/4的调查对象对普通话水平测试一无所知。

表2-33 畹町口岸普通话水平测试参与度　　（单位：%）

类型	参加过	没参加过，但很想参加	没参加过，也不想参加	参不参加无所谓	没听说过
所占比例	17.3	23.6	19.1	13.6	26.4

（2）普通话水平测试的等级及满意度

如表 2-34 所示，参加过普通话水平测试的调查对象，成绩多为三级甲等、二级乙等、二级甲等，且大多表示对成绩不太满意。

表 2-34　畹町口岸普通话水平测试等级及满意度　　（单位：%）

等级	三级乙等	三级甲等	二级乙等	二级甲等	一级
所占比例	0	26.3	42.1	31.6	0
满意度	非常满意	比较满意	不太满意	不满意	无所谓
所占比例	21.1	15.7	42.1	0	21.1

（3）工作单位对普通话水平的要求

如表 2-35 所示，各单位对工作人员普通话水平的要求，占比最高的是：只要求表达流畅，是否标准没有要求。

表 2-35　畹町口岸各单位对普通话水平的要求　　（单位：%）

类型	要求持证上岗	有要求，但不核查等级证书	只要求表达流畅，是否标准没要求	只要求能够使用日常用语，是否标准、流畅无要求	没有任何要求
所占比例	20.5	9.6	34.9	15.7	19.3

2. 普通话培训状况

（1）普通话培训及推普活动的参与状况

如表 2-36 所示，参加过普通话培训的人很少，但参加过推普活动的人相对要多一些。

表 2-36　畹町口岸普通话培训及推普活动参与状况　　（单位：%）

类型	参加过	没参加过，但听说过	没听说过
普通话培训	6.4	30.8	62.8
推普活动	21.0	24.5	54.5

（2）普通话技能比赛的了解状况

如表 2-37 所示，畹町口岸参加过各级普通话技能比赛的人非常少，对比赛的了解程度也不高，但人们对国家级比赛的知晓度高于省级及本地的比赛，这与广播、电视等的宣传具有一定的关系。

表 2-37　畹町口岸普通话技能比赛了解情况　　　　　　（单位：%）

类型	了解并参加过	了解，但没参加过	不太了解	没听说过
国家级	0	15.5	69.0	15.5
省级	1.8	1.8	33.6	62.8
本地（州、市、县）	3.6	7.3	20.9	68.2

四、畹町口岸的普通话认同状况

（一）普通话的认知状况

1. 普通话重要性的认知

如表 2-38 所示，从民族分布来看，把普通话的重要性排在第一位的调查对象中，汉族多于少数民族。

表 2-38　畹町口岸语言重要性认知（排名第一）的民族分布　　（单位：%）

汉族关于重要性排名第一的语言认知			
普通话	汉语方言	少数民族语言	英语
91.4	8.6	0	0
少数民族关于重要性排名第一的语言认知			
普通话	本民族语言	其他少数民族语言	英语
66.7	22.6	0	10.7

如表 2-39 所示，从领域分布来看，大众传媒领域人员对普通话的重要性排名第一的认可度最高，其后依次是文化教育、官方工作、其他领域、公共服务等领域的调查对象。

表 2-39 畹町口岸语言重要性认知（排名第一）的领域分布　　　（单位：%）

领域	普通话	本民族语言（方言）	其他民族语言（方言）	英语
官方工作	48.0	20.0	12.0	20.0
文化教育	58.1	9.7	0	32.2
大众传媒	83.3	16.7	0	0
公共服务	38.1	33.3	14.3	14.3
其他领域	44.5	37.0	11.1	7.4

2. 普通话实用性的认知

如表 2-40 所示，从民族分布来看，汉族对普通话实用性的认同度高于少数民族。

表 2-40 畹町各民族对普通话实用性的认同　　　（单位：%）

民族	非常有用	比较有用	不太有用	没用	不知道
汉族	77.1	22.9	0	0	0
少数民族	76.0	16.0	2.7	0	5.3

如表 2-41 所示，从领域分布来看，对普通话实用性的评价，从高到低依次是：文化教育-大众传媒-官方工作-公共服务-其他领域。

表 2-41 畹町口岸各领域群体对普通话实用性的认知　　　（单位：%）

领域	非常有用	比较有用	不太有用	没用	不知道
官方工作	76.0	24.0	0	0	0
文化教育	96.8	3.2	0	0	0
大众传媒	83.3	16.7	0	0	0
公共服务	52.4	47.6	0	0	0
其他领域	22.2	37.0	26.0	0	14.8

3. 普通话影响力的认知

如表 2-42 所示，从民族分布看，超过半数的汉族认为普通话对汉语方言、少数民族语言有影响。如表 2-43 所示，从领域分布看，文化教育、大众传媒、官方工作领域有相当数量的调查对象认为，普通话对汉语方言、少数民族语言有影响。

表 2-42　畹町口岸各民族对普通话影响力的认知　　　　（单位：%）

民族	普通话对汉语方言的影响					普通话对少数民族语言的影响				
	很大	较大	较小	没有	不知道	很大	较大	较小	没有	不知道
汉族	31.5	34.3	11.4	22.8	0	45.7	22.9	8.6	5.7	17.1
少数民族	13.3	20.0	22.7	30.7	13.3	20.0	33.3	9.4	37.3	0

表 2-43　畹町口岸各领域群体对普通话影响力的认知　　　（单位：%）

领域	普通话对汉语方言的影响					普通话对少数民族语言的影响				
	很大	较大	较小	没有	不知道	很大	较大	较小	没有	不知道
官方工作	32.0	32.0	20.0	16.0	0	36.0	36.0	20.0	8.0	0
文化教育	35.5	29.0	9.7	16.1	9.7	32.2	35.5	9.7	12.9	9.7
大众传媒	33.3	33.3	16.7	16.7	0	16.7	33.3	16.7	16.7	16.6
公共服务	28.7	33.3	19.0	19.0	0	28.6	33.3	14.3	19.0	4.8
其他领域	22.2	18.6	22.2	18.5	18.5	18.5	25.9	11.1	29.7	14.8

（二）普通话的期望状况

1. 语用主体的普通话水平期望

如表 2-44 所示，从民族分布来看，汉族对自身普通话表达能力的期望值高于少数民族，但也有少数的汉族不想学习普通话。

表 2-44　畹町口岸各民族对本人普通话水平的期望　　（单位：%）

民族	能熟练交谈，没有任何障碍	能熟练交谈，偶尔有障碍	基本能交谈	会说一些日常用语	不想学
汉族	60.0	20.0	8.6	8.6	2.8
少数民族	53.3	6.7	21.3	8.0	10.7

如表 2-45 所示，从年龄分布来看，随着年龄段的增长，各年龄段群体对自己普通话表达能力的期望程度降低。

表 2-45　畹町口岸各年龄段群体对本人普通话水平的期望　（单位：%）

年龄段	能熟练交谈，没有任何障碍	能熟练交谈，偶尔有障碍	基本能交谈	会说一些日常用语	不想学
6~19 岁	73.1	11.5	7.7	7.7	0
20~39 岁	33.3	38.5	17.9	10.3	0
40~59 岁	17.6	23.5	23.5	29.5	5.9
60 岁以上	0	27.2	18.2	18.2	36.4

2. 使用普通话教学的期望

如表 2-46 所示,从民族分布来看,各民族对学前、小学完全使用普通话教学的期望程度,低于对中学、大学的期望程度。如表 2-47 所示,从学历分布来看,随着学历的升高,人们对各教育阶段完全使用普通话教学的期望程度也在升高。

表 2-46　畹町口岸各民族对使用普通话教学的期望　　（单位：%）

民族	非常希望				比较希望				不太希望				不希望			
	幼儿园	小学	中学	大学	幼儿园	小学	中学	大学	幼儿园	小学	中学	大学	幼儿园	小学	中学	大学
汉族	68.6	88.6	100.0	100.0	20.0	11.4	0	0	11.4	0	0	0	0	0	0	0
少数民族	44.0	66.7	88.0	100.0	32.0	25.3	12.0	0	24.0	8.0	0	0	0	0	0	0

表 2-47　畹町口岸各学历群体对使用普通话教学的期望　　（单位：%）

学历	非常希望				比较希望				不太希望				不希望			
	幼儿园	小学	中学	大学	幼儿园	小学	中学	大学	幼儿园	小学	中学	大学	幼儿园	小学	中学	大学
文盲	20.0	40.0	60.0	80.0	20.0	20.0	20.0	20.0	40.0	20.0	20.0	0	20.0	20.0	0	0
小学	27.0	30.8	76.9	88.5	50.0	61.5	23.1	11.5	11.5	7.7	0	0	11.5	0	0	0
中学、中专	65.0	87.5	100.0	100.0	22.5	10.0	0	0	7.5	2.5	0	0	5.0	0	0	0
大专、本科	100.0	100.0	100.0	100.0	0	0	0	0	0	0	0	0	0	0	0	0

3. 普通话发展前景的期望

如表 2-48 所示,汉族对普通话发展前景的期望要比少数民族高;各民族都希望普通话能在官方工作、文化教育、大众传媒等领域得到广泛使用。

表 2-48　畹町口岸各民族对普通话发展前景的期望　　（单位：%）

民族	关于普通话未来发展的期望				
	有很大发展	在一定范围发展	任其自然	不再使用	不知道
汉族	71.5	5.7	22.8	0	0
少数民族	74.7	8.0	5.3	0	12.0

续表

关于各领域使用普通话的期望					
民族	官方工作	文化教育	大众传媒	公共服务	公众交际	日常交际
汉族	100.0	100.0	100.0	74.3	71.4	34.3
少数民族	100.0	100.0	100.0	54.7	62.7	29.3

（三）普通话的情感状况

1. 普通话语音的情感态度

如表 2-49 所示，大部分调查对象都认为普通话非常好听，但少数民族认为普通话听起来不太亲切的占比较高。

表 2-49 畹町口岸各民族对普通话语音的情感态度　　（单位：%）

关于普通话好听度的情感态度					
民族	非常好听	比较好听	不太好听	不好听	不知道
汉族	54.3	37.1	0	0	8.6
少数民族	60.0	22.7	8.0	0	9.3
关于普通话亲切度的情感态度					
民族	非常亲切	比较亲切	不太亲切	不亲切	不知道
汉族	22.9	25.7	28.6	11.4	11.4
少数民族	16.0	25.3	46.7	5.3	6.7

如表 2-50 所示，从学历分布来看，随着学历的升高，调查对象对普通话好听、亲切程度的认知度也在加深。

表 2-50 畹町口岸各学历群体对普通话好听度的情感态度　　（单位：%）

关于普通话好听度的情感态度					
学历	非常好听	比较好听	不太好听	不好听	不知道
文盲	20.0	40.0	20.0	0	20.0
小学	50.1	34.6	3.8	0	11.5
中学、中专	77.5	22.5	0	0	0
大专、本科	82.1	17.9	0	0	0
关于普通话亲切度的情感态度					
学历	非常亲切	比较亲切	不太亲切	不亲切	不知道
文盲	20.0	20.0	20.0	20.0	20.0

续表

关于普通话亲切度的情感态度				
小学	26.9	23.1	30.8	7.7	11.5
中学、中专	17.5	20.0	55.0	7.5	0
大专、本科	28.2	33.3	38.5	0	0

2. 普通话水平与语用主体关系的情感态度

如表2-51所示，认为普通话水平比较能显示说话人文化素养的，基本跟调查对象的学历呈正相关，且有80%以上的调查对象对普通话水平比自己高的人员持非常羡慕和羡慕的情感态度。

表 2-51 畹町口岸各学历群体对普通话能否显示文化素养的情感态度（单位：%）

普通话水平能否显示语用主体的文化素养				
学历	非常能显示	比较能显示	不太能显示	与文化素养无关	不知道
文盲	40.0	40.0	0	20.0	0
小学	34.6	38.5	15.4	11.5	0
中学、中专	27.5	42.5	10.0	12.5	7.5
大专、本科	10.3	71.8	10.2	7.7	0
对普通话高水平语用主体的情感态度				
学历	非常羡慕	羡慕	无所谓	讨厌	不知道
文盲	60.0	20.0	0	0	20.0
小学	50.0	34.6	15.4	0	0
中学、中专	35.0	50.0	15.0	0	0
大专、本科	61.5	20.5	18.0	0	0

3. 普通话选用的情感态度

如表2-52所示，从民族分布来看，汉族学习和使用普通话的主动性强于少数民族，有超过半数以上的少数民族选择收看普通话电视节目。如表2-53所示，从年龄段分布来看，随着年龄段的升高，调查对象学习和使用普通话的主动性递减，但各年龄段群体普通选择的都是收看普通话电视节目。

表 2-52 畹町口岸各民族对普通话选用的情感态度　　　　（单位：%）

关于学习和使用普通话的情况					
民族	经常	有时	偶尔	不会	不知道
汉族	14.3	28.6	22.9	34.2	0
少数民族	9.3	18.7	20.0	52.0	0
关于电视节目语言选择的情况					
民族	本地汉语方言	当地汉语方言	普通话	傣语	景颇语
汉族	2.9	8.6	88.5	0	0
少数民族	9.3	0	64.0	17.4	9.3

表 2-53 畹町口岸各年龄段群体对普通话选用的情感态度　　　（单位：%）

关于学习和使用普通话的情况					
年龄段	经常	有时	偶尔	不会	不知道
6～19 岁	73.1	11.5	7.7	7.7	0
20～39 岁	23.1	20.5	20.5	35.9	0
40～59 岁	11.8	11.8	23.5	44.1	8.8
60 岁以上	0	9.1	18.2	63.6	9.1
关于电视节目语言选择的情况					
年龄段	本地汉语方言	当地汉语方言	普通话	傣语	景颇语
6～19 岁	3.8	0	96.2	0	0
20～39 岁	7.7	10.3	61.5	12.8	7.7
40～59 岁	11.8	5.9	52.9	17.6	11.8
60 岁以上	7.1	0	65.6	18.2	9.1

第二节　瑞丽口岸普通话普及度调查

一、瑞丽口岸的普通话能力及水平

（一）普通话使用能力状况

1. 普通话使用能力的民族分布

如表 2-54 所示，汉族听、说普通话的能力都要明显强于少数民族，少量的少数民族完全听不懂普通话。

表 2-54 瑞丽口岸各民族普通话能力水平 （单位：%）

普通话使用能力		各民族普通话听、说能力所占百分比			
		汉族	傣族	景颇族	其他少数民族
听	完全能听懂	96.0	69.0	69.2	45.5
	基本能听懂	4.0	14.3	15.4	36.3
	能听懂一些日常用语	0	9.5	7.7	18.2
	基本听不懂	0	4.8	7.7	0
	完全听不懂	0	2.4	0	0
说	能熟练交谈，没有任何障碍	58.0	28.6	23.1	27.3
	能熟练交谈，有时候有障碍	22.0	21.4	15.4	27.3
	基本能交谈	8.0	19.0	23.1	18.2
	会说一些日常用语	12.0	14.3	23.1	9.0
	完全不会说	0	16.7	15.3	18.2

2. 普通话使用能力的学历分布

如表 2-55 所示，随着学历的升高，调查对象听、说普通话的能力也在逐步增强。

表 2-55 瑞丽口岸各学历群体普通话能力水平 （单位：%）

普通话使用能力		各学历群体听、说普通话能力所占百分比				
		文盲	小学	初中	高中、中专	大专、本科
听	完全能听懂	40.0	53.8	83.3	100.0	100.0
	基本能听懂	20.0	19.4	16.7	0	0
	能听懂一些日常用语	20.0	11.5	0	0	0
	基本听不懂	0	3.8	0	0	0
	完全听不懂	20.0	11.5	0	0	0
说	能熟练交谈，没有任何障碍	0	7.7	22.2	50.0	92.5
	能熟练交谈，有时候有障碍	0	23.1	22.2	21.4	7.5
	基本能交谈	40.0	30.7	38.9	21.4	0
	会说一些日常用语	40.0	23.1	16.7	7.2	0
	完全不会说	20.0	15.4	0	0	0

3. 普通话使用能力的年龄分布

如表 2-56 所示，随着年龄阶段的提高，调查对象听、说普通话的能力逐渐降低。

表 2-56 瑞丽口岸各年龄段群体普通话能力水平 （单位：%）

	普通话使用能力	各年龄段人群普通话能力听、说所占百分比			
		6~19 岁	20~39 岁	40~59 岁	60 岁以上
听	完全能听懂	87.5	80.3	65.7	40.0
	基本能听懂	12.5	8.3	14.3	20.0
	能听懂一些日常用语	0	11.4	11.4	0
	基本听不懂	0	0	5.7	20.0
	完全听不懂	0	0	2.9	20.0
说	能熟练交谈，没有任何障碍	52.5	47.2	22.9	0
	能熟练交谈，有时候有障碍	25.0	16.7	20.0	20.0
	基本能交谈	12.5	27.8	20.0	40.0
	会说一些日常用语	10.0	8.3	22.9	20.0
	完全不会说	0	0	14.2	20.0

4. 普通话使用能力的领域分布

如表 2-57 所示，除其他领域外，各领域调查对象的普通话听力水平相同，普通话表达能力的强弱排序为：大众传媒-文化教育-官方工作-公共服务-其他领域。

表 2-57 瑞丽口岸各领域群体普通话能力水平 （单位：%）

	普通话使用能力	各领域群体普通话听、说能力所占百分比				
		官方工作	文化教育	大众传媒	公共服务	其他领域
听	完全能听懂	100.0	100.0	100.0	100.0	57.9
	基本能听懂	0	0	0	0	10.5
	能听懂一些日常用语	0	0	0	0	15.8
	基本听不懂	0	0	0	0	5.3
	完全听不懂	0	0	0	0	10.5
说	能熟练交谈，没有任何障碍	70.0	79.4	90.9	22.7	15.8
	能熟练交谈，有时候有障碍	16.7	17.6	9.1	40.9	15.8
	基本能交谈	13.3	3.0	0	13.7	31.6
	会说一些日常用语	0	0	0	22.7	26.3
	完全不会说	0	0	0	0	10.5

5. 普通话使用能力的性别分布

如表 2-58 所示，瑞丽口岸调查对象中，男性的普通话听、说能力强于女性。

表 2-58　瑞丽口岸各性别群体普通话能力水平　　（单位：%）

	类型	男性	女性		类型	男性	女性
听	完全能听懂	73.0	60.4	说	能熟练交谈，没有任何障碍	39.7	35.8
	基本能听懂	15.9	22.6		能熟练交谈，偶尔有障碍	25.4	20.8
	能听懂一些日常用语	6.3	7.5		能说一些日常用语	17.5	18.9
	基本听不懂	0	3.8		基本不会说	11.1	15.1
	完全听不懂	4.8	5.7		完全不会说	6.3	9.4

（二）汉语拼音使用能力状况

1. 汉语拼音使用能力的民族分布

如表 2-59 所示，汉族中一半以上的调查对象完全能拼读汉语拼音；其他少数民族调查对象的拼读能力仅次于汉族；景颇族汉语拼音的拼读能力强于傣族。

表 2-59　瑞丽口岸各民族汉语拼音拼读能力　　（单位：%）

	汉语拼音使用能力	各民族汉语拼音拼读能力所占百分比			
		汉族	傣族	景颇族	其他少数民族
等级	完全能拼读	56.0	19.0	23.0	27.3
	基本能拼读	20.0	21.4	15.4	18.2
	能拼读一些简单字词	14.0	26.2	30.8	36.3
	基本不能拼读	4.0	19.0	15.4	9.1
	完全不能拼读	6.0	14.4	15.4	9.1

2. 汉语拼音使用能力的学历分布

如表 2-60 所示，随着学历的升高，瑞丽口岸调查对象的汉语拼音拼读能力逐渐增强，其中大专、本科的调查对象的拼读能力最强。

表 2-60　瑞丽口岸各学历群体汉语拼音拼读能力　　　　（单位：%）

汉语拼音使用能力		各学历群体汉语拼音拼读能力所占百分比				
		文盲	小学	初中	高中、中专	大专、本科
等级	完全能拼读	0	11.4	16.7	24.4	54.7
	基本能拼读	0	15.5	14.4	42.9	45.3
	能拼读一些简单字词	0	23.1	16.7	25.6	0
	基本不能拼读	0	30.8	16.7	7.1	0
	完全不能拼读	100.0	19.2	5.5	0	0

3. 汉语拼音使用能力的年龄分布

如表 2-61 所示，随着年龄段的增长，调查对象汉语拼音的拼读能力逐渐减弱。

表 2-61　瑞丽口岸各年龄段群体汉语拼音拼读能力　　　（单位：%）

汉语拼音使用能力		各年龄段群体汉语拼音拼读能力所占百分比			
		6～19 岁	20～39 岁	40～59 岁	60 岁以上
等级	完全能拼读	50.0	36.1	8.6	0
	基本能拼读	27.5	11.1	25.7	0
	能拼读一些简单字词	20.0	16.7	17.1	0
	基本不能拼读	2.5	25.0	17.1	20.0
	完全不能拼读	0	11.1	31.5	80.0

4. 汉语拼音使用能力的领域分布

如表 2-62 所示，各领域调查对象的汉语拼音拼读能力从高到低依次为：大众传媒-文化教育-官方工作-公共服务-其他领域。

表 2-62　瑞丽各领域人群汉语拼音拼读能力　　　　（单位：%）

汉语拼音使用能力		官方工作	文化教育	大众传媒	公共服务	其他领域
等级	完全能拼读	60.0	67.6	81.8	31.8	5.2
	基本能拼读	33.3	23.6	9.1	36.4	26.3
	能拼读一些简单字词	6.7	8.8	9.1	13.6	26.3
	基本不能拼读	0	0	0	4.6	21.1
	完全不能拼读	0	0	0	13.6	21.1

5. 汉语拼音使用能力的性别分布

如表 2-63 所示，女性调查对象汉语拼音的平均拼读能力要稍强于男性。

表 2-63　瑞丽口岸各性别群体汉语拼音拼读能力　　　（单位：%）

	汉语拼音使用能力	男性	女性
等级	完全能拼读	28.6	26.4
	基本能拼读	14.3	18.9
	能拼读一些简单字词	14.3	20.8
	基本不能拼读	23.8	18.9
	完全不能拼读	19.0	15.0

二、瑞丽口岸的普通话使用状况

（一）普通话使用状况的民族分布

表 2-64　瑞丽口岸各民族人际交流中的普通话使用情况　　（单位：%）

民族及频率		爷爷	奶奶	父亲	母亲	配偶	子女	朋友	
								本族人	非本族人
汉族	完全使用	24.0	20.0	20.0	12.0	18.0	18.0	12.0	18.0
	经常使用	14.0	14.0	14.0	16.0	24.0	30.0	16.0	40.0
	偶尔使用	20.4	22.0	22.0	20.0	20.0	24.0	24.0	22.0
	从不使用	41.6	44.0	44.0	52.0	38.0	28.0	48.0	20.0
傣族	完全使用	0	0	0	0	0	9.5	0	0
	经常使用	0	0	11.9	9.5	4.7	19.0	0	21.4
	偶尔使用	23.8	19.0	33.3	31.0	23.8	42.9	21.4	31.0
	从不使用	76.2	81.0	54.8	59.5	71.5	28.6	78.6	47.6
景颇族	完全使用	0	0	7.7	0	0	7.7	0	15.4
	经常使用	7.7	0	15.4	15.4	15.4	15.4	7.7	23.1
	偶尔使用	23.1	15.4	23.1	23.1	15.4	30.7	15.4	38.4
	从不使用	69.2	84.6	53.8	61.5	69.2	46.2	76.9	23.1
其他少数民族	完全使用	0	0	9.1	9.1	9.1	18.2	0	9.1
	经常使用	0	0	18.2	18.2	18.2	27.3	9.1	27.3
	偶尔使用	9.1	9.1	27.3	27.3	27.3	18.2	27.3	36.3
	从不使用	90.9	90.9	45.4	45.4	45.4	36.3	63.6	27.3

如表 2-64 所示，汉族与亲友交流时使用普通话的频率高于少数民族；其他少数民族与亲友使用普通话的频率高于傣族、景颇族；各民族在与非本民族朋友交流时，使用普通话的频率高于跟本民族朋友交流。

如表 2-65 所示，调查对象完全使用普通话频率最高的场景主要是买卖、行政事务；民族节庆、婚嫁丧葬、生产劳动是使用普通话频率最低的场景；傣族、景颇族看病时经常使用普通话的频率稍高于汉族。

表 2-65　瑞丽口岸各民族不同场景中的普通话使用情况　　　　（单位：%）

民族及频率		打招呼	聊天	生产劳动	买卖	看病	行政事务	民族节庆	婚嫁丧葬
汉族	完全使用	18.0	18.0	18.0	18.0	18.0	22.0	18.0	18.0
	经常使用	8.0	20.0	12.0	34.0	10.0	14.0	8.0	8.0
	偶尔使用	38.0	36.0	44.0	30.0	48.0	42.0	24.0	26.0
	从不使用	36.0	26.0	26.0	18.0	24.0	22.0	50.0	48.0
傣族	完全使用	0	0	0	14.3	0	7.1	0	0
	经常使用	9.5	11.9	4.8	19.0	21.4	16.7	0	0
	偶尔使用	40.5	33.3	30.9	38.1	45.3	35.7	40.5	33.3
	从不使用	50.0	54.8	64.3	28.6	33.3	40.5	59.5	66.7
景颇族	完全使用	7.7	7.7	0	15.5	7.7	15.5	0	0
	经常使用	15.4	7.7	7.7	30.7	23.1	30.7	7.7	7.7
	偶尔使用	53.8	53.8	38.5	23.1	38.5	30.7	30.7	38.5
	从不使用	23.1	30.8	53.8	30.7	30.7	23.1	61.6	53.8
其他民族	完全使用	9.1	9.1	0	9.1	9.1	18.2	0	0
	经常使用	9.1	27.3	0	18.2	9.1	9.1	0	0
	偶尔使用	18.2	36.3	36.4	36.4	27.3	45.4	36.3	45.4
	从不使用	63.6	27.3	63.6	36.3	54.5	27.3	63.7	54.6

（二）普通话使用状况的学历分布

如表 2-66 所示，大专、本科学历者使用普通话与亲友交谈的频率最高，而小学学历者与朋友交流时使用普通话的频率最高。

表 2-66　瑞丽口岸各学历群体人际交流中的普通话使用情况　　（单位：%）

学历及频率		爷爷	奶奶	父亲	母亲	配偶	子女	朋友	
								本族人	非本族人
小学	完全使用	11.5	15.4	19.2	15.4	0	0	15.4	19.2
	经常使用	0	0	19.2	19.2	11.5	34.6	11.5	23.1
	偶尔使用	23.1	19.2	15.4	26.9	42.3	50.0	11.5	26.9
	从不使用	65.4	65.4	46.2	38.5	46.2	15.4	61.6	30.8

续表

学历及频率		爷爷	奶奶	父亲	母亲	配偶	子女	朋友	
								本族人	非本族人
初中	完全使用	0	0	11.1	11.1	5.6	16.7	11.1	11.1
	经常使用	5.6	5.6	16.7	16.7	11.1	22.2	11.1	33.3
	偶尔使用	38.9	33.3	16.7	17.7	33.3	38.9	22.2	38.9
	从不使用	55.5	61.1	55.5	54.5	50.0	22.2	55.6	16.7
高中中专	完全使用	0	0	7.1	7.1	7.1	21.4	7.1	14.3
	经常使用	14.3	7.1	14.3	7.1	14.3	28.6	7.1	21.4
	偶尔使用	21.4	28.6	21.4	28.6	28.6	28.6	28.6	35.7
	从不使用	64.3	64.3	57.2	57.2	50.0	21.4	57.2	28.6
大专本科	完全使用	24.5	24.5	22.6	22.6	18.9	24.5	13.2	18.9
	经常使用	0	0	13.2	11.3	28.3	41.6	13.2	24.5
	偶尔使用	18.9	22.6	22.6	24.5	13.2	22.6	20.7	43.4
	从不使用	56.6	52.9	41.6	41.6	39.6	11.3	52.9	13.2

表 2-67 瑞丽口岸各学历群体不同场景中的普通话使用情况　　　（单位：%）

学历及频率		打招呼	聊天	生产劳动	买卖	看病	行政事务	民族节庆	婚嫁丧葬
小学	完全使用	11.5	11.5	0	15.4	15.4	11.5	11.5	11.5
	经常使用	19.2	46.2	0	23.1	23.1	26.9	0	3.8
	偶尔使用	46.2	23.1	15.4	38.4	23.1	34.7	23.1	15.4
	从不使用	23.1	19.2	84.6	23.1	38.4	26.9	65.4	69.3
初中	完全使用	11.1	6.4	5.6	5.6	11.1	22.2	5.6	5.6
	经常使用	27.8	16.7	5.6	33.3	33.3	16.7	16.7	11.1
	偶尔使用	22.2	32.5	22.2	27.8	22.2	22.2	22.2	16.7
	从不使用	38.9	44.4	66.6	33.3	33.4	38.9	55.5	66.6
高中中专	完全使用	7.1	7.1	0	21.4	7.1	21.4	7.1	7.1
	经常使用	21.5	14.3	0	28.6	14.3	14.3	7.1	14.3
	偶尔使用	28.5	21.5	28.6	21.4	35.7	50.0	64.4	42.9
	从不使用	42.9	57.1	71.4	28.6	42.9	14.3	21.4	35.7
大专本科	完全使用	18.9	20.7	17.0	24.5	20.8	34.0	13.2	13.2
	经常使用	13.2	24.5	18.9	34.0	20.8	20.8	17.0	15.1
	偶尔使用	26.4	18.9	20.7	26.4	26.4	35.8	24.6	22.6
	从不使用	41.5	35.9	43.4	15.1	32.0	9.4	45.2	49.1

如表 2-67 所示，各学历调查对象在买卖、看病、行政事务等场景中使用普通话的频率，相对高于打招呼、聊天、民族节庆、婚嫁丧葬等交际场景的普通话使用频率，其中大专、本科学历者在行政事务、买卖、看病等场景中完全使用普通话的频率最高。

（三）普通话使用状况的年龄分布

如表 2-68 所示，随着年龄段的增加，调查对象使用普通话的频率呈下降趋势，其中 6～19 岁年龄段的调查对象使用普通话的频率最高。如表 2-69 所示，在聊天、打招呼场景中，6～19 岁年龄段经常使用普通话的频率最高；买卖、行政事务是各年龄段群体普通话使用率最高的两个场景；民族节庆是所有场景中各年龄段调查对象使用普通话频率最少的。

表 2-68　瑞丽口岸各年龄段群体人际交流中的普通话使用情况　　（单位：%）

年龄及频率		爷爷	奶奶	父亲	母亲	配偶	子女	朋友	
								本族人	非本族人
6～19 岁	完全使用	7.5	5.0	15.0	12.5	0	0	7.5	15.0
	经常使用	15.0	17.5	17.5	17.5	0	0	32.5	50.0
	偶尔使用	22.5	25.0	25.0	25.0	0	0	22.5	12.5
	从不使用	55.0	52.5	42.5	45.0	0	0	37.5	22.5
20～39 岁	完全使用	0	5.6	11.1	11.1	13.8	16.7	8.3	11.1
	经常使用	13.9	11.1	13.9	16.7	8.3	22.2	5.6	19.4
	偶尔使用	25.0	19.4	25.0	25.0	22.2	22.2	22.2	30.6
	从不使用	61.1	63.9	50.0	47.2	55.7	38.9	63.9	38.9
40～59 岁	完全使用	0	0	0	5.7	5.7	5.7	0	8.6
	经常使用	0	0	5.7	5.7	8.6	17.1	11.4	8.6
	偶尔使用	0	0	11.4	17.1	34.3	22.9	11.4	45.8
	从不使用	0	0	82.9	71.5	51.4	54.3	77.2	37.0
60 岁以上	完全使用	0	0	0	0	20.0	0	0	0
	经常使用	0	0	0	0	0	0	0	0
	偶尔使用	0	0	0	0	0	20.0	20.0	20.0
	从不使用	0	0	0	0	80.0	80.0	80.0	80.0

表 2-69 瑞丽口岸各年龄段群体不同场景中的普通话使用情况　　　　（单位：%）

年龄及频率		打招呼	聊天	生产劳动	买卖	看病	行政事务	民族节庆	婚嫁丧葬
6～19岁	完全使用	7.5	7.5	0	10.0	0	0	0	0
	经常使用	27.5	30.0	0	35.0	17.5	7.5	5.0	5.0
	偶尔使用	52.5	47.5	30.0	50.0	42.5	37.5	57.5	52.5
	从不使用	12.5	15.0	70.0	5.0	40.0	55.0	37.5	42.5
20～39岁	完全使用	8.3	8.3	8.3	13.8	8.3	16.7	8.3	8.3
	经常使用	16.7	22.2	0	27.8	5.6	19.4	0	5.6
	偶尔使用	38.9	25.1	22.2	36.2	22.2	25.0	27.8	25.0
	从不使用	36.1	44.4	69.5	22.2	63.9	38.9	63.9	61.1
40～59岁	完全使用	2.9	5.7	5.7	14.3	2.9	20.0	5.7	2.9
	经常使用	8.6	5.7	0	14.3	5.6	25.7	0	7.6
	偶尔使用	22.9	22.9	40.0	28.6	22.9	31.4	17.1	12.3
	从不使用	65.6	65.7	54.3	42.8	68.6	22.9	77.2	77.2
60岁以上	完全使用	0	0	0	0	20.0	20.0	0	0
	经常使用	0	0	0	20.0	0	0	0	0
	偶尔使用	20.0	20.0	0	60.0	0	40.0	20.0	20.0
	从不使用	80.0	80.0	100.0	20.0	80.0	40.0	80.0	80.0

（四）普通话使用状况的领域分布

1. 官方工作领域

如表 2-70 所示，官方工作人员在开会时，如以会议主持人的身份发言，使用普通话的频率是最高的；日常工作中，工作人员与工作对象交流时使用普通话的频率高于跟同事交流。

表 2-70 瑞丽口岸官方工作领域普通话使用情况　　　　（单位：%）

频率	开会时使用普通话的频率			日常工作中使用普通话的频率	
	主持会议	传达上级指示	讨论、发言	同事之间	工作对象
完全使用	60.0	26.7	16.7	10.0	40.0
经常使用	26.7	46.7	33.3	26.7	30.0
偶尔使用	6.7	13.3	30.0	40.0	23.3
从不使用	6.6	13.3	20.0	23.3	6.7

2. 文化教育领域

如表 2-71 所示，中学师生课堂用语完全使用普通话；课外用语方面，师生之间使用普通话的频率最高；教师在家长会上使用普通话频率最高的是中学，家长在家长会使用普通话的频率则比教师低于教师。

表 2-71　瑞丽口岸文化教育领域普通话使用情况　　　　（单位：%）

教育阶段及频率		课堂用语		课外用语			家长会	
		教师	学生	教师之间	学生之间	师生之间	教师发言	家长发言
学前	完全使用	82.4	67.6	23.5	20.6	32.4	82.4	14.7
	经常使用	17.6	32.4	29.4	55.9	67.6	17.6	50.0
	偶尔使用	0	0	35.3	23.5	0	0	23.5
	从不使用	0	0	11.8	0	0	0	11.8
小学	完全使用	100.0	91.2	20.6	14.8	17.6	64.7	14.7
	经常使用	0	8.8	29.4	67.6	41.2	35.3	44.1
	偶尔使用	0	0	26.5	17.6	41.2	0	20.6
	从不使用	0	0	23.5	0	0	0	20.6
中学	完全使用	100.0	100.0	17.6	26.5	20.6	91.2	11.8
	经常使用	0	0	20.6	55.9	67.6	8.8	32.4
	偶尔使用	0	0	44.2	17.6	11.8	0	23.4
	从不使用	0	0	17.6	0	0	0	32.4

3. 大众传媒领域

如表 2-72 所示，大众传媒领域人员使用普通话的频率总体上要高于官方工作领域。调查对象在主持会议时完全使用普通话的人数超过了 80%。

表 2-72　瑞丽大众传媒领域普通话使用情况　　　　（单位：%）

频率	开会时使用普通话的频率			日常工作中使用普通话的频率	
	主持会议	传达上级指示	讨论、发言	同事之间	工作对象
完全使用	81.8	63.6	63.6	45.4	72.7
经常使用	18.2	36.4	36.4	27.3	27.3
偶尔使用	0	0	0	27.3	0
从不使用	0	0	0	0	0

4. 公共服务领域

如表 2-73 所示,公共服务领域人员开会时传达上级指示、同事之间使用普通话的频率高于官方工作领域。在日常工作中,公共服务领域工作人员与工作对象交流时使用普通话的频率比较高。

表 2-73 瑞丽口岸公共服务领域普通话使用情况　　（单位:%）

频率	开会时使用普通话的频率			日常工作中使用普通话的频率	
	主持会议	传达上级指示	讨论、发言	同事之间	工作对象
完全使用	36.4	50.0	13.6	13.8	40.9
经常使用	50.0	27.3	54.5	18.2	36.4
偶尔使用	13.6	22.7	22.7	27.3	22.7
从不使用	0	0	9.2	40.7	0

5. 其他领域

如表 2-74 所示,其他领域的调查对象与子女交流时,经常使用普通话的频率最高,其次是与朋友交流,与爷爷、奶奶交流基本不使用普通话。

表 2-74 瑞丽口岸其他领域普通话使用情况(交际对象分类)　（单位:%）

频率	爷爷	奶奶	父亲	母亲	配偶	子女	朋友	
							本族人	非本族人
完全使用	0	0	5.3	5.3	10.5	10.5	0	10.5
经常使用	0	0	10.5	5.3	10.5	21.1	15.8	15.8
偶尔使用	10.5	10.5	42.1	31.5	26.4	36.8	15.8	42.1
从不使用	89.5	89.5	42.1	57.9	52.6	31.6	68.4	31.6

(五)普通话使用状况的性别分布

如表 2-75 所示,男性调查对象在与亲人交流时使用普通话的频率与女性相差无几,但在与朋友尤其是本族朋友交流时,男性调查对象从不使用普通话的占比低于女性调查对象。

表 2-75 瑞丽口岸各性别群体人际交流中的普通话使用情况　　　（单位：%）

性别及频率		爷爷	奶奶	父亲	母亲	配偶	子女	朋友	
								本族人	非本族人
男性	完全使用	9.5	9.5	11.1	11.1	12.7	19.0	9.5	11.1
	经常使用	11.1	11.1	19.1	12.7	15.9	23.8	15.9	36.5
	偶尔使用	20.7	17.5	20.6	19.0	25.4	25.4	38.1	23.8
	从不使用	58.7	61.9	49.2	57.2	46.0	31.8	36.5	28.6
女性	完全使用	11.3	7.5	13.2	13.2	7.5	22.6	7.5	15.0
	经常使用	7.5	11.4	11.4	15.1	18.9	15.1	7.5	22.7
	偶尔使用	20.8	26.4	33.9	32.1	22.7	34.0	13.2	39.6
	从不使用	60.4	54.7	41.5	39.6	50.9	28.3	71.8	22.7

如表 2-76 所示，男性与女性在打招呼、聊天、生产劳动、民族节庆、婚嫁丧葬等场景中使用普通话的频率相差不多，但在行政事务、买卖及生产劳动等场景中，差距则比较明显。

表 2-76 瑞丽口岸性别群体不同场景中的普通话使用情况　　　（单位：%）

性别及频率		打招呼	聊天	生产劳动	买卖	看病	行政事务	民族节庆	婚嫁丧葬
男性	完全使用	7.9	7.9	7.9	17.5	12.7	22.2	7.9	7.9
	经常使用	15.9	17.5	12.7	17.5	11.1	28.6	7.9	11.1
	偶尔使用	33.3	28.6	17.5	39.6	17.5	33.3	15.9	22.2
	从不使用	42.9	46.0	61.9	25.4	58.7	15.9	68.3	58.8
女性	完全使用	9.4	9.4	5.7	11.3	5.7	20.8	5.7	5.7
	经常使用	15.1	13.2	9.4	13.2	11.3	17.0	13.2	13.2
	偶尔使用	34.0	30.2	11.3	34.0	22.6	22.6	22.6	30.2
	从不使用	41.5	47.2	73.6	41.5	60.4	39.6	58.5	50.9

三、瑞丽口岸的普通话学习状况

（一）普通话学习途径

1. 各民族普通话学习途径

如表 2-77 所示，各民族调查对象学习普通话的途径，人数分布差别较大的是幼儿园、大学、家庭教育、工作单位及培训机构；大众传媒、小学、中学、人际交往，是汉族与少数民族选择排名前四的普通话学习途径。

表 2-77　瑞丽口岸各民族普通话学习途径（多选）　　　（单位：%）

民族	幼儿园	小学	中学	大学	家庭教育	工作单位	培训机构	大众传媒	人际交往	自学
汉族	38.0	92.0	82.0	21.0	18.0	24.0	14.0	100	78.0	52.0
少数民族	28.8	89.4	77.3	10.6	6.1	13.6	6.1	100	75.8	50.0

2. 各年龄段群体人员普通话学习途径

如表 2-78 所示，大众传媒是各年龄段群体学习普通话占比最高的途径；6～19 岁、20～39 岁年龄段的调查对象拥有更多的学习途径；轻龄段调查对象选择学校作为普通话学习途径的占比较高，其余则多为人际交往。

表 2-78　瑞丽口岸各年龄段群体普通话学习途径（多选）　（单位：%）

年龄段	幼儿园	小学	中学	大学	家庭教育	工作单位	培训机构	大众传媒	人际交往	自学
6～19 岁	95.0	97.5	37.5	2.5	40.0	10.0	15.0	100.0	67.5	32.5
20～39 岁	47.2	88.9	80.6	33.3	2.7	47.2	13.8	100.0	88.9	33.3
40～59 岁	0	42.8	51.4	17.1	5.7	34.3	11.4	100.0	94.3	11.4
60 岁以上	0	20.0	20.0	0	0	0	0	100.0	60.0	0

3. 各领域普通话学习途径

如表 2-79 所示，官方工作、文化教育、大众传媒、公共服务领域的调查对象，学习普通话的途径多样，其他领域群体学习普通话的途径，则无大学、家庭教育、工作单位、培训机构等途径。

表 2-79　瑞丽各领域人员普通话学习途径（多选）　　（单位：%）

领域	幼儿园	小学	中学	大学	家庭教育	工作单位	培训机构	大众传媒	人际交往	自学
官方工作	50.0	100.0	100.0	93.3	16.7	93.3	16.7	100.0	93.3	23.3
文化教育	79.4	100.0	85.3	35.3	20.6	17.6	26.5	100.0	55.9	64.7
大众传媒	45.5	100.0	100.0	90.1	18.2	90.1	54.5	100.0	54.5	54.5
公共服务	22.7	100.0	95.5	68.2	13.6	22.7	4.5	100.0	81.8	18.2
其他工作领域	5.3	89.5	57.9	0	0	0	0	100.0	68.4	5.3

(二) 普通话学习难度

1. 各民族学习普通话的难度

如表 2-80 所示,总体而言,瑞丽口岸汉族学习普通话要比少数民族容易一些。

表 2-80　瑞丽口岸各民族学习普通话的难度　　　　　　（单位：%）

民族及分类		非常容易	容易	一般	困难	非常困难
汉族	语音	32.0	38.0	18.0	12.0	0
	词汇	36.0	52.0	12.0	0	0
	语法	38.0	46.0	4.0	10.0	2.0
少数民族	语音	15.2	28.8	27.3	13.6	15.1
	词汇	12.1	36.4	28.8	15.1	7.6
	语法	13.6	21.2	21.2	31.9	12.1

2. 各年龄段群体学习普通话的难度

如表 2-81 所示,20～39 岁的调查对象,学习普通话的困难感低于 6～19 岁、40～59 岁的调查对象;60 岁以上年龄段的调查对象学习普通话的难度最大。

表 2-81　瑞丽口岸各年龄段学习普通话的难度　　　　　　（单位：%）

年龄段及分类		非常容易	容易	一般	困难	非常困难
6～19 岁	语音	20.0	30.0	25.0	17.5	7.5
	词汇	17.5	32.5	30.0	15.0	5.0
	语法	17.5	25.0	30.0	15.0	12.5
20～39 岁	语音	22.2	36.2	22.2	11.1	8.3
	词汇	25.0	33.3	27.8	8.3	5.6
	语法	19.5	33.3	27.8	8.3	11.1
40～59 岁	语音	14.3	17.1	22.8	34.4	11.4
	词汇	17.1	20.0	34.3	20.0	8.6
	语法	14.3	22.9	28.5	14.3	20.0
60 岁以上	语音	0	20.0	20.0	20.0	40.0
	词汇	0	20.0	40.0	20.0	20.0
	语法	0	20.0	40.0	20.0	20.0

(三)普通话学习目的及重视度

1. 各民族学习普通话的目的及重视度

(1) 各民族的普通话学习目的

如表 2-82 所示,汉族的普通话学习目的,在适应时代社会发展、便于跟其他民族交流方面,在学习文化知识、满足工作需要、提高个人素质方面高于少数民族,而少数民族选择内心具有成就感的占比则高于汉族。

表 2-82　瑞丽口岸各民族的普通话学习目的(多选)　　　(单位:%)

学习目的	汉族	少数民族
满足工作需要	84.0	66.7
适应时代社会发展	94.0	93.9
个人兴趣爱好	16.0	16.7
便于跟其他民族交流	92.0	90.9
学校(单位)要求	48.0	33.3
提高个人素质	58.0	34.8
别人学,我也跟着学	14.0	22.7
内心具有成就感	40.0	71.2
学习文化知识	94.0	69.7

(2) 各民族对普通话学习的重视程度

如表 2-83 所示,汉族重视普通话学习所占比例略低于少数民族。

表 2-83　瑞丽口岸各民族学习普通话的重视度　　　(单位:%)

民族	非常重视	比较重视	不太重视	不重视	不知道
汉族	20.0	30.0	30.0	14.0	6.0
少数民族	16.7	42.4	10.6	12.1	18.2

2. 各领域群体普通话学习目的及重视度

(1) 各领域群体的普通话学习目的

如表 2-84 所示,官方工作、文化教育、大众传媒领域人数分布较多的学习目的要,其占比基本比其他领域的多。

表 2-84　瑞丽口岸各领域群体的普通话学习目的（多选）　　　（单位：%）

学习目的	官方工作	文化教育	大众传媒	公共服务	其他领域
满足工作需要	96.7	35.3	90.9	68.2	15.8
适应时代社会发展	100.0	100.0	100.0	95.5	100.0
个人兴趣爱好	23.3	47.1	45.5	22.7	10.5
便于跟其他民族交流	100.0	100.0	100.0	95.5	94.7
学校（单位）要求	93.3	100.0	90.9	45.5	10.5
提高个人素质	83.3	94.1	90.9	86.4	31.6
别人学，我也跟着学	0	35.3	0	13.6	31.6
内心具有成就感	13.3	50.0	63.6	27.3	21.1
学习文化知识	93.3	100.0	90.9	54.5	63.2

（2）各领域群体对普通话学习的重视程度

如表 2-85 所示，对普通话学习最为重视的是大众传媒领域，官方工作、文化教育领域学习普通话的重视程度总体上大致相似，其他领域人员的重视程度是最低的。

表 2-85　瑞丽口岸各领域群体学习普通话的重视度　　　（单位：%）

领域	非常重视	比较重视	不太重视	不重视	不知道
官方工作	23.3	36.7	13.4	23.3	3.3
文化教育	35.3	26.5	11.8	11.8	14.6
大众传媒	45.4	27.3	9.1	9.1	9.1
公共服务	13.6	31.8	27.3	18.2	9.1
其他领域	5.3	32.5	31.6	20.1	10.5

（四）普通话水平测试及培训状况

1. 普通话水平测试状况

（1）普通话水平测试的参与度

如表 2-86 所示，调查对象中参加过普通话水平测试的人数比例约为总数的 1/5。

表 2-86　瑞丽口岸普通话水平测试参与度　　　（单位：%）

类型	参加过	没参加过，但很想参加	没参加过，也不想参加	参不参加无所谓	没听说过
所占比例	22.4	25.0	19.8	14.7	18.1

（2）普通话水平测试的等级及满意度

如表2-87所示，调查对象中，测试等级人数最多的是二级乙等，其次是二级甲等，对测试成绩不太满意的比例较高。

表2-87 瑞丽口岸普通话水平测试等级及满意度 （单位：%）

等级	三级乙等	三级甲等	二级乙等	二级甲等	一级
所占比例	7.7	15.4	46.2	30.8	0
满意度	非常满意	比较满意	不太满意	不满意	无所谓
所占比例	19.2	19.2	38.5	7.7	15.4

（3）工作单位对普通话水平的要求

如表2-88所示，少数调查对象所在单位对工作人员要求持证上岗，且单位对普通话水平要求参差不齐。

表2-88 瑞丽口岸各单位对普通话口语水平的要求 （单位：%）

类型	要求持证上岗	有要求，但不核查等级证书	只要求表达流畅，是否标准没要求	只要求能够使用日常用语，是否标准、流畅无要求	没有任何要求
所占比例	18.4	13.8	34.5	16.1	17.2

2. 普通话培训状况

（1）普通话培训及推普活动的参与状况

如表2-89所示，超过半数的调查对象没有听说当地举办过一些普通话培训推普活动活动。

表2-89 瑞丽普通话培训及推普活动参与状况 （单位：%）

类型	参加过	没参加过，但听说过	没听说过
普通话培训	6.9	24.1	69.0
推普活动	15.5	27.6	56.9

（2）普通话技能比赛的了解情况

如表2-90所示，了解并参加过国家级普通话技能比赛的人数极少，结合访谈得知,基本为大众传媒领域或文化教育领域人员。此外,调查对象对国家级赛事的了解程度,要高于本地的赛事。

表 2-90 瑞丽口岸普通话技能比赛了解状况 （单位：%）

范围	了解并参加过	了解,但没参加过	不太了解	没听说过
国家级	3.5	19.8	65.5	11.2
省级	0	12.9	25.0	62.1
本地（州、市、县）	10.3	15.5	18.2	56.0

四、瑞丽口岸的普通话认同状况

（一）普通话的认知状况

1. 普通话重要性的认知

从民族分布来看,如表 2-91 所示,将普通话视为第一重要语言的汉族调查对象,其所占比例是最高的。

表 2-91 瑞丽口岸语言重要性认知（排名第一）的民族分布 （单位：%）

汉族关于重要性排名第一的语言认知			
普通话	汉语方言	少数民族语言	英语
90.0	10.0	0	0
少数民族关于重要性排名第一的语言认知			
普通话	本民族语言	其他少数民族语言	英语
69.7	25.8	0	4.5

从领域分布看,如表 2-92 所示,将普通话的重要性排在第一位的调查对象,其所在领域从高到低依次为：大众传媒-文化教育-官方工作-其他领域-公共服务。

表 2-92 瑞丽口岸语言重要性认知（排名第一）的领域分 （单位：%）

领域	普通话	本民族语言（方言）	其他民族语言（方言）	英语
官方工作	50.0	26.7	10.0	13.3
文化教育	67.6	11.8	0	20.6
大众传媒	90.9	9.1	0	0
公共服务	36.4	40.9	0	22.7
其他领域	47.4	42.1	0	10.5

2. 普通话实用性认知

从民族分布来看，如表 2-93 所示，汉族和少数民族对普通话实用性的认知差距不是很大。

表 2-93　瑞丽口岸各民族对普通话实用性的认知　　　（单位：%）

民族	非常有用	比较有用	不太有用	没用	不知道
汉族	80.0	14.0	0	0	6.0
少数民族	72.7	13.6	4.5	0	9.2

从领域分布来看，如表 2-94 所示，文化教育领域对普通话实用性的认同度排名第一，其次为大众传媒、官方工作、公共服务、其他领域的群体。

表 2-94　瑞丽不同领域对普通话实用性的认同　　　（单位：%）

领域	非常有用	比较有用	不太有用	没用	不知道
官方工作	83.3	16.7	0	0	0
文化教育	91.2	8.8	0	0	0
大众传媒	90.9	9.1	0	0	0
公共服务	50.0	40.9	0	0	9.1
其他工作领域	36.8	36.8	15.8	0	10.6

3. 普通话影响力的认知

如表 2-95 所示，瑞丽口岸汉族认为普通话对汉语方言、少数民族语言产生影响的占多数，少数民族的看法与汉族差距较大。

表 2-95　瑞丽口岸各民族对普通话影响力的认知　　　（单位：%）

民族	普通话对汉语方言的影响					普通话对少数民族语言的影响				
	很大	较大	较小	没有	不知道	很大	较大	较小	没有	不知道
汉族	30.0	28.0	16.0	26.0	0	44.0	26.0	12.0	12.0	6.0
少数民族	13.6	18.2	28.8	31.8	7.6	16.7	30.3	18.2	24.2	10.6

（二）普通话的期望状况

1. 语用主体的普通话水平期望

从民族分布来看，如表 2-96 所示，汉族对本人普通话表达能力水平的期望比少数民族高；少数民族中明确表示不想学习普通话的调查对象所占比例，比汉族高。

表 2-96　瑞丽口岸各民族对本人普通话水平的期望　　（单位：%）

民族	能熟练交谈，没有任何障碍	能熟练交谈，偶尔有障碍	基本能交谈	会说一些日常用语	不想学
汉族	50.0	28.0	10.0	8.0	4.0
少数民族	37.9	18.2	22.7	7.6	13.6

从年龄分布来看，如表 2-97 所示，6～19 岁的调查对象对自己的普通话水平期望度最高，且随着年龄段的升高，各年龄段的调查对象总体上对自己普通话的期望值降低。

表 2-97　瑞丽口岸各年龄段群体对本人普通话水平的期望　　（单位：%）

年龄段	能熟练交谈，没有任何障碍	能熟练交谈，偶尔有障碍	基本能交谈	会说一些日常用语	不想学
6～19 岁	75.0	15.0	10.0	0	0
20～39 岁	30.6	38.9	13.8	11.1	5.6
40～59 岁	20.0	22.9	34.3	11.4	11.4
60 岁以上	0	20.0	40.0	20.0	20.0

2. 使用普通话教学的期望

从民族分布来看，如表 2-98 所示，汉族对各个教学阶段用普通话进行教学的期望都高于少数民族。

表 2-98　瑞丽口岸各民族对使用普通话教学期望　　（单位：%）

民族	非常希望				比较希望				不太希望				不希望			
	幼儿园	小学	中学	大学	幼儿园	小学	中学	大学	幼儿园	小学	中学	大学	幼儿园	小学	中学	大学
汉族	72.0	100.0	100.0	100.0	18.0	0	0	0	10.0	0	0	0	0	0	0	0
少数民族	71.2	77.3	100.0	100.0	13.6	16.7	0	0	15.2	6.0	0	0	0	0	0	0

从学历分布来看,如表2-99所示,瑞丽口岸调查对象未出现"不希望"各级学校完全使用普通话教学的现象,且各学历群体对普通话教学的期望随着学历的升高而升高。

表2-99　瑞丽口岸各不同学历群体对使用普通话教学的期望　　（单位：%）

学历	非常希望				比较希望				不太希望				不希望			
	幼儿园	小学	中学	大学	幼儿园	小学	中学	大学	幼儿园	小学	中学	大学	幼儿园	小学	中学	大学
文盲	60.0	60.0	80.0	100.0	20.0	20.0	20.0	0	20.0	20.0	0	0	0	0	0	0
小学	34.6	61.5	61.5	100.0	53.8	38.5	38.5	0	11.6	0	0	0	0	0	0	0
中学、中专	81.2	100.0	100.0	100.0	18.8	0	0	0	0	0	0	0	0	0	0	0
大专、本科	100.0	100.0	100.0	100.0	0	0	0	0	0	0	0	0	0	0	0	0

3. 普通话发展前景的期望

如表2-100所示,汉族比少数民族对普通话的发展前景,有着更深的期待;各民族对官方工作、文化教育、大众传媒领域使用普通话的期望最高。

表2-100　瑞丽口岸各民族对普通话发展前景的期望　　（单位：%）

关于普通话未来发展的期望					
民族	有很大发展	在一定范围发展	任其自然	不再使用	不知道
汉族	76.0	4.0	20.0	0	0
少数民族	59.1	10.6	19.7	0	10.6
关于各领域使用普通话的期望					
民族	官方工作	文化教育	大众传媒	公共服务	公众交际	日常交际
汉族	100.0	100.0	100.0	70.0	56.0	36.0
少数民族	100.0	100.0	100.0	53.0	57.6	27.3

（三）普通话的情感状况

1. 普通话语音的情感态度

如表2-101所示,各少数民族均有半数以上认为普通话非常好听,有部分调查对象认为普通话听起来亲切,对普通话好听程度的认同均高于对亲切程度的认同。

表 2-101　瑞丽口岸各民族对普通话好听度的情感态度　　（单位：%）

民族	关于普通话好听度的情感态度				
	非常好听	比较好听	不太好听	不好听	不知道
汉族	58.0	32.0	0	0	10.0
少数民族	63.7	18.2	9.0	0	9.1
民族	关于普通话亲切度的情感态度				
	非常亲切	比较亲切	不太亲切	不亲切	不知道
汉族	20.0	20.0	46.0	14.0	0
少数民族	16.7	22.7	30.3	19.7	10.6

从学历分布来看，如表 2-102 所示，不同学历调查对象对普通话语音的好听度、亲切度的认同，大体随着学历的升高而增强。

表 2-102　瑞丽口岸各学历群体对普通话好听度的情感态　　（单位：%）

学历	关于普通话好听度的情感态度				
	非常好听	比较好听	不太好听	不好听	不知道
文盲	60.0	20.0	20.0	0	0
小学	61.5	26.9	5.8	0	5.8
中学、中专	78.2	21.8	0	0	0
大专、本科	81.1	18.9	0	0	0
学历	关于普通话亲切度的情感态度				
	非常亲切	比较亲切	不太亲切	不亲切	不知道
文盲	20.0	20.0	20.0	20.0	20.0
小学	15.4	23.1	34.6	19.2	7.7
中学、中专	15.6	37.5	46.9	0	0
大专、本科	30.2	30.2	39.6	0	0

2. 普通话水平与语用主体关系的情感态度

如表 2-103 所示，认为普通话水平非常能显示文化素养的人群，占比最高的是文盲；小学、大专、本科学历的调查对象，有超过半数对普通话水平较高的人持非常羡慕的情感态度。

表 2-103　瑞丽口岸各学历群体对普通话水平与语用主体关系的情感态度（单位：%）

普通话水平能否显示语用主体的文化素养					
学历	非常能显示	比较能显示	不太能显示	与文化素养无关	不知道
文盲	40.0	40.0	0	0	20.0
小学	34.6	30.8	19.2	15.4	0
中学、中专	37.5	28.1	21.9	12.5	0
大专、本科	17.0	56.6	13.2	13.2	0
对普通话高水平语用主体的情感态度					
学历	非常羡慕	羡慕	无所谓	讨厌	不知道
文盲	20.0	20.0	40.0	0	20.0
小学	53.8	30.8	15.4	0	0
中学、中专	28.1	31.3	40.6	0	0
大专、本科	62.2	17.0	20.8	0	0

3. 普通话选用的情感态度

从民族分布来看，如表 2-104 所示，各民族调查对象经常学习和使用普通话的占比较低；汉族多收看普通话电视节目，少数民族选择不同语言节目的排序为：普通话-傣语-景颇语、本地汉语方言。

表 2-104　瑞丽口岸各民族对普通话选用的情感态度　　（单位：%）

关于学习和使用普通话的情况					
民族	经常	有时	偶尔	不会	不知道
汉族	12.0	16.0	26.0	46.0	0
少数民族	6.1	12.1	22.7	59.1	0
关于电视节目语言选择的情况					
民族	本地汉语方言	当地汉语方言	普通话	傣语	景颇语
汉族	4.0	10.0	86.0	0	0
少数民族	9.1	0	69.7	12.1	9.1

从年龄分布来看，如表 2-105 所示，随着年龄的增长，人们学习普通话的主动性、收看普通话节目的比例都在降低。

表 2-105　瑞丽口岸各年龄段群体对普通话选用的情感态度　　　（单位：%）

年龄段	经常	有时	偶尔	不会	不知道
关于学习和使用普通话的情况					
6~19 岁	67.5	12.5	12.5	7.5	0
20~39 岁	16.7	22.2	16.7	44.4	0
40~59 岁	5.7	11.4	14.3	68.6	0
60 岁以上	0	0	20.0	80.0	0
关于电视节目语言选择的情况					
年龄段	本地汉语方言	当地汉语方言	普通话	傣语	景颇语
6~19 岁	5.0	0	95.0	0	0
20~39 岁	5.5	5.7	77.8	5.5	5.5
40~59 岁	8.6	2.9	65.7	14.2	8.6
60 岁以上	0	0	60.0	20.0	20.0

第三节　猴桥口岸普通话普及度调查

一、猴桥口岸的普通话能力及水平

（一）普通话使用能力状况

1. 普通话使用能力的民族分布

如表 2-106 所示，汉族调查对象的普通话听、说能力都明显高于少数民族调查对象。

表 2-106　猴桥口岸各民族普通话能力水平　　　（单位：%）

普通话使用能力		各民族普通话听、说能力所占百分比	
		汉族	少数民族
听	完全能听懂	93.0	60.3
	基本能听懂	7.0	22.4
	能听懂一些日常用语	0	12.1
	基本听不懂	0	1.7
	完全听不懂	0	3.5
说	能熟练交谈，没有任何障碍	46.5	22.4
	能熟练交谈，有时候有障碍	23.3	14.0
	基本能交谈	16.2	20.5
	会说一些日常用语	14.0	24.1
	完全不会说	0	19.0

2. 普通话使用能力的学历分布

如表 2-107 所示，随着学历的升高，各群体听、说普通话的能力都有所增强。

表 2-107　猴桥各学历群体普通话能力水平　　　　（单位：%）

普通话使用能力		各学历人群普通话听、说能力所占百分比				
		文盲	小学	初中	高中、中专	大专、本科
听	完全能听懂	33.3	62.5	81.8	100.0	100.0
	基本能听懂	33.3	12.5	18.2	0	0
	能听懂一些日常用语	11.2	12.5	0	0	0
	基本听不懂	11.1	12.5	0	0	0
	完全听不懂	11.1	0	0	0	0
说	能熟练交谈，没有任何障碍	0	5.0	27.3	44.5	85.7
	能熟练交谈，有时候有障碍	0	15.0	31.8	33.3	14.3
	基本能交谈	22.2	25.0	18.2	22.2	0
	会说一些日常用语	33.3	32.5	22.7	0	0
	完全不会说	44.5	22.5	0	0	0

3. 普通话使用能力的年龄分布

如表 2-108 所示，随着年龄段的增长，调查对象的普通话听说能力降低。

表 2-108　猴桥口岸各年龄段群体普通话能力水平　　　　（单位：%）

普通话使用能力		各年龄段群体听、说能力所占百分比			
		6～19 岁	20～39 岁	40～59 岁	60 岁以上
听	完全能听懂	90.9	86.7	60.0	50.0
	基本能听懂	9.1	8.9	20.0	16.7
	能听懂一些日常用语	0	0	10.0	0
	基本听不懂	0	4.4	0	16.7
	完全听不懂	0	0	10.0	16.6
说	能熟练交谈，没有任何障碍	45.5	35.6	15.0	0
	能熟练交谈，有时候有障碍	30.3	22.2	25.0	0
	基本能交谈	21.2	22.2	20.0	16.7
	会说一些日常用语	3.0	11.1	15.0	33.3
	完全不会说	0	8.9	25.0	50.0

4. 普通话使用能力的领域分布

如表 2-109 所示，猴桥口岸各领域调查对象的普通话听力，官方工作、文化教育、大众传媒是最强的，其他领域相对较弱。各领域普通话表达能力强弱排序为：大众传媒-文化教育-官方工作-公共服务-其他领域。

表 2-109 猴桥口岸各领域群体普通话能力水平　　　　　　　（单位：%）

普通话使用能力		各领域群体普通话听、说能力所占百分比				
		官方工作	文化教育	大众传媒	公共服务	其他领域
听	完全能听懂	100.0	100.0	100.0	93.8	63.2
	基本能听懂	0	0	0	6.2	7.9
	能听懂一些日常用语	0	0	0	0	10.5
	基本听不懂	0	0	0	0	7.9
	完全听不懂	0	0	0	0	10.5
说	能熟练交谈，没有任何障碍	30.8	64.3	83.3	18.8	15.8
	能熟练交谈，有时候有障碍	30.8	25.0	16.7	37.5	15.8
	基本能交谈	38.4	10.7	0	31.2	18.4
	会说一些日常用语	0	0	0	12.5	23.7
	完全不会说	0	0	0	0	26.3

5. 普通话使用能力的性别分布

如表 2-110 所示，猴桥口岸男性调查对象的普通话听、说能力比女性要强一些，但差距不是很明显。

表 2-110 猴桥口岸不同性别群体的普通话能力水平　　　　　（单位：%）

	类型	男性	女性		类型	男性	女性
听	完全能听懂	73.6	62.5	说	能熟练交谈，没有任何障碍	41.5	22.7
	基本能听懂	17.0	12.5		能熟练交谈，偶尔有障碍	22.6	33.3
	能听懂一些日常用语	5.7	12.5		能说一些日常用语	13.2	12.5
	基本听不懂	0	4.2		基本不会说	13.2	16.9
	完全听不懂	3.7	8.3		完全不会说	9.5	14.6

（二）汉语拼音使用能力状况

1. 汉语拼音使用能力的民族分布

如表 2-111 所示，猴桥口岸各民族汉语拼音拼读能力差距较大，这与少数民族的学历整体偏低有关。

表 2-111　猴桥各民族汉语拼音拼读能力　　　　（单位：%）

汉语拼音使用能力		各民族汉语拼音拼读能力所占百分比	
		汉族	少数民族
等级	完全能拼读	44.2	15.5
	基本能拼读	25.6	10.3
	能拼读一些简单字词	9.3	15.5
	基本不能拼读	9.3	12.1
	完全不能拼读	11.6	46.6

2. 汉语拼音使用能力的学历分布

如表 2-112 所示，猴桥口岸各学历群体的汉语拼读能力，随着学历的升高而逐渐升高，但各群体内部具体在每一水平阶段上的具体人数分布却各有差异。

表 2-112　猴桥口岸不同学历群体汉语拼音拼读能力　　　　（单位：%）

汉语拼音使用能力		各学历人群拼读汉语拼音能力所占百分比				
		文盲	小学	初中	高中、中专	大专、本科
等级	完全能拼读	0	12.5	18.2	33.3	71.4
	基本能拼读	0	20.0	27.3	33.3	28.6
	能拼读一些简单字词	0	35.0	31.8	22.2	0
	基本不能拼读	0	15.0	13.6	11.2	0
	完全不能拼读	100.0	17.5	9.1	0	0

3. 汉语拼音使用能力的年龄分布

如表 2-113 所示，汉语拼音拼读能力最强的群体是 6~19 岁的群体，排名第二的是 20~39 岁年龄段，但两个群体的拼读能力相差较大。

表 2-113　猴桥口岸各年龄段群体汉语拼音拼读能力　　　　（单位：%）

汉语拼音使用能力		各年龄段群体汉语拼音拼读能力所占百分比			
		6～19岁	20～39岁	40～59岁	60岁以上
等级	完全能拼读	48.5	28.9	15.0	0
	基本能拼读	27.3	15.6	20.0	0
	能拼读一些简单字词	12.1	13.3	25.0	10
	基本不能拼读	12.1	22.2	15.0	16.7
	完全不能拼读	0	20.0	25.0	73.3

4. 汉语拼音使用能力的领域分布

如表 2-114 所示，在猴桥的调查对象中，大众传媒领域群体的汉语拼音拼读能力是所有领域中最强的。

表 2-114　猴桥口岸各领域群体汉语拼音拼读能力　　　　（单位：%）

类型		官方工作	文化教育	大众传媒	公共服务	其他领域
拼音	完全能拼读	53.8	67.9	83.3	25.0	10.5
	基本能拼读	30.8	25.0	16.7	25.0	10.5
	能拼读一些简单字词	7.7	7.1	0	12.4	18.4
	基本不能拼读	7.7	0	0	18.8	28.9
	完全不能拼读	0	0	0	18.8	31.7

5. 汉语拼音使用能力的性别分布

如表 2-115 所示，猴桥的男性调查对象和女性调查对象的汉语拼音拼读能力基本持平。

表 2-115　猴桥口岸各性别群体汉语拼音拼读能力　　　　（单位：%）

汉语拼音使用能力		男性	女性
等级	完全能拼读	28.3	31.3
	基本能拼读	13.2	16.7
	能拼读一些简单字词	22.6	16.7
	基本不能拼读	11.4	12.5
	完全不能拼读	24.5	22.8

二、猴桥口岸的普通话使用状况

（一）普通话使用状况的民族分布

如表 2-116 所示，汉族在与亲友交流时使用普通话的频率高于少数民族；汉族与家人、本民族朋友交流时使用普通话的频率差距不大，但与非本民族朋友交流时使用普通话的频率具有一定差距。少数民族基本上不使用普通话，使用频率较高的交际对象为子女、非本族朋友。

表 2-116 猴桥口岸各民族人际交流中普通话的使用情况　　（单位：%）

民族及频率		爷爷	奶奶	父亲	母亲	配偶	子女	朋友	
								本族人	非本族人
汉族	完全使用	7.0	9.3	9.3	7.0	7.0	7.0	7.0	11.6
	经常使用	0	2.3	7.0	9.3	11.6	11.6	0	16.3
	偶尔使用	11.6	9.3	16.3	18.6	11.6	16.3	16.3	18.6
	从不使用	81.4	79.1	67.4	65.1	69.8	65.1	76.7	53.5
少数民族	完全使用	0	0	0	0	0	0	0	0
	经常使用	0	0	8.6	8.6	5.2	12.1	0	13.8
	偶尔使用	5.2	5.2	13.8	12.1	19.0	25.9	12.1	17.2
	从不使用	94.8	94.8	77.6	79.3	75.8	62.0	87.9	69.0

如表 2-117 所示，不同场景中完全使用普通话的频率，从高到低排名前三的，汉族为：行政事务-打招呼-买卖、看病，少数民族为：行政事务-看病-买卖。少数民族在各交际场景中完全使用普通话的频率均低于汉族。

表 2-117 猴桥口岸各民族不同场景中普通话的使用情况　　（单位：%）

民族及频率		打招呼	聊天	生产劳动	买卖	看病	行政事务	民族节庆	婚嫁丧葬
汉族	完全使用	14.0	9.3	9.3	11.6	11.6	16.3	9.3	9.3
	经常使用	11.6	9.3	0	18.6	7.0	7.0	0	4.7
	偶尔使用	27.9	14.0	18.6	30.2	11.6	18.6	11.6	11.6
	从不使用	46.5	67.4	72.1	39.6	69.8	58.1	79.1	74.4
少数民族	完全使用	0	0	0	3.5	7.0	8.6	0	0
	经常使用	0	8.6	0	0	3.5	10.3	0	0
	偶尔使用	24.1	24.1	10.3	29.3	17.2	29.3	10.3	13.8
	从不使用	75.9	67.3	89.7	67.2	72.3	51.8	89.7	86.2

（二）普通话使用状况的学历分布

如表 2-118 所示，各学历群体都有一定比例的调查对象完全使用普通话与亲人进行交流。占比最低的群体为小学学历者，占比最高的群体为高中、中专学历者。另外，除高中、中专学历者外，其余学历者与非本民族朋友使用普通话的频率，总是高于与本民族朋友使用普通话的频率。

表 2-118 猴桥口岸各学历群体人际交流中的普通话使用情况 （单位：%）

学历及频率		爷爷	奶奶	父亲	母亲	配偶	子女	朋友	
								本族人	非本族人
小学	完全使用	7.5	10.0	12.5	10.0	0	0	0	10.0
	经常使用	10.0	5.0	12.5	15.0	0	0	7.5	15.0
	偶尔使用	22.5	17.5	20.0	12.5	12.5	0	10.0	17.5
	从不使用	60.0	67.5	55.0	62.5	87.5	100	82.5	57.5
初中	完全使用	9.1	9.1	13.5	9.1	0	0	9.1	31.8
	经常使用	0	0	9.1	9.1	0	0	9.1	18.2
	偶尔使用	22.7	22.7	18.2	13.6	13.6	27.3	9.1	22.7
	从不使用	68.2	68.2	59.2	68.2	86.4	72.7	72.7	27.3
高中中专	完全使用	11.1	11.1	11.1	11.1	11.1	11.1	11.1	11.1
	经常使用	0	0	0	0	11.1	11.1	0	11.1
	偶尔使用	11.1	11.1	11.1	11.1	11.1	33.3	0	33.3
	从不使用	77.8	77.8	77.8	77.8	66.7	44.5	88.9	44.5
大专本科	完全使用	9.5	9.5	9.5	9.5	9.5	14.3	4.8	14.3
	经常使用	0	0	9.5	4.8	9.5	9.5	9.5	19.0
	偶尔使用	9.5	9.5	14.3	9.5	14.3	28.6	14.3	19.0
	从不使用	81.0	81.0	66.7	76.2	66.7	47.6	71.4	47.7

表 2-119 猴桥口岸各学历群体不同场景中的普通话使用情况 （单位：%）

学历及频率		打招呼	聊天	生产劳动	买卖	看病	行政事务	民族节庆	婚嫁丧葬
小学	完全使用	2.5	2.5	0	7.5	2.5	2.5	5.0	5.0
	经常使用	17.5	17.5	0	17.5	5.0	5.0	0	0
	偶尔使用	30.0	20.0	17.5	22.5	12.5	10.0	12.5	15.0
	从不使用	50.0	60.0	82.5	52.5	80.0	82.5	82.5	80.0

续表

学历及频率		打招呼	聊天	生产劳动	买卖	看病	行政事务	民族节庆	婚嫁丧葬
初中	完全使用	4.5	4.5	4.5	13.6	9.1	4.5	4.5	4.5
	经常使用	13.6	9.1	4.5	18.2	9.1	9.1	0	0
	偶尔使用	27.4	22.8	9.1	31.8	13.6	13.6	9.1	13.7
	从不使用	54.5	63.6	81.9	36.4	68.2	72.8	86.4	81.8
高中中专	完全使用	11.1	11.1	0	11.1	11.1	22.2	11.1	11.1
	经常使用	33.3	11.1	0	22.2	11.1	11.1	0	0
	偶尔使用	33.3	22.2	0	33.3	11.1	22.2	22.2	22.2
	从不使用	22.3	55.6	100.0	33.4	66.7	44.5	66.7	66.7
本科大专	完全使用	14.3	14.3	0	19.0	9.5	23.8	4.8	9.5
	经常使用	9.5	9.5	4.8	23.8	14.3	9.5	4.8	4.8
	偶尔使用	38.1	28.6	9.5	23.8	14.3	19.0	23.8	25.8
	从不使用	38.1	47.6	85.7	33.4	61.9	47.7	66.6	59.9

如表 2-119 所示，学历较低群体在打招呼、聊天、买卖等场景中使用普通话的频率较高，而学历较高群体在行政事务、买卖等场景中完全使用、经常使用普通话的频率较高。

（三）普通话使用状况的年龄分布

如表 2-120 所示，年轻的调查对象更倾向于用普通话与亲友交流，也更喜欢在各类场景中使用普通话。

表 2-120　猴桥口岸各年龄段人际交流中的普通话使用情况　　（单位：%）

年龄及频率		爷爷	奶奶	父亲	母亲	配偶	子女	朋友	
								本族人	非本族人
6～19岁	完全使用	6.1	6.1	6.1	6.1	0	0	9.1	15.2
	经常使用	12.1	15.2	18.2	15.2	0	0	15.2	18.2
	偶尔使用	24.2	21.2	27.2	27.2	0	0	18.2	27.2
	从不使用	57.6	57.5	48.5	51.5	0	0	57.5	39.4
20～39岁	完全使用	4.8	4.8	7.1	7.1	7.1	11.9	7.1	7.1
	经常使用	0	0	14.3	11.9	4.8	11.9	11.9	16.7
	偶尔使用	11.9	16.7	21.4	19.1	11.9	23.8	21.4	33.3
	从不使用	83.3	78.5	57.2	61.9	76.2	52.4	59.6	42.9
40～59岁	完全使用	0	0	5.0	5.0	5.0	5.0	5.0	5.0
	经常使用	0	0	0	0	5.0	15.0	0	15.0
	偶尔使用	0	0	10.0	10.0	10.0	20.0	10.0	35.0
	从不使用	0	0	85.0	85.0	80.0	60.0	85.0	45.0

续表

年龄及频率		爷爷	奶奶	父亲	母亲	配偶	子女	朋友	
								本族人	非本族人
60岁以上	完全使用	0	0	0	0	0	0	0	0
	经常使用	0	0	0	0	0	0	0	0
	偶尔使用	0	0	0	0	0	16.7	16.7	16.7
	从不使用	0	0	0	0	100.0	83.3	83.3	83.3

如表 2-121 所示，6~19 岁的调查对象在打招呼时使用普通话最多；20~39 岁的调查对象使用普通话最多的场景是行政事务；40~59 岁的调查对象经常使用普通话的场景是打招呼、聊天、买卖、看病、行政事务；60 岁以上的调查对象，除在生产劳动中从不使用普通话外，其余场景都是偶尔使用普通话。总的来看，随着年龄段的增长，调查对象在正式场合使用普通话的频率增加，在日常场景使用普通话的频率降低。

表 2-121　猴桥口岸各年龄段群体不同场景中的普通话使用情况　　　　（单位：%）

年龄及频率		打招呼	聊天	生产劳动	买卖	看病	行政事务	民族节庆	婚嫁丧葬
6~19岁	完全使用	12.1	9.1	0	9.1	9.1	0	6.1	6.1
	经常使用	15.2	15.2	0	18.2	6.1	9.1	9.1	9.1
	偶尔使用	24.2	30.3	9.1	24.2	15.2	9.1	9.1	9.1
	从不使用	48.5	45.4	90.9	48.5	69.6	81.8	75.7	75.7
20~39岁	完全使用	4.8	4.8	4.8	4.8	4.8	11.9	4.8	4.8
	经常使用	11.9	11.9	7.1	14.3	7.1	21.4	0	0
	偶尔使用	21.4	16.7	11.9	38.1	11.9	23.8	11.9	11.9
	从不使用	61.9	66.6	76.2	42.8	76.2	42.9	83.3	83.3
40~59岁	完全使用	0	0	0	0	0	0	0	0
	经常使用	5.0	5.0	0	5.0	5.0	5.0	0	0
	偶尔使用	10.0	5.0	5.0	15.0	10.0	20.0	10.0	15.0
	从不使用	85.0	90.0	95.0	80.0	85.0	75.0	90.0	85.0
60岁以上	完全使用	0	0	0	0	0	0	0	0
	经常使用	0	0	0	0	0	0	0	0
	偶尔使用	16.7	16.7	0	16.7	16.7	16.7	16.7	16.7
	从不使用	83.3	83.3	100.0	83.3	83.3	83.3	83.3	83.3

（四）普通话使用状况的领域分布

1. 官方工作领域

如表 2-122 所示，猴桥口岸的官方工作人员，在主持会议时使用普通话的频率高于传达上级指示的使用频率。在日常工作中，官方工作人员与同事使用普通话的频率低于与工作对象使用的频率。

表 2-122 猴桥口岸官方工作领域普通话使用情况 （单位：%）

频率	开会时使用普通话的频率			日常工作中使用普通话的频率	
	主持会议	传达上级指示	讨论、发言	同事之间	工作对象
完全使用	30.8	23.1	7.7	7.7	15.4
经常使用	30.8	30.8	23.0	15.4	23.0
偶尔使用	15.4	23.1	38.5	30.8	30.8
从不使用	23.0	23.0	30.8	46.1	30.8

2. 文化教育领域

如表 2-123 所示，课堂用语方面，中学阶段师生课堂用语完全使用普通话的频率最高，学前教育阶段为最低；课外用语方面，教师之间、学生之间、师生之间经常使用普通话频率最高的是学前教育阶段；在家长会上，教师发言完全使用、经常使用普通话频率最高的是中学阶段，小学阶段的使用频率略高于学前教育阶段，但家长发言使用普通话的情况在各教育阶段都不容乐观。

表 2-123 猴桥口岸文化教育领域普通话使用情况 （单位：%）

教育阶段及频率		课堂用语		课外用语			家长会	
		教师	学生	教师之间	学生之间	师生之间	教师发言	家长发言
学前	完全使用	50.0	35.7	0	0	17.9	14.3	0
	经常使用	50.0	64.3	14.3	17.9	17.9	10.7	7.1
	偶尔使用	0	0	32.1	28.5	21.4	21.4	14.3
	从不使用	0	0	53.6	53.6	42.8	53.6	78.6
小学	完全使用	89.3	53.6	0	7.1	3.6	10.7	0
	经常使用	10.7	46.4	7.1	10.7	10.7	10.7	7.1
	偶尔使用	0	0	17.9	21.4	25.0	17.9	14.3
	从不使用	0	0	75.0	60.8	60.7	60.7	78.6
中学	完全使用	100.0	85.7	7.1	7.1	7.1	50.0	3.6
	经常使用	0	14.3	10.7	10.7	14.3	50.0	7.1
	偶尔使用	0	0	25.0	17.9	25.0	0	14.3
	从不使用	0	0	57.2	64.3	53.6	0	75.0

3. 大众传媒领域

如表 2-124 所示，猴桥口岸大众传媒领域的工作人员除与同事交流使用普通话的频率稍低外，其他情况下使用普通话的频率都比较高。

表 2-124　猴桥口岸大众传媒领域普通话使用情况　　　（单位：%）

频率	开会时使用普通话的频率			日常工作中使用普通话的频率	
	主持会议	传达上级指示	讨论、发言	同事之间	工作对象
完全使用	66.7	66.7	50.0	16.7	66.7
经常使用	33.3	33.3	50.0	83.3	33.3
偶尔使用	0	0	0	0	0
从不使用	0	0	0	0	0

4. 公共服务领域

如表 2-125 所示，公共服务领域工作人员，无论是主持会议、传达上级指示，还是讨论发言，其普通话使用频率都要比官方工作领域高。

表 2-125　猴桥口岸公共服务领域普通话使用情况　　　（单位：%）

频率	开会时使用普通话的频率			日常工作中使用普通话的频率	
	主持会议	传达上级指示	讨论、发言	同事之间	工作对象
完全使用	37.4	25.0	12.5	6.2	18.8
经常使用	43.8	43.8	25.0	18.8	25.0
偶尔使用	18.8	31.2	62.5	37.5	37.4
从不使用	0	0	0	37.5	18.8

5. 其他领域

如表 2-126 所示，猴桥口岸其他领域的调查对象与亲友交流时，完全使用普通话的频率非常低。

表 2-126　猴桥口岸其他领域普通话使用情况　　　（单位：%）

频率	爷爷	奶奶	父亲	母亲	配偶	子女	朋友	
							本族人	非本族人
完全使用	0	0	0	0	0	0	0	5.3
经常使用	0	0	5.3	7.9	10.5	15.8	0	18.4
偶尔使用	13.2	15.8	34.2	28.9	15.8	21.0	10.5	23.7
从不使用	86.8	84.2	60.5	63.2	73.7	63.2	89.5	52.6

（五）普通话使用状况的性别分布

如表 2-127 所示，在人际交流中，男性群体在与亲友交流时使用普通话的频率略大于女性。如表 2-128 所示，在不同交际场景中，男性使用普通话频率较高的场景主要是买卖、行政事务，女性则主要为聊天、买卖。

表 2-127 猴桥口岸各性别群体人际交流中的普通话使用情况 （单位：%）

性别及频率		爷爷	奶奶	父亲	母亲	配偶	子女	朋友	
								本族人	非本族人
男性	完全使用	11.3	9.4	15.1	13.2	11.3	18.9	5.6	17.0
	经常使用	11.3	11.3	15.1	15.1	7.5	15.1	13.2	20.8
	偶尔使用	15.1	15.1	18.9	17.0	11.3	22.6	11.3	22.6
	从不使用	62.3	64.2	50.9	54.7	69.9	43.4	69.9	39.6
女性	完全使用	8.3	10.4	12.5	8.3	8.3	14.5	8.3	12.5
	经常使用	10.4	10.4	14.5	12.5	12.5	12.5	8.3	18.8
	偶尔使用	12.5	8.3	18.8	20.8	12.5	29.2	10.4	29.2
	从不使用	68.8	70.9	54.2	58.4	66.7	43.8	72.9	39.5

表 2-128 猴桥口岸各性别群体不同场景中的普通话使用情况 （单位：%）

性别及频率		打招呼	聊天	生产劳动	买卖	看病	行政事务	民族节庆	婚嫁丧葬
男性	完全使用	11.3	9.4	3.7	13.2	11.3	11.3	3.7	9.4
	经常使用	9.4	9.4	9.4	18.9	11.3	17.0	7.5	7.5
	偶尔使用	24.5	18.9	11.3	24.5	18.9	24.5	11.3	13.2
	从不使用	54.8	62.3	75.6	43.4	58.5	47.2	77.5	69.9
女性	完全使用	10.4	12.5	0	10.4	6.3	6.3	6.3	6.3
	经常使用	10.4	12.5	12.5	12.5	10.4	14.6	8.3	8.3
	偶尔使用	16.7	14.6	18.8	20.8	12.5	18.8	12.5	16.7
	从不使用	62.5	60.4	68.7	56.3	70.8	60.3	72.9	68.7

三、猴桥口岸的普通话学习状况

（一）普通话学习途径

1. 各民族普通话学习途径

如表 2-129 所示，猴桥口岸汉族调查对象学习普通话的途径比少数民族更为多样化，且在大众传媒、小学、中学等途径上有较大比例的分布，而少数民族调查对象通过大众传媒、小学、中学等途径学习普通话的人数则明显少于汉族。

表 2-129　猴桥口岸各民族普通话学习途径（多选）　　（单位：%）

民族	幼儿园	小学	中学	大学	家庭教育	工作单位	培训机构	大众传媒	人际交往	自学
汉族	23.3	86.1	74.4	18.6	4.7	7.0	4.7	100.0	32.6	9.3
少数民族	12.1	84.5	56.9	3.4	0	0	0	96.6	12.1	3.4

2. 各年龄段群体普通话学习途径

如表 2-130 所示，年龄越大的调查对象，其普通话学习途径就越少；6～19 岁、20～39 岁年龄段的调查对象学习普通话的途径较多，60 岁以上的群体的学习方式最为单一。

表 2-130　猴桥口岸各年龄段群体普通话学习途径（多选）　　（单位：%）

年龄段	幼儿园	小学	中学	大学	家庭教育	工作单位	培训机构	大众传媒	人际交往	自学
6～19 岁	93.9	93.9	33.3	3.0	39.4	6.1	9.1	100.0	75.8	12.1
20～39 岁	52.4	92.9	69.0	33.3	9.5	47.6	16.7	100.0	92.9	26.2
40～59 岁	0	65.0	30.0	10.0	5.0	15.0	10.0	100.0	65.0	10.0
60 岁以上	0	16.7	16.7	0	0	16.7	0	83.3	16.7	0

3. 各领域群体普通话学习途径

如表 2-131 所示，就整体情况而言，官方工作、文化教育、大众传媒、公共服务等领域人员的普通话学习途径比其他领域更多样化。具体而言，官方工作领域群体在幼儿园、家庭教育、培训机构和自学等途径，分布人数较少；而文化教育领域群体在上述学习途径的占比均比官方工作领域群体占比高；大众传媒领域群体通过小学、中学、大众传媒学习普通话的占比最高；公共服务领域群体主要是通过小学、大众传媒和中学学习普通话。

表 2-131　猴桥口岸各领域群体普通话学习途径（多选）　　（单位：%）

领域	幼儿园	小学	中学	大学	家庭教育	工作单位	培训机构	大众传媒	人际交往	自学
官方工作	38.5	100.0	100.0	84.6	7.7	76.9	15.4	100.0	92.3	23.1
文化教育	78.6	100.0	71.4	25.0	14.3	17.9	17.9	100.0	67.9	50.0

续表

领域	幼儿园	小学	中学	大学	家庭教育	工作单位	培训机构	大众传媒	人际交往	自学
大众传媒	33.3	100.0	100.0	83.3	16.7	83.3	66.7	100.0	83.3	50.0
公共服务	25.0	100.0	87.5	68.8	6.3	25.0	6.3	93.8	81.3	12.5
其他领域	13.2	76.3	31.6	0	0	0	0	76.3	34.2	2.6

（二）普通话学习难度

1. 各民族学习普通话的难度

如表 2-132 所示，猴桥口岸的汉族学习普通话的难度明显小于少数民族。

表 2-132　猴桥口岸各民族普通话学习难度　　　（单位：%）

民族及分类		非常容易	容易	一般	困难	非常困难
汉族	语音	30.2	41.9	16.3	11.6	0
	词汇	32.5	51.2	9.3	7.0	0
	语法	23.3	32.5	18.6	20.9	4.7
少数民族	语音	10.3	22.4	31.1	22.4	13.8
	词汇	15.5	20.7	32.8	20.7	10.3
	语法	13.8	17.2	27.6	27.6	13.8

2. 各年龄段群体学习普通话的难度

如表 2-133 所示，在普通语法学习方面，6~19 岁、60 岁以上的调查对象的学习难度大于 20~39、40~59 岁的群体；在普通话语音学习方面，年长群体学习普通话语音的难度要大于年轻的群体；20~39 岁的群体学习普通话的难度最小。

表 2-133　猴桥口岸各年龄段群体学习普通话的难度　　　（单位：%）

年龄段及分类		非常容易	容易	一般	困难	非常困难
6~19 岁	语音	15.2	27.2	21.2	21.2	15.2
	词汇	15.2	21.2	24.2	27.3	12.1
	语法	9.1	21.2	33.3	26.9	9.5
20~39 岁	语音	19.0	26.1	28.4	16.7	9.8
	词汇	16.7	23.8	42.8	16.7	0
	语法	19.0	33.4	23.8	11.9	11.9

续表

年龄段及分类		非常容易	容易	一般	困难	非常困难
40~59岁	语音	10.0	30.0	20.0	25.0	15.0
	词汇	15.0	25.0	35.0	15.0	10.0
	语法	10.0	25.0	45.0	15.0	5.0
60岁以上	语音	0	16.7	33.3	33.3	16.7
	词汇	16.7	16.7	33.3	16.7	16.6
	语法	16.7	16.7	33.3	16.7	16.6

（三）普通话学习目的及重视度

1. 各民族学习普通话的目的及重视度

如表2-134所示，汉族学习普通话的目的主要是适应时代社会发展、学习文化知识、便于跟其他民族交流，少数民族则主要是适应时代社会发展、便于跟其他民族交流。总体上，汉族学习普通话的目的更多样化。

表2-134　猴桥口岸各民族的普通话学习目的（多选）　　（单位：%）

学习目的	汉族	少数民族
满足工作需要	58.1	20.7
适应时代社会发展	90.7	87.9
个人兴趣爱好	14.0	8.6
便于跟其他民族交流	81.4	87.9
学校（单位）要求	51.2	27.6
提高个人素质	53.5	41.4
别人学，我也跟着学	16.3	27.6
内心具有成就感	34.9	63.8
学习文化知识	88.4	69.0

如表2-135所示，猴桥口岸汉族对普通话学习的重视程度远大于少数民族。

表2-135　猴桥口岸各民族学习普通话的重视程度　　（单位：%）

民族	非常重视	比较重视	不太重视	不重视	不知道
汉族	20.9	34.9	18.6	16.3	9.3
少数民族	10.3	12.1	34.5	32.8	10.3

2. 各领域群体学习普通话的目的及重视度

如表 2-136 所示，各领域群体学习普通话的目的，具有目的类型和人数分布方面的差异：官方工作、大众传媒领域均无"别人学，我也跟着学"这一目的；选择"满足工作需要"这一目的的人数最多的，是官方工作、大众传媒；选择"学校（单位）要求"这一目的的，主要集中在文化教育、大众传媒、官方工作领域；除其他领域外，各领域群体选择"提高个人素质"目的的人数都比较多；文化教育领域持"别人学我也跟着学"这一目的的人数最多；持"内心具有成就感"目的的人数比例较高的是文化教育和大众传媒领域群体。

表 2-136 猴桥口岸各领域群体的普通话学习目的（多选） （单位：%）

学习目的	官方工作	文化教育	大众传媒	公共服务	其他领域
满足工作需要	84.6	35.7	83.3	56.3	13.2
适应时代社会发展	100.0	100.0	100.0	93.8	81.6
个人兴趣爱好	15.4	32.1	33.3	6.3	5.3
便于跟其他民族交流	100.0	100.0	100.0	93.8	89.5
学校（单位）要求	84.6	100.0	100.0	43.8	2.6
提高个人素质	84.6	89.3	83.3	62.5	31.6
别人学，我也跟着学	0	35.7	0	12.5	15.8
内心具有成就感	7.7	53.7	50.0	12.5	5.3
学习文化知识	92.3	100.0	83.3	62.5	55.3

如表 2-137 所示，按学习普通话重视程度进行排序，则可描述为：大众传媒-文化教育-官方工作-公共服务-其他领域。

表 2-137 猴桥口岸各领域群体学习普通话的重视程度 （单位：%）

领域	非常重视	比较重视	不太重视	不重视	不知道
官方工作	15.4	38.4	23.1	23.1	0
文化教育	32.1	32.1	28.7	0	7.1
大众传媒	66.6	16.7	16.7	0	0
公共服务	12.5	31.2	25.0	25.0	6.3
其他领域	7.9	18.4	23.7	36.8	13.2

(四) 普通话水平测试及培训状况

1. 普通话水平测试状况

如表 2-138 所示，猴桥口岸调查对象的普通话水平测试参与度非常低。

表 2-138 猴桥口岸普通话水平测试参与度　　　（单位：%）

参加过	没参加过，但很想参加	没参加过，也不想参加	参不参加无所谓	没听说过
16.8	14.9	14.9	25.7	27.7

如表 2-139 所示，猴桥口岸参加过普通话水平测试的调查对象的成绩大部分都在二级，对测试成绩的满意率也不高。

表 2-139 猴桥口岸普通话水平测试等级及满意度　　（单位：%）

等级	三级乙等	三级甲等	二级乙等	二级甲等	一级
所占比例	0	23.5	41.2	35.3	0
满意度	非常满意	比较满意	不太满意	不满意	无所谓
所占比例	11.8	23.5	29.4	11.8	23.5

此外，如表 2-140 所示，要求职工持证上岗的单位也只是占总数的 1/4。

表 2-140 猴桥口岸各单位对普通话水平的要求　　（单位：%）

类型	要求持证上岗	有要求，但不核查等级证书	只要求表达流畅，是否标准没要求	只要求能够使用日常用语，是否标准、流畅无要求	没有任何要求
所占比例	25.5	11.1	19.0	22.2	22.2

2. 普通话培训状况

（1）普通话培训及推普活动的参与状况

如表 2-141 所示，猴桥口岸调查对象参加过普通话培训及推普活动的人数极少。

表 2-141 猴桥口岸普通话培训及推普活动参与状况　（单位：%）

类型	参加过	没参加过，但听说过	没听说过
普通话培训	5.0	27.7	67.3
推普活动	9.9	12.9	77.2

(2) 普通话技能比赛的了解情况

如表 2-142 所示，调查对象对国家级比赛的了解程度更高，这与广播电视对比赛节目的宣传有关。

表 2-142　猴桥口岸普通话技能比赛的了解情况　　　（单位：%）

类型	了解并参加过	了解，但没参加过	不太了解	没听说过
国家级	0	14.8	68.4	16.8
省级	3.0	5.0	22.8	69.2
本地（州、市、县）	6.9	13.9	18.8	60.4

四、猴桥口岸的普通话认知状况

（一）普通话的认知状况

1. 普通话重要性的认知

如表 2-143 所示，关于语言重要性的认知，各民族调查对象把普通话排名第一的所占比例是最高的。

表 2-143　猴桥口岸语言重要性认知（排名第一）的民族分布　　（单位：%）

汉族关于重要性排名第一的语言认知			
普通话	汉语方言	少数民族语言	英语
81.4	14	0	4.6
少数民族关于重要性排名第一的语言认知			
普通话	本民族语言	其他少数民族语言	英语
58.6	31.1	0	10.3

如表 2-144 所示，从领域分布来看，大众传媒对普通话的重要性认知程度最高，其次是文化教育领域群体。

表 2-144　猴桥口岸语言重要性认知（排名第一）的领域分布　　（单位：%）

领域	普通话	本民族语言（方言）	其他民族语言（方言）	英语
官方工作	30.8	46.2	23.0	0
文化教育	71.4	17.9	0	10.7

续表

领域	普通话	本民族语言（方言）	其他民族语言（方言）	英语
大众传媒	83.3	0	0	16.7
公共服务	31.3	56.3	0	12.4
其他领域	28.9	42.1	0	29

2. 普通话实用性的认知

如表2-145所示，从民族分布来看，汉族对普通话实用性的认同度要超过少数民族。

表2-145 猴桥口岸各民族对普通话实用性的认知 （单位：%）

民族	非常有用	比较有用	不太有用	没用	不知道
汉族	81.4	18.6	0	0	0
少数民族	69.0	15.5	12.1	0	3.4

如表2-146所示，从领域分布来看，各领域调查对象对普通话实用性的认同度从高到低依次为：大众传媒-文化教育-官方工作-公共服务-其他领域。

表2-146 猴桥口岸各领域群体对普通话实用性的认知 （单位：%）

领域	非常有用	比较有用	不太有用	没用	不知道
官方工作	69.2	30.8	0	0	0
文化教育	92.9	7.1	0	0	0
大众传媒	96.3	3.7	0	0	0
公共服务	50.0	50.0	0	0	0
其他领域	21.1	31.6	31.6	0	15.7

3. 普通话影响力的认知

如表2-147所示，从民族分布来看，各民族认为普通话对其他语言影响很大的人数不是很多。

表2-147 猴桥口岸各民族对普通话影响力的认知 （单位：%）

民族	普通话对汉语方言的影响					普通话对少数民族语言的影响				
	很大	较大	较小	没有	不知道	很大	较大	较小	没有	不知道
汉族	30.2	27.9	27.9	14.0	0	32.6	34.9	11.5	7.0	14.0
少数民族	15.5	34.5	19.0	13.8	17.2	24.1	25.9	22.4	20.7	6.9

如表 2-148 所示,从领域分布来看,文化教育领域调查对象认为普通话对汉语方言影响很大,官方工作领域调查对象认为普通话对少数民族语言影响很大。

表 2-148　猴桥口岸各领域群体调查对象对普通话影响力的认知　（单位：%）

领域	普通话对汉语方言的影响					普通话对少数民族语言的影响				
	很大	较大	较小	没有	不知道	很大	较大	较小	没有	不知道
官方工作	38.4	30.8	15.4	15.4	0	38.5	38.4	15.4	7.7	0
文化教育	39.3	28.6	10.7	10.7	10.7	35.7	42.9	7.1	10.7	3.6
大众传媒	33.3	33.3	16.7	16.7	0	33.3	16.7	33.3	16.7	0
公共服务	25.0	43.8	12.5	18.7	0	25.0	37.5	12.5	18.8	6.2
其他领域	18.4	18.4	31.6	15.8	15.8	15.8	18.4	15.8	34.2	15.8

（二）普通话的期望状况

1. 语用主体的普通话水平期望

如表 2-149 所示,汉族调查对象对自己普通话水平的期望略高于少数民族。

表 2-149　猴桥口岸各民族对本人普通话水平的期望　（单位：%）

民族	能熟练交谈,没有任何障碍	能熟练交谈,偶尔有障碍	基本能交谈	会说一些日常用语	不想学
汉族	37.2	27.9	20.9	7.0	7.0
少数民族	24.1	34.5	8.6	12.1	20.7

如表 2-150 所示,从年龄分布来看,随着年龄段的增长,调查对象对自身的普通话水平的期望值降低。

表 2-150　猴桥口岸各不同年龄段群体对普通话水平的期望　（单位：%）

年龄段	能熟练交谈,没有任何障碍	能熟练交谈,偶尔有障碍	基本能交谈	会说一些日常用语	不想学
6~19 岁	54.5	21.2	12.1	3.1	9.1
20~39 岁	28.6	33.3	19.0	11.9	7.2
40~59 岁	20.0	25.0	15.0	25.0	15.0
60 岁以上	0	16.7	16.7	33.3	33.3

2. 使用普通话教学的期望

如表 2-151 所示,从民族分布看,幼儿园阶段,各民族都存在部分调查对象不希望完全使用普通话教学。进入中学、大学阶段后，基本上所有调查对象都希望完全使用普通话教学。

表 2-151 猴桥口岸各民族对使用普通话教学的期望   （单位：%）

民族	非常希望				比较希望				不太希望				不希望			
	幼儿园	小学	中学	大学	幼儿园	小学	中学	大学	幼儿园	小学	中学	大学	幼儿园	小学	中学	大学
汉族	55.8	76.7	100.0	100.0	20.9	11.6	0	0	16.3	2.3	0	0	7.0	9.4	0	0
少数民族	46.6	65.6	89.7	100.0	22.4	19.0	10.3	0	17.2	6.8	0	0	13.8	8.6	0	0

如表 2-152 所示，从学历分布看，随着调查对象学历的升高，人们对各教育阶段完全使用普通话教学的期待也在升高。

表 2-152 猴桥口岸各学历群体对使用普通话教学的期望   （单位：%）

学历	非常希望				比较希望				不太希望				不希望			
	幼儿园	小学	中学	大学	幼儿园	小学	中学	大学	幼儿园	小学	中学	大学	幼儿园	小学	中学	大学
文盲	22.3	33.4	66.7	88.9	44.4	22.2	33.3	11.1	22.2	33.3	0	0	11.1	11.1	0	0
小学	27.5	32.5	75.0	90.0	50.0	62.5	25.0	10.0	10.0	5.0	0	0	12.5	0	0	0
中学中专	61.3	90.3	100.0	100.0	32.3	9.7	0	0	3.2	0	0	0	3.2	0	0	0
大学本科	100.0	100.0	100.0	100.0	0	0	0	0	0	0	0	0	0	0	0	0

3. 普通话发展前景的期望

如表 2-153 所示，猴桥口岸汉族对普通话发展前景的期望高于少数民族。

表 2-153 猴桥口岸各民族对普通话发展前景的期望   （单位：%）

关于普通话未来发展的期望					
民族	有很大发展	在一定范围发展	任其自然	不再使用	不知道
汉族	72.1	4.7	23.2	0	0
少数民族	56.9	8.6	24.1	0	10.4
关于各领域使用普通话的期望					
民族	官方工作	文化教育	大众传媒	公共服务	公众交际	日常交际
汉族	100.0	100.0	100.0	72.1	65.1	37.2
少数民族	100.0	100.0	100.0	48.3	29.3	20.7

(三) 普通话的情感状况

1. 普通话语音的情感态度

表 2-154　猴桥口岸各民族对普通话语音的情感态度　　　　（单位：%）

民族	非常好听	比较好听	不太好听	不好听	不知道
汉族	37.2	44.2	11.6	0	7.0
少数民族	41.4	27.6	22.4	0	8.6
民族	非常亲切	比较亲切	不太亲切	不亲切	不知道
汉族	16.3	18.6	44.2	11.6	9.3
少数民族	13.8	20.7	41.4	17.2	6.9

如表 2-154 所示，从民族分布看，少数民族认为普通话非常好听的占比高于汉族，但其普通话的情感态度呈两极式分化。总体而言，汉族对普通话语音持肯定性情感态度的占比要高一些。

如表 2-155 所示，从学历分布看，随着学历的升高，调查对象对普通话语音的好听程度及亲切程度的认同度也在升高。

表 2-155　猴桥口岸各学历群体对普通话语音的情感态度　　　　（单位：%）

学历	非常好听	比较好听	不太好听	不好听	不知道
文盲	22.2	33.3	33.3	0	11.2
小学	30.0	42.5	17.5	0	10.0
中学、中专	48.4	51.6	0	0	0
大专、本科	81.0	19.0	0	0	0
学历	非常亲切	比较亲切	不太亲切	不亲切	不知道
文盲	11.1	11.1	44.4	22.2	11.2
小学	17.5	20.0	40.0	12.5	10.0
中学、中专	19.4	22.6	41.9	16.1	0
大专、本科	28.6	33.3	38.1	0	0

2. 普通话水平与语用主体关系的情感态度

表 2-156　猴桥口岸各学历群体对普通话水平与语用主体关系的情感态度（单位：%）

学历	非常能显示	比较能显示	不太能显示	与文化素养无关	不知道
普通话水平能否显示语用主体的文化素养					
文盲	33.3	33.3	11.1	11.1	11.2
小学	35.0	27.5	20.0	12.5	5.0
中学、中专	38.7	32.3	16.1	12.9	0
大专、本科	14.4	47.6	19.0	19.0	0

学历	非常羡慕	羡慕	无所谓	讨厌	不知道
对普通话高水平语用主体的情感态度					
文盲	33.3	22.2	33.3	0	11.2
小学	52.5	32.5	15.0	0	0
中学、中专	22.6	41.9	35.5	0	0
大专、本科	57.2	23.8	19.0	0	0

如表 2-156 所示，认为普通话水平非常能显示语用主体文化素养的，所占比例最高的是中学、中专学历者；大专、本科学历群体中，许多人认为普通话水平与语用主体的文化素养相关但不可等同；小学、大专、本科学历者对普通话说得好的人的羡慕程度更深。

3. 普通话选用的情感态度

如表 2-157 所示，从民族分布来看，汉族日常生活中经常学习和使用普通话的人数略高于少数民族，喜欢普通话电视节目的人数比例也要大于少数民族。

表 2-157　猴桥口岸各民族对普通话选用的情感态度　　　　（单位：%）

民族	经常	有时	偶尔	不会	不知道
关于学习和使用普通话的情况					
汉族	13.9	18.6	23.3	34.8	9.4
少数民族	12.1	17.2	19.0	39.6	12.1

民族	本地汉语方言	当地汉语方言	普通话	傈僳语	其他语言
关于电视节目语言选择的情况					
汉族	6.9	4.7	88.4	0	0
少数民族	8.6	0	65.5	22.4	3.5

如表 2-158 所示，从年龄分布上看，随着年龄段的升高，猴桥口岸调查对象学习和使用普通话的主动性减弱。

表 2-158　猴桥口岸各年龄段群体对普通话选用的情感态度　　　（单位：%）

年龄段	关于学习和使用普通话的情况				
	经常	有时	偶尔	不会	不知道
6~19 岁	51.5	15.2	12.1	21.2	0
20~39 岁	19.0	16.7	21.4	42.9	0
40~59 岁	5.0	10.0	20.0	55.0	10.0
60 岁以上	0	0	16.7	66.7	16.6
年龄段	关于电视节目语言选择的情况				
	本地汉语方言节目	当地汉语方言节目	普通话节目	傈僳语节目	其他语言节目
6~19 岁	6.1	0	93.9	0	0
20~39 岁	9.5	2.4	76.2	7.1	4.8
40~59 岁	10.0	5.0	60.0	15.0	10.0
60 岁以上	16.7	0	66.7	16.6	0

第四节　清水河口岸普通话普及度调查

一、清水河口岸的普通话能力及水平

（一）普通话的使用能力状况

1. 普通话使用能力的民族分布

如表 2-159 所示，从整体上看，汉族的普通话听说能力与少数民族相差不大。

表 2-159　清水河口岸各民族普通话能力水平　　　（单位：%）

	普通话使用能力	各民族普通话听、说能力所占百分比			
		汉族	彝族	傈族	其他民族
听	完全能听懂	69.8	69.6	92.3	93.3
	基本能听懂	23.3	17.4	7.7	6.7
	能听懂一些日常用语	3.1	4.4	0	0
	基本听不懂	2.5	4.3	0	0
	完全听不懂	1.3	4.3	0	0

续表

普通话使用能力		各民族普通话听、说能力所占百分比			
		汉族	彝族	傈族	其他民族
说	能熟练交谈，没有任何障碍	49.0	39.1	84.6	66.7
	能熟练交谈，偶尔有障碍	16.5	26.1	7.7	20.0
	能说一些日常用语	20.1	4.4	7.7	13.3
	基本不会说	5.0	4.3	0	0
	完全不会说	9.4	26.1	0	0

2. 普通话使用能力的学历分布

如表 2-160 所示，随着学历的升高，调查对象的普通话听、说能力随之而提高；完全或基本能听懂普通话的调查对象所占比例较高。

表 2-160　清水河口岸各学历群体的普通话能力水平　　（单位：%）

普通话使用能力		各学历群体普通话听、说能力所占百分比						
		文盲	脱盲	小学	初中	高中	中专	大专	本科
听	完全能听懂	18.8	16.7	47.9	81.3	93.8	82.4	95.5	100
	基本能听懂	56.2	0	41.7	18.7	6.2	17.6	4.5	0
	能听懂一些日常用语	0	33.3	8.3	0	0	0	0	0
	基本听不懂	18.8	16.7	2.1	0	0	0	0	0
	完全听不懂	6.2	33.3	0	0	0	0	0	0
说	能熟练交谈，没有任何障碍	12.4	0	16.6	45.8	75.0	70.6	68.2	97.1
	能熟练交谈，偶尔有障碍	6.3	0	18.8	31.3	18.8	11.8	27.3	2.9
	能说一些日常用语	6.3	16.7	37.5	20.8	6.2	17.6	4.5	0
	基本不会说	6.3	16.7	14.6	2.1	0	0	0	0
	完全不会说	68.7	66.6	12.5	0	0	0	0	0

3. 普通话使用能力的年龄分布

如表 2-161 所示，20～39 岁年龄段群体的普通话听、说能力最强；年纪越大的调查对象，普通话的听、说能力也逐渐下降。

表 2-161 清水河口岸各年龄段群体普通话能力水平　　　（单位：%）

普通话使用能力		各年龄段群体普通话听、说能力所占百分比			
		6～19 岁	20～39 岁	40～59 岁	60 岁以上
听	完全能听懂	71.4	82.8	55.0	30.0
	基本能听懂	26.2	14.7	30.0	30.0
	能听懂一些日常用语	2.4	1.7	5.0	10.0
	基本听不懂	0	0	7.5	20.0
	完全听不懂	0	0.8	2.5	10.0
说	能熟练交谈，没有任何障碍	47.6	60.3	37.5	10.0
	能熟练交谈，偶尔有障碍	31.0	15.5	7.5	10.0
	能说一些日常用语	21.4	15.5	22.5	10.0
	基本不会说	0	2.7	12.5	20.0
	完全不会说	0	6.0	20.0	50.0

4. 普通话使用能力的领域分布

如表 2-162 所示，各领域群体的普通话听说能力从高到低依次为：官方工作-公共服务-文化教育-大众传媒-其他领域。

表 2-162 清水河口岸各领域群体普通话能力水平　　　（单位：%）

普通话使用能力		各领域群体普通话听、说能力所占百分比				
		官方工作	文化教育	公共服务	大众传媒	其他领域
听	完全能听懂	100.0	77.3	91.9	50.0	54.0
	基本能听懂	0	18.2	5.4	50.0	32.2
	能听懂一些日常用语	0	4.5	2.7	0	4.6
	基本听不懂	0	0	0	0	5.7
	完全听不懂	0	0	0	0	3.5
说	能熟练交谈，没有任何障碍	83.3	54.5	81.1	40.0	26.4
	能熟练交谈，偶尔有障碍	10.0	31.8	5.4	30.0	17.2
	能说一些日常用语	3.3	13.7	10.8	30.0	25.3
	基本不会说	3.4	0	2.7	0	9.2
	完全不会说	0	0	0	0	21.9

5. 普通话使用能力的性别分布

如表 2-163 所示，清水河口岸女性的普通话听、说能力普遍高于男性，不同性别的普通话能力水平具有一定的差异。

表 2-163 清水河口岸各不同性别群体普通话能力水平 （单位：%）

普通话使用能力		性别分类及普通话听、说能力所占百分比	
		男性	女性
听	完全能听懂	70.4	73.6
	基本能听懂	25.5	17.3
	能听懂一些日常用语	1.1	4.6
	基本听不懂	2.0	2.7
	完全听不懂	1.0	1.8
说	能熟练交谈，没有任何障碍	50.0	51.8
	能熟练交谈，偶尔有障碍	19.4	15.5
	能说一些日常用语	17.3	17.3
	基本不会说	3.0	4.5
	完全不会说	10.3	10.9

（二）汉语拼音的使用能力状况

1. 汉语拼音使用能力的民族分布

如表 2-164 所示，清水河口岸汉族的汉语拼音拼读能力低于少数民族。

表 2-164 清水河口岸各民族汉语拼音拼读能力 （单位：%）

汉语拼音使用能力		各民族汉语拼音拼读能力所占百分比	
		汉族	少数民族
等级	完全能拼读	39.5	51.0
	基本能拼读	26.8	23.5
	能拼读一些简单字词	14.6	15.7
	基本不能拼读	9.6	0
	完全不能拼读	9.5	9.8

2. 汉语拼音使用能力的学历分布

如表 2-165 所示，汉语拼音拼读能力从高到低依次可排序为：本科-高中-大专-初中-中专-小学。

表 2-165　清水河口岸各学历群体汉语拼音拼读能力　　　（单位：%）

汉语拼音使用能力		各学历群体汉语拼音拼读能力所占百分比							
		文盲	脱盲	小学	初中	高中	中专	大专	本科
等级	完全能拼读	0	0	8.3	43.8	87.5	29.4	59.1	94.0
	基本能拼读	0	0	18.8	41.7	12.5	58.8	40.9	6.0
	能拼读一些简单字词	0	0	50.0	12.5	0	5.9	0	0
	基本不能拼读	37.5	66.7	6.3	2.0	0	5.9	0	0
	完全不能拼读	62.5	33.3	16.6	0	0	0	0	0

3. 汉语拼音使用能力的年龄分布

表 2-166　清水河各年龄段汉语拼音拼读能力　　　（单位：%）

汉语拼音使用能力		各年龄阶段群体拼读拼音能力所占百分比			
		6~19 岁	20~39 岁	40~59 岁	60 岁以上
等级	完全能拼读	45.5	49.6	27.5	0
	基本能拼读	34.1	26.1	22.5	0
	能拼读一些简单字词	18.2	13.9	15.0	11.1
	基本不能拼读	2.2	6.1	15.0	11.1
	完全不能拼读	0	4.3	20.0	77.8

如表 2-166 所示，6~19 岁、20~39 岁年龄段群体的汉语拼音的拼读能力最强。随着年龄的增加，调查对象的汉语拼音拼读能力逐渐减弱。

4. 汉语拼音使用能力的领域分布

如表 2-167 所示，在大众传媒、文化教育、官方工作这三大领域有超过 1/2 的群体能完全拼读汉语拼音。

表 2-167　清水河口岸各领域群体汉语拼音拼读能力　　　（单位：%）

汉语拼音拼读能力		官方工作	文化教育	公共服务	大众传媒	其他领域
等级	完全能拼读	50.0	55.6	45.9	60.0	29.1
	基本能拼读	33.3	35.5	29.7	40.0	15.1
	能拼读一些简单字词	13.3	8.9	18.9	0	18.6
	基本不能拼读	3.4	0	5.5	0	14.0
	完全不能拼读	0	0	0	0	23.2

5. 汉语拼音使用能力的性别分布

如表 2-168 所示，清水河口岸女性调查对象的汉语拼音拼读水平整体略优于男性，但各级水平的汉语拼音拼读能力分布不均衡。

表 2-168　清水河口岸各性别群体汉语拼音拼读能力　　（单位：%）

	汉语拼音使用能力	男性	女性
等级	完全能拼读	40.8	43.6
	基本能拼读	24.5	27.3
	能拼读一些简单字词	18.4	11.8
	基本不能拼读	9.2	5.5
	完全不能拼读	7.1	11.8

二、清水河口岸的普通话使用状况

（一）普通话使用状况的民族分布

如表 2-169 所示，清水河口岸各民族与亲友交流时从不使用普通话的占比较高，尤其是与长辈亲属交流时，普通话的使用频率都很低。

表 2-169　清水河口岸各民族人际交流中的普通话使用情况　　（单位：%）

民族及频率		爷爷	奶奶	父亲	母亲	配偶	子女	朋友
汉族	完全使用	9.9	9.6	7.5	7.5	8.2	8.2	9.8
	经常使用	6.1	6.0	6.7	6.7	7.1	12.9	6.7
	偶尔使用	6.2	6.0	12.7	12.7	16.3	15.3	22.6
	从不使用	77.8	78.4	73.1	73.1	68.4	63.6	60.9
少数民族	完全使用	0	0	2.5	2.4	0	0	5.3
	经常使用	0	0	5.0	7.3	4.0	11.1	0
	偶尔使用	4.3	8.0	25.0	22.0	16.0	16.7	21.1
	从不使用	95.7	92.0	67.5	68.3	80.0	72.2	73.6

如表 2-170 所示，汉族在工作学习、日常生活、民俗活动三大场景中，完全使用普通话的频率均高于少数民族。

表 2-170 清水河口岸各民族不同场景中的普通话使用情况　　（单位：%）

民族及频率		工作学习	日常生活	民俗活动
汉族	完全使用	20.3	8.7	5.1
	经常使用	27.2	14.7	8.2
	偶尔使用	22.2	36.1	22.8
	从不使用	30.3	40.5	63.9
少数民族	完全使用	10.0	4.0	2.0
	经常使用	40.0	26.0	14.0
	偶尔使用	22.0	36.0	22.0
	从不使用	28.0	34.0	62.0

（二）普通话使用状况的学历分布

如表 2-171 所示，随着学历的升高，清水河口岸各学历群体使用普通话的频率也在升高。

表 2-171 清水河口岸各不同学历群体人际交流中的普通话使用频率　　（单位：%）

学历及频率		爷爷	奶奶	父亲	母亲	配偶	子女	朋友
文盲脱盲	完全使用	0	0	0	0	0	0	0
	经常使用	0	0	0	0	5.9	15.0	5.0
	偶尔使用	0	0	15.4	15.4	5.9	10.0	5.0
	从不使用	100.0	100.0	84.6	84.6	88.2	75.0	90.0
小学	完全使用	0	0	0	0	3.8	0	0
	经常使用	0	0	5.6	5.6	0	12.5	2.7
	偶尔使用	3.7	3.8	8.3	8.3	11.5	4.2	16.2
	从不使用	96.3	96.2	86.1	86.1	84.6	83.3	81.1
初中	完全使用	7.1	7.0	4.5	4.5	0	0	9.3
	经常使用	10.7	10.3	11.4	13.6	7.7	11.1	14.0
	偶尔使用	10.7	10.3	22.7	20.5	15.4	11.1	14.0
	从不使用	71.5	72.4	61.4	61.4	76.9	77.8	62.7
高中	完全使用	12.5	12.5	13.3	13.3	12.5	16.7	16.7
	经常使用	0	0	6.7	6.7	12.5	0	0
	偶尔使用	0	0	6.7	6.7	0	0	8.3
	从不使用	87.5	87.5	73.3	73.3	75.0	83.3	75.0

续表

学历及频率		爷爷	奶奶	父亲	母亲	配偶	子女	朋友
中专大专	完全使用	8.0	10.0	8.8	8.6	12.5	11.1	12.5
	经常使用	12.0	15.0	8.8	8.5	4.2	5.6	0
	偶尔使用	32.0	0	2.9	2.9	12.5	33.3	25.0
	从不使用	48.0	75.0	79.5	80.0	70.8	50.0	62.5
本科	完全使用	20.0	17.6	12.1	12.1	18.2	21.1	17.2
	经常使用	0	0	3.0	3.0	13.6	21.1	7.0
	偶尔使用	13.3	17.6	30.3	30.3	40.9	36.8	37.9
	从不使用	66.7	64.8	54.6	54.6	27.3	21.0	37.9

如表 2-172 所示，清水河口岸调查对象随着学历的提升，普通话的使用频率也逐渐升高；各学历群体使用普通话频率最高的场景基本都是工作学习场景。

表 2-172 清水河口岸各学历群体不同场景中普通话使用频率 （单位：%）

学历及频率		工作学习	日常生活	民俗活动
文盲脱盲	完全使用	0	3.8	0
	经常使用	7.7	3.9	3.8
	偶尔使用	11.5	11.5	7.7
	从不使用	80.8	80.8	88.5
小学	完全使用	4.3	0	0
	经常使用	28.3	6.5	6.5
	偶尔使用	23.9	30.4	21.7
	从不使用	43.5	63.1	71.8
初中	完全使用	19.6	6.5	4.3
	经常使用	30.4	28.3	21.7
	偶尔使用	26.1	34.8	26.1
	从不使用	23.9	30.4	47.9
高中	完全使用	25.0	12.5	6.3
	经常使用	12.5	12.5	12.5
	偶尔使用	43.8	43.8	37.5
	从不使用	18.7	31.2	43.7
中专大专	完全使用	7.7	7.7	7.7
	经常使用	43.6	28.2	25.6
	偶尔使用	28.2	41.0	12.8
	从不使用	20.5	23.1	53.9

续表

学历及频率		工作学习	日常生活	民俗活动
本科	完全使用	25.7	11.4	11.4
	经常使用	54.3	20.0	5.7
	偶尔使用	17.1	54.3	28.6
	从不使用	2.9	14.3	54.3

（三）普通话使用状况的年龄分布

如表 2-173 所示，清水河口岸各年龄段群体与家人尤其是长辈交流时，从不使用普通话的频率很高，且使用频率与年龄段呈正相关；与朋友交流时使用普通话的频率略高于跟家人使用普通话的频率。

表 2-173 清水河口岸各年龄段人际交往中普通话使用情况　　（单位：%）

年龄及频率		爷爷	奶奶	父亲	母亲	配偶	子女	朋友
6~19 岁	完全使用	5.7	5.6	7.5	7.1	0	0	20.0
	经常使用	8.6	8.3	22.5	23.8	0	0	23.3
	偶尔使用	11.4	11.1	30.0	31.0	0	0	36.7
	从不使用	74.3	75.0	40.0	38.1	0	0	20.0
20~39 岁	完全使用	9.3	8.8	6.5	6.5	8.1	8.8	8.1
	经常使用	3.7	3.5	1.9	1.9	9.5	12.3	3.0
	偶尔使用	1.9	3.5	11.2	11.2	14.9	21.1	23.2
	从不使用	85.1	84.2	80.4	80.4	67.5	57.8	65.7
40~59 岁	完全使用	0	0	4.5	2.3	5.3	5.4	5.4
	经常使用	0	0	4.5	2.3	0	10.8	2.7
	偶尔使用	0	0	4.5	2.3	18.4	16.2	16.2
	从不使用	0	0	86.5	93.1	76.3	67.6	75.7
60 岁以上	完全使用	0	0	0	0	0	0	0
	经常使用	0	0	0	0	0	22.2	12.5
	偶尔使用	0	0	0	0	14.3	0	0
	从不使用	0	0	0	0	85.7	77.8	87.5

如表 2-174 所示，清水河口岸 6~19 岁年龄段的调查对象在工作学习中"完全使用"普通话所占比例最高。其余年龄段调查对象在各交际场景中使用普通话的频率逐渐降低。

表 2-174 清水河口岸各年龄段群体不同场景中的普通话使用情况　　（单位：%）

年龄及频率		工作学习	日常生活	民俗活动
6～19 岁	完全使用	46.3	15.0	2.4
	经常使用	29.3	37.5	17.1
	偶尔使用	12.2	25.0	31.7
	从不使用	12.2	22.5	48.8
20～39 岁	完全使用	17.9	10.2	6.8
	经常使用	29.1	18.6	9.4
	偶尔使用	25.6	32.2	19.7
	从不使用	27.4	39.0	64.1
40～59 岁	完全使用	14.6	9.8	4.9
	经常使用	24.4	2.4	7.3
	偶尔使用	14.6	41.5	22.0
	从不使用	46.4	46.3	65.8
60 岁以上	完全使用	0	0	0
	经常使用	0	0	11.1
	偶尔使用	22.2	11.1	0
	从不使用	77.8	88.9	88.9

（四）普通话使用状况的领域分布

1. 文化教育领域

如表 2-175 所示，清水河口岸各教育阶段的师生在课堂上的普通话使用频率从高到低依次为：中学-学前-小学；在课外用语中，教师之间、师生之间"从不使用普通话"所占比例都比较低。

表 2-175 清水河口岸文化教育领域普通话使用情况　　（单位：%）

领域及频率		课堂用语		课外用语			家长会	
		教师	学生	教师之间	学生之间	师生之间	教师发言	家长发言
学前	完全使用	67.9	28.6	18.5	3.4	14.3	28.6	0
	经常使用	3.6	39.3	40.7	34.5	46.4	42.9	21.4
	偶尔使用	25.0	25.0	33.3	51.7	28.6	17.8	42.9
	从不使用	3.5	7.1	7.5	10.4	10.7	10.7	35.7

续表

领域及频率		课堂用语		课外用语			家长会	
		教师	学生	教师之间	学生之间	师生之间	教师发言	家长发言
小学	完全使用	57.1	46.4	33.3	10.7	25.0	42.9	3.6
	经常使用	35.7	35.7	29.6	42.9	32.1	28.6	21.4
	偶尔使用	0	10.7	29.6	32.1	32.1	21.4	35.7
	从不使用	7.2	7.2	7.5	14.3	10.8	7.1	39.3
中学	完全使用	64.2	64.3	32.1	25.0	28.6	67.9	7.1
	经常使用	28.6	28.6	42.9	35.7	42.9	17.9	25.0
	偶尔使用	3.6	3.6	21.4	21.4	25.0	10.7	35.7
	从不使用	3.6	3.6	3.6	17.9	3.5	3.5	32.2

2. 官方工作领域

如表 2-176 所示，在面对不同交际对象时，调查对象完全使用普通话的频率较为接近；在各交际场景中，调查对象使用普通话频率最高的场景是工作学习。

表 2-176　清水河口岸官方工作领域普通话使用情况　　（单位：%）

领域及频率		交际对象						
		爷爷	奶奶	父亲	母亲	配偶	子女	朋友
官方工作	完全使用	36.8	33.3	32.1	32.1	27.8	33.4	37.5
	经常使用	10.5	9.5	14.3	14.3	5.6	13.3	4.2
	偶尔使用	0	4.8	25.0	25.0	33.3	20.0	33.3
	从不使用	52.7	52.4	28.6	28.6	33.3	33.3	25.0

领域及频率		交际场景		
		工作学习	日常生活	民俗活动
官方工作	完全使用	33.3	30.0	23.3
	经常使用	36.7	23.3	10.0
	偶尔使用	20.0	30.0	36.7
	从不使用	10.0	16.7	30.0

3. 公共服务领域

表 2-177 清水河口岸公共服务领域普通话使用情况　　　（单位：%）

领域及频率		交际对象						
		爷爷	奶奶	父亲	母亲	配偶	子女	朋友
公共服务	完全使用	0	0	2.9	2.9	5.0	5.9	6.9
	经常使用	10.0	9.5	5.9	5.9	15.0	29.4	10.3
	偶尔使用	5.0	0	2.9	2.9	15.0	5.9	17.2
	从不使用	85.0	90.5	88.3	88.3	65.0	58.8	65.6
领域及频率		交际场景						
		工作学习		日常生活		民俗活动		
公共服务	完全使用	8.1		5.4		2.7		
	经常使用	35.1		21.6		16.2		
	偶尔使用	24.3		32.5		29.7		
	从不使用	32.5		40.5		51.4		

如表 2-177 所示，清水口岸河公共服务领域群体跟不同交际对象交流时，使用普通话的频率都比较低；在不同的交际场景中，调查对象"从不使用"普通话所占比例也是最高的。

4. 大众传媒领域

如表 2-178 所示，在人际交流中，清水河口岸大众传媒领域群体"从不使用"普通话的频率最高；在不同的交际场景中，工作学习使用普通话的频率最高。

表 2-178 清水河口岸大众传媒领域普通话使用情况　　　（单位：%）

领域及频率		交际对象						
		爷爷	奶奶	父亲	母亲	配偶	子女	朋友
大众传媒	完全使用	0	0	0	0	0	0	0
	经常使用	0	0	0	0	0	0	0
	偶尔使用	0	0	11.1	10.0	12.5	33.3	11.1
	从不使用	100.0	100.0	88.9	90.0	87.5	66.7	88.9
领域及频率		交际场景						
		工作学习		日常生活		民俗活动		
大众传媒	完全使用	0		0		0		
	经常使用	70.0		0		0		
	偶尔使用	30.0		100.0		30.0		
	从不使用	0		0		70.0		

5. 其他领域

表 2-179　清水河口岸其他领域普通话使用情况　　　（单位：%）

领域及频率		交际对象						
		爷爷	奶奶	父亲	母亲	配偶	子女	朋友
其他领域	完全使用	0	0	0	0	0	0	0
	经常使用	2.4	2.4	1.4	1.4	1.6	5.4	1.2
	偶尔使用	4.8	4.9	11.3	11.3	7.8	10.7	8.4
	从不使用	92.8	92.7	87.3	87.3	90.6	83.9	90.4

领域及频率		交际场景		
		工作学习	日常生活	民俗活动
其他领域	完全使用	0	0	0
	经常使用	19.2	8.5	9.6
	偶尔使用	31.9	25.5	19.1
	从不使用	48.9	66.0	71.3

如表 2-179 所示，其他领域调查对象在与不同交际对象交流时，以及在在各类交际场景中使用普通话的频率，是所有领域中最低的。

（五）普通话使用状况的性别分布

如表 2-180 所示，在与不同的交际对象进行交流的过程中，清水河口岸男性使用普通话的频率高于女性。

表 2-180　清水河口岸各性别群体人际交流中的普通话使用情况　　（单位：%）

性别及频率		爷爷	奶奶	父亲	母亲	配偶	子女	朋友
男性	完全使用	14.0	13.2	12.3	12.3	10.9	8.3	12.5
	经常使用	4.0	5.7	7.4	6.2	7.3	10.4	6.8
	偶尔使用	2.0	1.9	11.1	11.1	12.7	14.6	21.6
	从不使用	80.0	79.2	69.2	70.4	69.1	66.7	59.1
女性	完全使用	1.7	1.8	1.1	1.1	3.1	5.1	2.2
	经常使用	5.3	5.5	6.5	7.4	4.7	11.9	10.8
	偶尔使用	9.0	9.1	18.3	17.9	18.8	20.3	23.7
	从不使用	84.0	83.6	74.1	73.6	73.4	62.7	63.3

如表 2-181 所示，清水河口岸男性调查对象在各类交际场景中使用普通话的频率高于女性。这与女性调查对象的话语交际活动场所多限于家庭具有一定的关系。

表 2-181　清水河口岸各性别群体不同场景中的普通话使用情况　　（单位：%）

性别及频率		工作学习	日常生活	民俗活动
男性	完全使用	23.2	10.1	6.1
	经常使用	25.3	15.1	8.1
	偶尔使用	24.2	37.4	19.2
	从不使用	27.3	37.4	66.6
女性	完全使用	22.9	8.3	4.6
	经常使用	28.4	23.9	11.9
	偶尔使用	18.4	23.8	19.3
	从不使用	30.3	44.0	64.2

三、清水河口岸的普通话学习状况

（一）普通话学习途径

1. 各民族普通话学习途径

如表 2-182 所示，清水河口岸各民族调查对象学习普通话的途径比较多样化。

表 2-182　清水河口岸各民族普通话学习途径　　（单位：%）

民族	幼儿园	小学	中学	大学	家庭教育	工作单位	培训机构	大众传媒	人际交往	自学
汉族	16.4	63.5	50.3	20.8	10.7	22.0	8.2	30.8	52.2	27.7
少数民族	29.4	76.5	68.6	39.2	9.8	33.3	7.8	37.3	60.8	25.5

2. 各学历群体普通话学习途径

如表 2-183 所示，清水河口岸调查对象普通话学习途径随着学历的增高而增加。

表 2-183　清水河口岸各学历群体普通话学习途径（多选）　　（单位：%）

学历	幼儿园	小学	中学	大学	家庭教育	工作单位	培训机构	大众传媒	人际交往	自学
文盲脱盲	0	0	0	0	0	4.5	0	18.2	59.1	68.2
小学	14.6	64.6	4.2	2.1	0	0	0	27.1	52.1	25.0
初中	16.7	83.3	79.2	0	12.5	14.6	2.1	35.4	66.7	25.0
高中	25.0	81.3	87.5	0	12.5	31.3	6.3	37.5	68.7	12.5

续表

学历	幼儿园	小学	中学	大学	家庭教育	工作单位	培训机构	大众传媒	人际交往	自学
中专大专	28.2	76.9	84.6	50.0	15.4	48.7	23.1	46.2	53.8	17.9
本科	31.4	77.1	80.0	94.3	22.9	57.1	15.4	25.6	34.3	22.9

3. 各年龄段群体普通话学习途径

如表 2-184 所示，清水河口岸调查对象学习普通话的途径，呈现出随着年龄增长而途径类型减少的特点。

表 2-184　清水河口岸各年龄段人员普通话学习途径（多选）　　（单位：%）

年龄段	幼儿园	小学	中学	大学	家庭教育	工作单位	培训机构	大众传媒	人际交往	自学
6～19 岁	40.5	83.3	57.1	0	11.9	11.9	2.4	38.1	61.9	26.2
20～39 岁	19.8	73.3	62.9	37.9	12.1	32.8	11.2	31.9	53.4	25.0
40～59 岁	2.5	45.0	42.5	20.0	30.0	22.5	7.5	35.0	47.5	37.5
60 岁以上	0	20.0	10.0	0	0	0	0	10.0	70.0	20.0

4. 各领域群体普通话学习途径

如表 2-185 所示，相对而言，清水河口岸官方工作、文化教育、其他领域群体的普通话学习途径类型更多一些。

表 2-185　清水河口岸各领域群体普通话学习途径（多选）　　（单位：%）

领域	幼儿园	小学	中学	大学	家庭教育	工作单位	培训机构	大众传媒	人际交往	自学
官方工作	26.7	70.0	63.3	46.7	33.3	50.0	23.3	40.0	43.3	36.7
文化教育	40.9	81.8	63.6	31.8	18.2	22.7	13.6	36.4	43.2	15.9
公共服务	0	90.0	100	50.0	0	60.0	0	70.0	50.0	10.0
大众传媒	3.4	58.6	39.1	6.9	4.6	5.7	1.1	28.7	63.2	35.6
其他领域	26.7	70.0	63.3	46.7	33.3	50.0	23.3	40.0	43.3	36.7

5. 各性别群体普通话学习途径

如表 2-186 所示，小学、中学是男性学习普通话的重要途径，小学、人际交往是女性学习普通话的重要途径。

表 2-186 清水河口岸各性别群体普通话学习途径（多选） （单位：%）

性别	幼儿园	小学	中学	大学	家庭教育	工作单位	培训机构	大众传媒	人际交往	自学
男性	19.4	70.4	52.0	25.5	8.2	21.4	3.1	26.5	44.9	22.4
女性	19.1	64.5	57.3	28.2	6.4	20.9	6.4	30.9	59.1	25.5

（二）普通话学习难度

1. 各民族普通话学习难度

如表 2-187 所示，汉族学习普通话时感觉困难的是语法，少数民族则是词汇；认为学习普通话非常困难的汉族的占比略高于少数民族。

表 2-187 清水河口岸各民族普通话学习难度 （单位：%）

民族及类型		非常容易	容易	一般	困难	非常困难
汉族	语音	12.9	25.3	36.4	16.9	8.5
	词汇	8.4	25.9	38.4	18.8	8.5
	语法	5.9	24.8	37.9	22.9	8.5
少数民族	语音	15.7	35.3	35.3	5.9	7.8
	词汇	11.8	35.3	31.4	13.7	7.8
	语法	13.7	27.5	39.2	11.8	7.8

2. 不同学历普通话学习难度

表 2-188 清水河口岸不同学历普通话学习难度 （单位：%）

学历及类型		非常容易	容易	一般	困难	非常困难
文盲脱盲	语音	4.5	9.1	4.5	27.3	54.6
	词汇	4.5	4.5	4.5	27.3	59.2
	语法	4.5	4.5	4.5	27.3	59.2
小学	语音	6.3	20.8	37.5	25.0	10.4
	词汇	0	16.7	41.7	33.3	8.3
	语法	0	16.7	35.4	37.5	10.4

续表

学历及类型		非常容易	容易	一般	困难	非常困难
初中	语音	14.9	36.2	40.4	8.5	0
	词汇	12.8	29.8	40.4	17.0	0
	语法	12.8	19.1	46.8	21.3	0
高中	语音	12.5	37.5	37.5	12.5	0
	词汇	12.5	31.3	43.7	12.5	0
	语法	12.5	31.3	50.0	6.2	0
中专大专	语音	13.2	34.2	44.7	7.9	0
	词汇	5.3	47.4	44.7	2.6	0
	语法	5.3	44.7	42.1	7.9	0
本科	语音	29.4	26.5	38.2	5.9	0
	词汇	23.5	35.3	32.3	8.9	0
	语法	14.7	35.3	41.2	8.8	0

如表 2-188 所示，随着学历的升高，调查对象学习普通话的难度逐渐降低。

3. 各年龄段群体学习普通话的难度

如表 2-189 所示，清水河口岸各年龄段调查对象学习普通话的难度，随着年龄的增长而呈现出上升的趋势。

表 2-189　清水河口岸各年龄段普通话学习难度　　（单位：%）

年龄及类型		非常容易	容易	一般	困难	非常困难
6~19 岁	语音	17.1	39.0	31.7	12.2	0
	词汇	7.3	34.2	43.9	14.6	0
	语法	9.8	24.4	51.2	14.6	0
20~39 岁	语音	12.9	31.9	39.7	11.2	4.3
	词汇	9.5	33.6	34.5	17.2	5.2
	语法	6.9	32.8	35.3	19.8	5.2
40~59 岁	语音	15.4	5.1	33.3	25.6	20.6
	词汇	12.8	7.7	38.5	23.1	17.9
	语法	10.3	7.7	35.9	25.6	20.5
60 岁以上	语音	0	22.2	22.2	11.1	44.5
	词汇	0	22.2	22.2	11.1	44.5
	语法	0	11.1	22.2	22.2	44.5

4. 各领域群体学习普通话的难度

如表 2-190 所示，官方政府工作领域群体是所有领域中学习普通话难度最低的。

表 2-190 清水河口岸各领域普通话学习难度 （单位：%）

领域及类型		非常容易	容易	一般	困难	非常困难
官方政府	语音	28.6	28.6	32.1	10.7	0
	词汇	10.7	46.4	39.3	3.6	0
	语法	10.7	39.3	46.4	3.6	0
文化教育	语音	17.8	28.9	37.8	15.5	0
	词汇	11.1	28.9	40.0	20.0	0
	语法	6.7	22.2	48.9	22.2	0
公共服务	语音	18.2	39.4	36.4	3.0	3.0
	词汇	15.2	39.4	33.3	9.1	3.0
	语法	15.1	39.4	27.3	12.1	6.1
大众传媒	语音	9.1	27.3	63.6	0	0
	词汇	9.1	36.4	54.5	0	0
	语法	9.1	45.4	36.4	9.1	0
其他领域	语音	5.7	22.7	31.8	21.6	18.2
	词汇	4.6	17.2	32.2	27.6	18.4
	语法	4.5	14.8	33.0	29.5	18.2

（三）普通话学习目的及重视程度

1. 各民族学习普通话的目的及重视度

如表 2-191 所示，各民族调查对象都普遍认为，学习普通话是为了"适应时代社会发展""满足工作需要""满足交际需求"。

表 2-191 清水河口岸各民族的普通话学习目的（多选） （单位：%）

学习目的	汉族	少数民族
满足工作需要	47.2	58.8
适应时代社会发展	52.8	70.6
个人兴趣爱好	20.1	31.4
学习文化知识	45.9	56.9
学校（单位）要求	26.4	37.3
提高个人素质	46.5	49.0
大家学所以跟着学	10.1	9.8
内心具有成就感	6.9	11.8
满足交际需求	54.1	47.1

如表 2-192 所示，汉族和少数民族对普通话的重视程度相差不大，均有 1/3 左右的调查对象对普通话持"非常重视"的态度。

表 2-192　清水河口岸各民族的普通话重视程度　　　（单位：%）

民族	非常重视	比较重视	不太重视	不重视	不知道
汉族	33.1	45.2	8.3	7.7	5.7
少数民族	31.4	47.1	5.9	7.8	7.8

2. 各学历群体学习普通话的目的及重视度

如表 2-193 所示，低学历调查对象更多的是将普通话作为一种交际工具，而初中以上的学历人群对普通话的学习目的有更深入的认识。

表 2-193　清水河口岸各学历群体的普通话学习目的（多选）　（单位：%）

学习目的	文盲、脱盲	小学	初中	高中	中专、大专	本科
满足工作需要	13.6	25.0	39.6	75.0	71.8	85.7
适应时代社会发展	13.6	35.4	60.4	93.8	69.2	82.9
个人兴趣爱好	0	20.8	16.7	25.0	33.3	37.1
学习文化知识	13.6	35.4	52.1	75.0	61.5	57.1
学校（单位）要求	9.1	20.8	25.0	25.0	61.5	45.7
提高个人素质	22.7	20.8	41.7	50.0	71.8	82.9
大家学所以跟着学	27.3	10.4	10.4	25.0	5.1	0
内心具有成就感	13.6	2.1	6.3	31.3	7.7	11.4
满足交际需求	59.1	60.4	47.9	56.3	51.3	42.9

如表 2-194 所示，随着学历的升高，调查对象对普通话的重视程度也呈现相应的变化趋势。

表 2-194　清水河口岸各学历群体的普通话重视程度　　　（单位：%）

学历	非常重视	比较重视	不太重视	不重视	不知道
文盲、脱盲	13.6	18.2	13.6	22.7	31.9
小学	14.6	47.9	10.4	14.6	12.5
初中	29.2	56.3	12.5	2.0	0
高中	50.0	43.8	6.2	0	0
中专、大专	46.2	46.2	2.6	5.0	0
本科	51.4	48.6	0	0	0

3. 各领域群体学习普通话的目的及重视度

如表 2-195 所示，关于普通话的学习目的，官方工作领域占比最高的是"适应时代社会发展"，文化教育领域和公共服务领域占比最高的是"学习文化知识"，公共服务领域占比最高的是"满足工作需要"，大众传媒领域占比最高的是"满足工作需要""适应时代社会发展""提高个人素质"，其他领域占比最高的则是"满足交际需求"。

表 2-195　清水河口岸各领域群体的普通话学习目的的领域分布状况（多选）（单位：%）

学习目的	官方工作	文化教育	公共服务	大众传媒	其他领域
满足工作需要	63.3	54.5	78.4	70.0	29.9
适应时代社会发展	83.3	56.8	73.0	70.0	41.4
个人兴趣爱好	46.7	29.5	21.6	40.0	11.5
学习文化知识	53.3	61.4	59.5	50.0	36.8
学校（单位）要求	16.7	50.0	43.2	50.0	14.9
提高个人素质	76.7	56.8	48.6	70.0	31.0
大家学，所以跟着学	0	0	13.5	10.0	18.4
内心具有成就感	6.7	4.5	8.1	20.0	8.0
满足交际需求	23.3	56.8	56.8	10.0	64.4

如表 2-196 所示，官方工作领域群体非常重视普通话的占比最高，其次是公共服务领域群体；大众传媒领域群体比较重视普通话的占比为最高。

表 2-196　清水河口岸各领域群体对普通话重视程度的领域分布状况　（单位：%）

领域	非常重视	比较重视	不太重视	不重视	不知道
官方工作	60.0	26.7	10.0	3.3	0
文化教育	29.8	59.6	6.4	0	4.2
公共服务	48.6	37.8	8.1	5.5	0
大众传媒	10.0	80.0	0	10.0	0
其他领域	20.2	44.0	8.3	14.3	13.2

（四）普通话水平测试及培训状况

1. 普通话水平测试状况

如表 2-197 和表 2-198 所示，清水河口岸调查对象普通话水平测试的参与度比较低，且测试成绩集中于二级，并以二级乙等居多。

表 2-197　清水河口岸普通话水平测试参与度　　　（单位：%）

类型	参加过	没参加过，但很想参加	没参加过，也不想参加	参不参加无所谓	没听说过
所占比例	23.3	13.8	7.1	4.3	51.5

表 2-198　清水河口岸普通话水平测试等级及满意度　　　（单位：%）

三级乙等	三级甲等	二级乙等	二级甲等	一级
0	3.2	53.2	43.6	0
非常满意	比较满意	不太满意	不满意	无所谓
4.9	41.9	38.7	11.3	3.2

如表 2-199 所示，清水河口岸调查对象所在单位对其普通话水平基本上是"没有任何要求"。

表 2-199　清水河口岸各单位对普通话水平的要求　　　（单位：%）

类型	要求持证上岗	有要求，但不核查等级证书	只要求表达流畅，是否标准没要求	只要求能够使用日常用语，是否标准、流畅无要求	没有任何要求
所占比例	7.1	19.0	14.8	11.4	47.7

2. 普通话培训状况

（1）普通话培训及推普活动的参与状况

如表 2-200 所示，清水河口岸调查对象参加过普通话培训的人员极少。

表 2-200　清水河口岸普通话培训及推普活动参与状况　　　（单位：%）

类型	参加过	没参加过，但听说过	没听说过
普通话培训	9.5	23.3	67.2
推普活动	8.6	22.0	69.4

（2）普通话技能比赛的了解情况

如表 2-201 所示，清水河口岸调查对象对普通话技能比赛的了解度比较低，参加过普通话技能比赛的人数也极少。

表 2-201　清水河口岸普通话技能比赛了解状况　　　（单位：%）

类型	了解并参加过	了解，但没参加过	不太了解	没听说过
国家级	0	21.5	19.6	58.9
省级	1.4	19.5	19.5	59.6
本地（州、市、县）	2.9	17.6	19.0	60.5

四、清水河口岸的普通话认同状况

（一）普通话的认知状况

1. 普通话重要性的认知

如表 2-202 所示，从领域分布看，在所有语言（方言）中，各领域群体将普通话的重要性排在第一位的占比是最高的。

表 2-202　清水河口岸语言重要性认知（排名第一）的领域分布　　（单位：%）

领域	普通话	本民族语言（方言）	其他民族语言（方言）	英语
官方工作	81.3	12.5	3.1	3.1
文化教育	86.4	9.1	0	4.5
公共服务	86.5	13.5	0	0
大众传媒	90.0	10.0	0	0
其他领域	64.2	34.6	0	1.2

如表 2-203 所示，从学历分布看，本科学历的调查对象将普通话的重要性排名第一的所占比例是最高的，中专、大专和高中、小学学历群体把普通话的重要性排名第一的占比也都超过了 80%，普通话的重要性排名第一的所占比例最低的是文盲和脱盲者。

表 2-203　清水河口岸语言重要性认知（排名第一）的学历分布　　（单位：%）

学历	普通话	本民族语言（方言）	其他民族语言（方言）	英语
文盲、脱盲	58.8	41.2	0	0
小学	81.2	16.7	0	2.1
初中	63.3	32.7	0	4.0
高中	81.3	18.7	0	0
中专、大专	84.6	12.8	2.6	0
本科	88.5	8.6	0	2.9

2. 普通话的实用性认知

如表 2-204 所示,从领域分布看,认为普通话"非常有用"的领域的排名从高到低依次为:公共服务-官方工作-文化教育-其他领域-大众传媒。

表 2-204　清水河口岸各领域群体对普通话实用性的认知　　（单位:%）

领域	非常有用	比较有用	不太有用	没用	不知道
官方政府	61.3	38.7	0	0	0
文化教育	57.1	31.0	0	2.4	9.5
公共服务	77.8	16.7	0	0	5.5
大众传媒	22.2	77.8	0	0	0
其他领域	43.4	36.1	6.0	6.0	8.5

如表 2-205 所示,从学历分布看,高中、中专、大专以及本科学历的调查对象,对普通话实用性的认识主要集中在"非常有用""比较有用"这两方面。

表 2-205　清水河口岸各学历群体对普通话实用性的认知　　（单位:%）

学历	非常有用	比较有用	不太有用	没用	不知道
文盲、脱盲	26.3	21.1	5.3	15.8	31.5
小学	45.6	34.7	2.1	4.3	13.3
初中	54.0	36.0	6.0	2.0	2.0
高中	60.0	40.0	0	0	0
中专、大专	59.4	40.6	0	0	0
本科	73.6	26.4	0	0	0

3. 普通话影响力的认知

如表 2-206 所示,从领域分布看,清水河口岸调查对象对普通话影响力的认知因领域区别而有所不同。在普通话对汉语方言、少数民族语言的影响力方面,其他领域群体认为没有影响的比例最高。

表 2-206　清水河口岸各领域群体对普通话影响力的认知　　（单位:%）

领域	普通话对汉语方言的影响					普通话对少数民族语言的影响				
	很大	较大	较小	没有	不知道	很大	较大	较小	没有	不知道
官方政府	31.2	9.4	18.7	34.4	6.3	13.3	20.0	20.0	40.0	6.7

续表

领域	普通话对汉语方言的影响					普通话对少数民族语言的影响				
	很大	较大	较小	没有	不知道	很大	较大	较小	没有	不知道
文化教育	31.7	24.4	17.1	19.5	7.3	26.8	26.8	19.5	14.7	12.2
公共服务	18.9	8.1	18.9	48.6	5.5	5.4	18.9	21.6	48.6	5.5
大众传媒	10.0	20.0	20.0	40.0	10.0	0	20.0	20.0	50.0	10.0
其他领域	5.9	3.6	14.1	63.5	12.9	3.5	4.7	11.8	67.1	12.9

如表 2-207 所示，从学历分布看：认为普通话对汉语方言、少数民族语言没有影响，占比最高的是高中学历者；认为普通话对汉语方言影响很大，占比最高的是中专、大专学历者；认为普通话对少数民族语言影响很大，占比最高的是本科学历者。

表 2-207 清水河口岸不同学历群体对普通话影响力的认知　　（单位：%）

学历	普通话对汉语方言的影响					普通话对少数民族语言的影响				
	很大	较大	较小	没有	不知道	很大	较大	较小	没有	不知道
文盲脱盲	0	4.6	4.5	59.1	31.8	0	4.6	4.5	59.1	31.8
小学	14.9	8.5	6.4	48.9	21.3	10.6	6.4	10.6	51.1	21.3
初中	18.8	10.4	22.9	47.9	0	10.4	18.8	16.7	52.1	2.0
高中	6.7	0	20.0	66.7	6.6	6.7	0	20.0	66.7	6.6
中专大专	31.6	15.8	21.1	28.9	2.6	10.5	28.9	21.1	31.6	7.9
本科	17.6	14.7	23.5	44.2	0	17.1	14.2	25.7	40.0	3.0

（二）普通话的期望状况

1. 语用主体的普通话水平的期望

如表 2-208 所示，从领域分布看，官方政府领域人员对本人普通话水平的期望值最高，其次是公共服务、文化教育领域人员。

表 2-208 清水河口岸各领域群体对本人普通话水平的期望　　（单位：%）

领域	能熟练交谈，没有任何障碍	能熟练交谈，偶尔有障碍	基本能交谈	会说一些日常用语	不想学
官方政府	90.3	6.5	3.2	0	0
文化教育	76.2	14.3	7.1	0	2.4
公共服务	77.8	11.1	5.6	5.5	0

续表

领域	能熟练交谈，没有任何障碍	能熟练交谈，偶尔有障碍	基本能交谈	会说一些日常用语	不想学
大众传媒	70.0	10.0	10.0	10.0	0
其他领域	40.5	16.9	16.8	9.0	16.8

如表 2-209 所示，从学历分布看，本科学历者对本人普通话水平的期望值是最高的。

表 2-209　清水河口岸各学历群体对普通话水平的期望　　　（单位：%）

学历	能熟练交谈，没有任何障碍	能熟练交谈，偶尔有障碍	基本能交谈	会说一些日常用语	不想学
文盲、脱盲	19.2	11.5	31.0	15.3	23.0
小学	23.9	28.2	28.2	8.7	11.0
初中	71.7	15.2	6.5	4.3	2.3
高中	81.2	18.7	0.1	0	0
中专、大专	89.7	7.6	2.7	0	0
本科	100.0	0	0	0	0

2. 使用普通话教学的期望

如表 2-210 所示，从领域分布看，大众传媒领域群体非常期望各教育阶段使用普通话教学，其余领域群体的占比均低于大众传媒领域群体。

表 2-210　清水河口岸各领域群体对使用普通话教学的期望　　　（单位：%）

领域	非常期望				比较期望				不太期望				不期望			
	幼儿园	小学	中学	大学	幼儿园	小学	中学	大学	幼儿园	小学	中学	大学	幼儿园	小学	中学	大学
官方工作	77.4	80.0	86.6	83.3	6.4	10.0	3.3	3.3	3.3	10.0	6.6	3.4	12.9	0	3.5	10.0
文化教育	72.5	77.5	77.5	77.5	15.0	15.0	15.0	15.0	5.0	2.5	2.5	2.5	7.5	5.0	5.0	5.0
公共服务	85.7	85.7	85.7	85.7	8.6	8.6	8.6	8.6	2.9	2.9	2.9	2.9	2.8	2.8	2.8	2.8
大众传媒	100.0	100.0	100.0	100.0	0	0	0	0	0	0	0	0	0	0	0	0
其他领域	67.4	67.4	68.5	68.5	28.1	28.1	26.9	26.9	2.3	2.3	2.3	2.3	2.2	2.2	2.3	2.3

如表 2-211 所示，从学历分布看，文盲、脱盲学历者非常期望各阶段使用普通话教学的占比是最低的。

表 2-211　清水河口岸各学历群体对使用普通话教学的期望　　（单位：%）

学历	非常期望				比较期望				不太期望				不期望			
	幼儿园	小学	中学	大学	幼儿园	小学	中学	大学	幼儿园	小学	中学	大学	幼儿园	小学	中学	大学
文盲脱盲	46.2	46.2	46.2	46.2	23.1	23.1	23.1	23.1	0	0	0	0	30.7	30.7	30.7	30.7
小学	61.2	61.2	61.2	61.2	26.5	26.5	26.5	26.5	8.2	8.2	8.2	8.2	4.1	4.1	4.1	4.1
初中	63.0	67.4	67.4	67.4	30.4	30.4	30.4	30.4	4.3	2.2	2.2	2.2	0	0	0	0
高中	87.5	87.5	87.5	87.5	6.3	6.3	6.3	6.3	6.2	6.2	6.2	6.2	0	0	0	0
中专大专	85.4	87.2	92.3	87.5	2.4	5.1	2.6	0	2.4	7.7	5.1	5.0	9.8	0	0	7.5
本科	91.4	91.4	94.3	94.3	2.9	2.9	5.7	5.7	5.7	5.7	0	0	0	0	0	0

3. 普通话发展前景的期望

如表 2-212 所示，从整体上看，虽然各民族对普通话发展前景的期望有一定差异，但对普通话未来的发展空间都给予了肯定。

表 2-212　清水河口岸各民族对普通话发展前景的期望　　（单位：%）

关于普通话未来发展的期望					
民族	有很大发展	在一定范围发展	任其自然	不再使用	不知道
汉族	68.2	10.2	8.9	0	12.7
少数民族	76.5	7.8	7.8	0	7.9
关于各领域使用普通话的期望					
民族	官方工作	文化教育	公共服务	大众传媒	其他
汉族	49.7	59.9	35.7	31.2	28.7
少数民族	45.1	64.7	35.3	35.3	25.0

如表 2-213 所示，从学历分布看，绝大部分的本科学历者认为，普通话未来会有很大发展；除其他领域外，对各领域未来使用普通话期望值最高的是中学学历者和本科学历者。

表 2-213　清水河口岸各学历群体对普通话发展前景的期望　　（单位：%）

关于普通话未来发展的期望				
学历	有很大发展	在一定范围发展	任其自然	不再使用	不知道
文盲、脱盲	38.5	3.8	3.8	23.1	30.8
小学	54.3	13.0	17.4	0	15.3
初中	69.6	15.2	8.7	0	6.5
高中	75.0	6.2	12.5	0	6.3
中专、大专	74.4	7.7	5.1	0	12.8
本科	91.4	5.7	2.9	0	0
关于各领域使用普通话的期望				
学历	官方工作	文化教育	公共服务	大众传媒	其他
文盲、脱盲	26.9	30.8	19.2	19.2	38.5
小学	50.0	56.5	32.6	30.4	30.4
初中	63.0	69.6	39.1	37.0	21.7
高中	56.3	56.3	43.8	56.3	31.3
中专、大专	33.3	64.1	35.9	28.2	20.5
本科	57.1	62.9	40.0	28.6	28.6

（三）普通话的情感状况

1. 普通话语音的情感态度

如表 2-214 所示，从民族分布看，汉族认为普通话非常好听、非常亲切的比例高于少数民族。

表 2-214　清水河口岸各民族对普通话语音的情感态度　　（单位：%）

关于普通话好听度的情感态度				
民族	非常好听	比较好听	不太好听	不好听	不知道
汉族	44.5	22.2	21.0	5.1	7.2
少数民族	33.3	33.3	19.6	3.9	9.9
关于普通话亲切度的情感态度				
民族	非常亲切	比较亲切	不太亲切	不亲切	不知道
汉族	41.4	27.3	16.5	4.4	10.4
少数民族	37.2	39.2	11.7	1.9	10.0

如表 2-215 所示，从学历分布看，本科学历的调查对象认为普通话非常好听、

非常亲切的比例最高。

表 2-215 清水河口岸各学历群体对普通话语音的情感态度　　（单位：%）

关于普通话好听度的情感态度					
类型	非常好听	比较好听	不太好听	不好听	不知道
文盲、脱盲	38.4	7.6	3.8	23.3	26.9
小学	30.4	26.0	19.8	10.8	13.0
初中	41.3	32.6	26.0	0.1	0
高中	37.5	31.2	18.7	6.2	6.4
中专、大专	41.0	30.7	28.2	0	0.1
本科	62.8	20.0	17.1	0.1	0
关于普通话亲切度的情感态度					
类型	非常亲切	比较亲切	不太亲切	不亲切	不知道
文盲、脱盲	30.7	3.8	7.6	23.3	34.6
小学	27.6	27.7	17.0	8.5	19.2
初中	36.9	41.3	21.7	0.1	0
高中	37.5	37.5	18.7	0.1	6.2
中专、大专	51.2	38.4	10.2	0.2	0
本科	54.2	31.4	14.2	0.2	0

2. 普通话水平与语用主体关系的情感态度

如表 2-216 所示，从民族分布看，各民族大都认为普通话水平能显示说话人的文化素养；少数民族非常羡慕普通话高水平人员的比例高于汉族，而汉族则是羡慕的占比高于少数民族。

表 2-216 清水河口岸各民族对普通话水平与语用主体关系的情感态度　　（单位：%）

普通话水平能否显示语用主体的文化素养					
类型	非常能显示	比较能显示	不太能显示	与文化素养无关	不知道
汉族	41.4	29.4	7.0	7.0	15.2
少数民族	41.2	43.1	5.9	5.9	3.9
对普通话高水平语用主体的情感态度					
类型	非常羡慕	羡慕	无所谓	讨厌	不知道
汉族	29.3	59.8	10.1	0	0.8
少数民族	39.2	47.1	13.7	0	0

如表 2-217 所示，从学历分布看，随着学历的升高，调查对象认为学习普通话水平非常能显示文化素质、非常羡慕普通话高水平人员的所占比例逐渐升高。

表 2-217 清水河口岸各学历群体对普通话水平与语用主体关系的情感态度 （单位：%）

普通话水平能否显示语用主体的文化素养					
类型	非常能显示	比较能显示	不太能显示	与文化素养无关	不知道
文盲、脱盲	23.0	23.0	3.8	11.8	38.4
小学	21.7	36.9	6.5	4.5	30.4
初中	39.1	41.3	6.5	10.8	2.3
高中	56.2	31.2	6.2	6.2	0.2
中专、大专	56.4	25.6	12.8	5.2	0
本科	60.0	31.4	2.8	5.7	0.1
对普通话高水平语用主体的情感态度					
类型	非常羡慕	羡慕	无所谓	讨厌	不知道
文盲、脱盲	3.8	42.3	15.3	11.7	26.9
小学	19.5	56.5	15.2	0	8.8
初中	13.0	76.0	11.0	0	0
高中	31.2	50.0	18.7	0.1	0
中专、大专	43.5	56.4	0.1	0	0
本科	51.4	45.7	2.8	0.1	0

3. 普通话选用的情感态度

如表 2-218 所示，从民族分布看：汉族经常学习和使用普通话的比例低于少数民族；各民族收看普通话电视节目的比例均高于其他语言（方言）的电视节目。

表 2-218 清水河口岸各民族对普通话选用的情感态度 （单位：%）

关于学习和使用普通话的情况					
类型	经常	有时	偶尔	不会	不知道
汉族	24.8	29.9	14.0	22.9	8.4
少数民族	33.3	29.4	11.7	15.6	10.0
关于电视节目语言选择的情况					
类型	本地汉语方言	当地汉语方言	普通话	傣语	其他
汉族	10.1	1.9	79.6	6.5	1.9
少数民族	11.7	3.9	64.7	11.9	7.8

如表 2-219 所示,从学历分布看,学历高低与调查对象选用普通话的主动性成正比。

表 2-219　清水河口岸各学历群体对普通话选用的情感态度　　（单位：%）

类型	经常	有时	偶尔	不会	不知道
关于学习和使用普通话的情况					
文盲、脱盲	15.6	15.3	7.6	34.6	26.9
小学	10.8	17.3	21.7	45.6	4.6
初中	23.9	39.1	13.0	19.5	4.5
高中	37.5	18.7	12.5	31.2	0.1
中专、大专	46.1	30.7	17.9	5.3	0
本科	48.5	45.7	2.8	3.0	0
类型	本地汉语方言	当地汉语方言	普通话	傣语	其他
关于电视节目语言选择的情况					
文盲、脱盲	3.8	3.8	50.0	23.2	19.2
小学	17.3	6.5	76.2	0	0
初中	6.5	2.1	86.9	4.5	0
高中	6.2	12.6	81.2	0	0
中专、大专	10.2	7.9	79.4	0	2.5
本科	14.2	8.8	68.5	5.7	2.8

第三章　滇西边境口岸地区规范汉字普及度调查

第一节　畹町口岸规范汉字普及度调查

一、畹町口岸的规范汉字能力及水平

（一）规范汉字使用能力状况

1. 规范汉字使用能力的领域分布

如表 3-1 所示，官方工作、大众传媒领域调查对象的规范汉字使用能力占比最高的是能读书看报；公共服务领域调查对象的规范汉字阅读能力也是较强的；官方工作、大众传媒、公共服务和文化教育领域内无人不认识规范汉字；其他领域的规范汉字阅读能力在各领域群体中是最弱的。

表 3-1　畹町口岸规范汉字使用能力的领域分布　　（单位：%）

	规范汉字使用能力	官方工作	文化教育	公共服务	大众传媒	其他领域
阅读能力	能读书看报	96.0	36.4	80.0	100.0	39.0
	能看懂家信或简单文章	4.0	40.9	13.3	0	29.3
	认识一些常用词	0	22.7	6.7	0	19.5
	基本看不懂	0	0	0	0	4.9
	完全看不懂	0	0	0	0	7.3
书写能力	能写文章或其他	96.0	32.8	46.7	100.0	9.8
	能写家信或简单文章	4.0	42.9	26.7	0	39.0
	会写一些常用词	0	24.3	20.0	0	29.2
	基本不会写	0	0	6.6	0	9.8
	完全不会写	0	0	0	0	12.2

2. 规范汉字使用能力的民族分布

如表 3-2 所示，畹町口岸汉族调查对象的阅读、书写能力均高于少数民族；少数民族调查对象的书写能力主要为能写家信或简单文章，其能力远低于该口岸汉族调查对象。

表 3-2 畹町口岸规范汉字使用能力的民族分布　　　（单位：%）

规范汉字使用能力		汉族	少数民族
阅读能力	能读书看报	81.8	48.6
	能看懂家信或简单文章	9.1	29.2
	认识一些常用词	9.1	15.3
	基本看不懂	0	2.7
	完全看不懂	0	4.2
书写能力	能写文章或其他	69.7	27.8
	能写家信或简单文章	12.1	37.5
	会写一些常用词	12.1	23.6
	基本不会写	6.1	4.2
	完全不会写	0	6.9

3. 规范汉字使用能力的学历分布

如表 3-3 所示，随着学历的提高，畹町口岸调查对象规范汉字的阅读能力和书写能力也随之提高，而不同学历人群的规范汉字阅读能力和书写能力也表现出了较大的差异。

表 3-3 畹町口岸规范汉字使用能力的学历分布　　　（单位：%）

规范汉字使用能力		文盲	脱盲	小学	初中	高中	中专	大专	本科
阅读能力	能读书看报	0	0	0	69.7	66.7	100.0	93.7	100.0
	能看懂家信或简单文章	0	66.7	47.8	24.2	33.3	0	6.3	0
	认识一些常用词	0	33.3	47.8	6.1	0	0	0	0
	基本看不懂	25.0	0	4.4	0	0	0	0	0
	完全看不懂	75.0	0	0	0	0	0	0	0
书写能力	能写文章或其他	0	0	0	18.2	50.0	95.7	93.7	100.0
	能写家信或简单文章	0	0	34.8	57.6	33.3	4.3	6.3	0
	会写一些常用词	0	66.7	47.8	21.2	16.7	0	0	0
	基本不会写	0	33.3	13.0	3.0	0	0	0	0
	完全不会写	100.0	0	4.4	0	0	0	0	0

调查发现，畹町调查对象规范汉字的阅读能力、书写能力与学历呈正相关。

4. 规范汉字使用能力的年龄分布

如表 3-4 所示，20～39 岁调查对象规范汉字的阅读能力、书写能力较强，6～19 岁年龄段调查对象规范汉字的阅读能力、书写能力不够理想，60 岁以上调查对象的规范汉字的阅读、书写能力在所有年龄段调查对象中最弱。

表 3-4 畹町口岸规范汉字使用能力的年龄分布 （单位：%）

规范汉字使用能力		6～19 岁	20～39 岁	40～59 岁	60 岁以上
阅读能力	能读书看报	32.0	80.5	59.4	28.6
	能看懂家信或简单文章	48.0	12.2	18.8	14.3
	认识些常用词	20.0	4.9	12.5	42.9
	基本看不懂	0	2.4	3.1	0
	完全看不懂	0	0	6.2	14.2
书写能力	能写文章或其他	24.0	53.7	46.9	0
	能写家信或简单文章	52.0	31.7	12.5	14.3
	会写一些常用词	24.0	14.6	18.8	42.8
	基本不会写	0	0	9.3	28.6
	完全不会写	0	0	12.5	14.3

（二）规范汉字掌握水平状况

1. 规范汉字掌握水平的领域分布

如表 3-5 所示，大众传媒、官方工作领域群体的错别字辨析能力相对较好，其他领域调查对象的能力最低；笔画笔顺掌握最好的也是大众传媒领域人员，其次为文化教育、官方工作领域人员，其他领域人员最低。

表 3-5 畹町口岸规范汉字掌握情况的领域分布 （单位：%）

规范汉字掌握情况		官方工作	文化教育	公共服务	大众传媒	其他领域
正确率	错别字辨析	38.3	28.2	22.2	41.3	14.3
	规范汉字笔画	60.3	66.7	45.6	73.3	34.6
	规范汉字汉字笔顺	61.3	63.8	45.6	72.8	26.4

2. 规范汉字掌握水平的民族分布

如表 3-6 所示，与少数民族调查对象相比，畹町口岸汉族调查对象的规范汉字掌握情况相对较好。

表 3-6　畹町口岸规范汉字掌握情况的民族分布　　　（单位：%）

	规范汉字掌握情况	汉族	少数民族
正确率	错别字辨析	33.3	20.6
	规范汉字笔画	54.5	50.2
	规范汉字汉字笔顺	52.5	39.8

3. 规范汉字掌握水平的学历分布

如表 3-7 所示，随着学历的升高，调查对象的错别字辨析、规范汉字笔画笔顺的掌握水平也在提高。

表 3-7　畹町口岸规范汉字掌握情况的学历分布　　　（单位：%）

	规范汉字掌握情况	文盲	脱盲	小学	初中	高中	中专	大专	本科
正确率	错别字辨析	0	0	5.8	23.7	25.0	33.3	45.8	44.3
	规范汉字笔画	0	11.1	51.4	42.4	66.7	66.7	65.6	67.9
	规范汉字笔顺	0	11.1	38.4	36.4	41.7	54.8	65.6	66.5

4. 规范汉字掌握水平的年龄分布

如表 3-8 所示，畹町口岸各年龄段群体的规范汉字错别字辨析能力都比较弱，规范汉字笔画的掌握情况相对要好一些。

表 3-8　畹町规范汉字掌握情况的年龄分布　　　（单位：%）

	规范汉字掌握情况	6～19 岁	20～39 岁	40～59 岁	60 岁以上
正确率	错别字辨析	13.3	30.9	28.7	24.1
	规范汉字笔画	60.0	61.4	43.8	28.7
	规范汉字笔顺	50.7	51.2	38.5	29.0

二、畹町口岸的规范汉字使用状况

（一）规范汉字使用的领域分布

如表 3-9 所示，各领域规范汉字的使用情况为：第一，各领域群体工作学习中使用规范汉字的频率均高于日常生活、民俗活动。第二，日常生活、民俗活动中使用规范汉字的频率与工作学习中使用规范汉字的频率趋势具有一致性。第三，官方工作、大众传媒领域群体在工作学习中使用规范汉字频率最高。第四，大众传媒、官方工作和文化教育领域群体在工作学习、日常生活和民俗活动中使用规范汉字的频率，整体高于其他领域。

表 3-9 畹町口岸规范汉字使用情况的领域分布 （单位：%）

场合	领域	经常使用	较多使用	一般	较少使用	完全不用
工作学习	官方工作	96.0	0	4.0	0	0
	文化教育	81.8	18.2	0	0	0
	公共服务	53.3	6.7	26.6	6.7	6.7
	大众传媒	100.0	0	0	0	0
	其他领域	24.4	9.7	29.3	22.0	14.6
日常生活	官方工作	64.0	20.0	16.0	0	0
	文化教育	40.9	9.1	22.7	27.3	0
	公共服务	53.4	0	33.3	13.3	0
	大众传媒	60.0	40.0	0	0	0
	其他领域	19.5	7.3	36.6	22.0	14.6
民俗活动	官方工作	56.0	8.0	28.0	8.0	0
	文化教育	27.3	13.6	22.7	27.3	9.1
	公共服务	46.7	6.7	26.6	20.0	0
	大众传媒	60.0	40.0	0	0	0
	其他领域	22.0	12.2	34.1	22.0	9.7

（二）规范汉字使用的民族分布

如表 3-10 所示，汉族和少数民族在工作学习中使用规范汉字的频率都比较高，但汉族经常使用规范汉字的频率高于少数民族，同时少数民族较少使用、完全不用规范汉字的现象也占有一定的比例。

表 3-10　畹町口岸规范汉字使用情况的民族分布　　　　（单位：%）

场合	民族	经常使用	较多使用	一般	较少使用	完全不用
工作学习	汉族	72.7	6.1	12.1	6.1	3.0
	少数民族	51.4	9.7	18.1	12.5	8.3
日常生活	汉族	57.6	9.1	21.2	12.1	0
	少数民族	31.9	9.7	31.9	18.2	8.3
民俗活动	汉族	51.5	6.1	15.1	27.3	0
	少数民族	26.4	13.9	34.7	16.7	8.3

（三）规范汉字使用的学历分布

如表 3-11 所示，畹町口岸较高学历者在各类交际场景中使用规范汉字的频率均高于较低学历者，学历高低与规范汉字的使用频率形成明显正相关性。

表 3-11　畹町口岸规范汉字使用情况的学历分布　　　　（单位：%）

场景及频率		文盲	脱盲	小学	初中	高中	中专	大专	本科
工作学习	经常使用	0	0	42.2	45.5	50.0	46.8	93.5	92.3
	较多使用	0	0	13.0	12.1	11.7	0	2.5	0.0
	一般	0	0	18.7	33.3	21.7	28.6	4.0	7.7
	较少使用	0	33.3	21.7	9.1	16.6	24.6	0	0
	完全不用	100.0	66.7	4.4	0	0	0	0	0
日常生活	经常使用	0	0	19.1	20.3	16.7	57.1	62.4	61.5
	较多使用	0	0	4.3	9.1	16.6	0	18.8	15.4
	一般	0	33.3	33.0	55.4	66.7	28.6	18.8	15.4
	较少使用	0	33.3	39.2	15.2	0	14.3	0	7.7
	完全不用	100.0	33.4	4.4	0	0	0	0	0
民俗活动	经常使用	0	0	30.4	30.3	26.6	42.9	56.2	46.2
	较多使用	0	0	13.1	15.2	16.7	14.2	0	15.4
	一般	0	33.3	17.4	39.4	40.0	0	31.3	30.7
	较少使用	0	66.7	30.4	12.1	16.7	42.9	12.5	7.7
	完全不用	100.0	0	8.7	3.0	0	0	0	0

（四）规范汉字使用的年龄分布

如表 3-12 所示，畹町口岸 20～39 岁调查对象经常使用规范汉字的频率最高，其次为 6~19 岁调查对象，使用频率最低的是 60 岁以上人群；各年龄段群体在工作学习中使用规范汉字的频率均最高，民俗活动中较少使用规范汉字。

表 3-12 畹町口岸规范汉字使用情况的年龄分布　　　（单位：%）

年龄段	场合	使用频率				
		经常使用	较多使用	一般	较少使用	完全不用
6~19 岁	工作学习	76.0	16.0	8.0	0	0
	日常生活	40.0	8.0	32.0	20.0	0
	民俗活动	32.0	12.0	28.0	20.0	8.0
20~39 岁	工作学习	71.0	2.4	12.0	14.6	0
	日常生活	48.7	9.8	31.7	9.8	0
	民俗活动	36.6	12.2	29.2	22.0	0
40~59 岁	工作学习	53.1	9.4	15.6	6.3	15.6
	日常生活	37.5	9.4	25.0	12.5	15.6
	民俗活动	40.6	9.4	28.1	12.5	9.4
60 岁以上	工作学习	0	14.3	6.3	42.8	36.6
	日常生活	0	14.3	14.3	57.1	14.3
	民俗活动	0	14.3	28.6	42.8	14.3

三、畹町口岸的规范汉字学习状况

（一）规范汉字的学习途径

1. 规范汉字学习途径的领域分布

表 3-13 畹町口岸规范汉字学习途径的领域分布（多选）　　（单位：%）

学习途径	官方工作	文化教育	公共服务	大众传媒	其他领域
幼儿园	26.0	31.8	26.7	27.2	11.3
小学	100.0	100.0	93.0	100.0	90.1
中学	71.0	41.8	73.9	74.0	39.5
大学	24.4	6.1	13.9	27.2	0
家庭教育	7.3	13.9	4.6	9.8	5.1
工作单位	11.2	7.7	9.6	13.1	0
培训机构	3.9	0	3.3	0	2.7
大众传媒	22.3	10.8	11.7	28.6	10.8
人际交往	3.6	2.7	6.8	11.3	5.4
自学	6.2	11.1	8.1	10.3	4.1

如表 3-13 所示，畹町口岸各领域调查对象学习规范汉字的主要途径为中小学。相对而言，官方工作、文化教育和大众传媒领域人员的规范汉字学习途径要更丰富一些。

2. 规范汉字学习途径的民族分布

如表 3-14 所示，畹町口岸各民族学习规范汉字的主要途径均为中小学教育，尤其是小学教育，通过培训机构学习规范汉字的频率都很低。

表 3-14 畹町口岸规范汉字学习途径的民族分布（多选） （单位：%）

民族	幼儿园	小学	中学	大学	家庭教育	工作单位	培训机构	大众传媒	人际交往	自学
汉族	27.3	97.0	75.8	27.3	15.2	21.2	3.0	24.2	6.1	9.1
少数民族	23.5	97.1	54.4	8.8	8.8	7.4	1.5	13.2	5.9	8.3

3. 规范汉字学习途径的学历分布

表 3-15 畹町口岸规范汉字学习途径的学历分布（多选） （单位：%）

学习途径	脱盲	小学	初中	高中	中专	大专	本科
幼儿园	0	31.7	21.2	16.7	27.1	31.3	23.1
小学	100.0	100.0	93.9	83.3	100.0	100.0	100.0
中学	0	0	52.7	53.3	45.7	63.8	64.6
大学	0	0	0	0	14.3	21.3	23.5
家庭教育	0	0	6.1	0	14.3	14.8	17.4
工作单位	0	0	0	6.7	17.1	31.3	46.2
培训机构	0	0	3.0	0	0	0	7.7
大众传媒	0	9.3	12.1	16.7	28.6	25.0	46.2
人际交往	0	0	6.1	0	0	15.8	7.7
自学	8.7	0	6.1	0	0	18.8	20.8

如表 3-15 所示，学历较高调查对象学习规范汉字的途径较为丰富，而学历较低者的学习途径则比较单一。

4. 规范汉字学习途径的年龄分布

如表 3-16 所示，畹町口岸各年龄段调查对象学习规范汉字最重要的途径是小学，其中 20～39 岁、40～59 岁调查对象学习规范汉字的主要途径还有中学。

表 3-16　畹町口岸规范汉字学习途径的年龄分布（多选）　　　（单位：%）

学习途径	6～19 岁	20～39 岁	40～59 岁	60 岁以上
幼儿园	28.0	26.8	24.1	0
小学	92.0	97.6	100.0	100.0
中学	32.0	75.6	75.9	16.7
大学	4.0	19.5	20.7	0
家庭教育	12.0	14.1	5.4	0
工作单位	0	14.6	16.7	0
培训机构	0	2.4	0	0
大众传媒	7.0	29.5	27.6	0
人际交往	4.0	7.3	6.9	0
自学	9.0	9.9	14.1	0

（二）规范汉字学习的难易程度

1. 规范汉字学习难易程度的领域分布

如表 3-17 所示，畹町口岸大众传媒领域调查对象学习规范汉字的容易度最高，其次为官方工作领域群体；除其他领域外，各领域调查对象普遍认为规范汉字的学习比较容易。

表 3-17　畹町口岸规范汉字学习难易程度的领域分布　　　（单位：%）

学习途径	官方工作	文化教育	公共服务	大众传媒	其他领域
非常容易	20.0	14.5	13.3	30.0	2.4
比较容易	52.0	50.0	53.3	60.0	39.0
一般	20.0	26.4	26.7	10.0	26.8
比较困难	4.0	9.1	6.7	0	24.4
非常困难	4.0	0	0	0	0
不知道	0	0	0	0	7.4

2. 规范汉字学习难易程度的民族分布

如表 3-18 所示，汉族调查对象的规范汉字学习容易度高于少数民族；少数民族学习规范汉字在比较困难、非常困难方面，所占比例要高于汉族。

表 3-18 畹町口岸规范汉字学习难易程度的民族分布　　（单位：%）

难易程度	汉族	少数民族
非常容易	21.2	2.8
比较容易	48.5	44.3
一般	18.2	33.3
比较困难	8.1	15.3
非常困难	1.0	2.3
不知道	3.0	2.0

3. 规范汉字学习难易程度的学历分布

如表 3-19 所示，不同学历的调查对象对规范汉字学习难易度的认知存在差异：文盲者多无法评判难易度；脱盲者多表示比较困难；小学、初中、中专、大专、本科学历者多认为比较容易，而高中学历者则多认为一般。

表 3-19 畹町口岸规范汉字学习难易程度的学历分布　　（单位：%）

难易程度	文盲	脱盲	小学	初中	高中	中专	大专	本科
非常容易	0	30.3	3.4	6.1	0	0	18.7	15.4
比较容易	0	0	46.1	51.5	16.7	57.1	56.3	61.5
一般	0	0	27.4	30.3	66.6	42.9	18.7	15.4
比较困难	0	69.7	23.1	12.1	16.7	0	6.3	0
非常困难	25.0	0	0	0	0	0	0	7.7
不知道	75.0	0	0	0	0	0	0	0

4. 规范汉字学习难易程度的年龄分布

如表 3-20 所示，畹町口岸 6～19 岁、20～39 岁年龄段调查对象中，均有 1/2 以上的人员认为规范汉字学习比较容易；60 岁以上的调查对象多认为规范汉字的学习比较困难。

表 3-20 畹町口岸规范汉字学习难易程度的年龄分布　　（单位：%）

难易程度	6～19 岁	20～39 岁	40～59 岁	60 岁以上
非常容易	4.0	9.8	9.4	0
比较容易	52.0	53.7	40.6	14.3

续表

难易程度	6~19岁	20~39岁	40~59岁	60岁以上
一般	32.0	29.2	28.1	14.3
比较困难	12.0	4.9	15.6	57.1
非常困难	0	2.4	0	0
不知道	0	0	6.3	14.3

（三）规范汉字学习的制约因素

1. 规范汉字学习制约因素的领域分布

如表 3-21 所示，畹町口岸调查对象在学习规范汉字时，最主要的制约因素是笔顺复杂和笔画多，多音字多、形似字多也是造成其学习困难的制约因素。

表 3-21　畹町口岸规范汉字学习制约因素的领域分布（多选）　　（单位：%）

制约因素	官方工作	文化教育	公共服务	大众传媒	其他领域
字数多	12.0	9.1	6.7	10.0	25.0
多音字多	40.0	36.4	20.0	60.0	40.0
形似字多	48.0	31.8	13.3	50.0	25.0
笔画多	40.0	18.2	40.0	50.0	60.0
笔顺复杂	60.0	36.4	40.0	30.0	52.5
结构复杂	52.0	27.3	26.7	0	42.5

2. 规范汉字学习制约因素的民族分布

表 3-22　畹町口岸规范汉字学习制约因素的民族分布（多选）　　（单位：%）

制约因素	汉族	少数民族
字数多	15.2	15.5
多音字多	36.4	38.0
形似字多	27.3	31.0
笔画多	41.4	43.1
笔顺复杂	49.5	50.7
结构复杂	39.4	38.0

如表 3-22 所示，在规范汉字的学习过程中，各民族调查对象均认为最主要的

制约因素在于笔顺复杂，其次是笔画多。

3. 规范汉字学习制约因素的学历分布

如表 3-23 所示，文盲调查对象普遍不知道规范汉字学习的制约因素，脱盲者多认为是笔顺复杂和结构复杂；小学、初中、大专学历者多认为是笔顺复杂和笔画多；高中学历者则多认为是多音字多；本科学历者认为制约规范汉字学习的最主要因素是笔顺复杂。

表 3-23　畹町口岸规范汉字学习制约因素的学历分布（多选）　　（单位：%）

制约因素	文盲	脱盲	小学	初中	高中	中专	大专	本科
字数多	0	0	26.1	15.6	16.7	24.3	16.3	15.4
多音字多	0	33.3	39.1	37.5	50.0	32.9	43.8	50.8
形似字多	0	33.3	34.8	21.9	16.7	0	43.8	33.8
笔画多	0	33.3	47.8	53.1	33.3	42.9	37.5	30.8
笔顺复杂	0	66.7	43.5	56.3	16.7	57.1	50.0	76.9
结构复杂	0	66.7	39.1	37.5	33.3	28.6	50.0	38.5

4. 规范汉字学习制约因素的年龄分布

表 3-24　畹町口岸规范汉字学习制约因素的年龄分布（多选）　　（单位：%）

制约因素	6～19 岁	20～39 岁	40～59 岁	60 岁以上
字数多	8.0	19.5	12.9	28.6
多音字多	36.0	39.0	38.7	28.6
形似字多	24.0	29.3	35.5	28.6
笔画多	48.0	43.9	51.6	38.9
笔顺复杂	36.0	48.8	64.5	44.9
结构复杂	40.0	36.6	38.7	42.9

如表 3-24 所示，畹町口岸 6～19 岁年龄段调查对象关于对规范汉字学习制约因素的认知，占比最高的是笔画多；其他年龄段调查对象均认为制的规范汉字学习的重要因素是笔顺复杂。

（四）规范汉字学习的重视程度

1. 规范汉字学习重视程度的领域分布

如表 3-25 所示，畹町口岸各领域调查对象普遍重视规范汉字的学习。

表 3-25 畹町口岸规范汉字学习重视程度的领域分布　　　（单位：%）

重视程度	官方工作	文化教育	公共服务	大众传媒	其他领域
非常重视	66.0	68.1	53.3	80.0	34.1
比较重视	25.0	21.8	33.3	20.0	41.5
不太重视	9.0	5.6	6.7	0	9.8
不重视	0	4.5	6.7	0	0
不知道	0	0	0	0	14.6

2. 规范汉字学习重视程度的民族分布

如表 3-26 所示，各民族调查对象对规范汉字学习的重视度都较高，且"非常重视"程度均高于"比较重视"程度。

表 3-26 畹町口岸规范汉字学习重视程度的民族分布　　　（单位：%）

规范汉字习得		非常重视	比较重视	不太重视	不重视	不知道
民族	汉族	54.5	24.2	12.1	3.0	6.2
	少数民族	44.4	37.5	8.3	1.4	8.4

3. 规范汉字学习重视程度的学历分布

如表 3-27 所示，畹町口岸各学历调查对象（除文盲外）都对规范汉字学习持重视态度。

表 3-27 畹町口岸规范汉字学习重视程度的学历分布　　　（单位：%）

规范汉字习得		文盲	脱盲	小学	初中	高中	中专	大专	本科
重视程度	非常重视	0	70.0	39.1	42.5	33.3	37.1	50.0	53.8
	比较重视	0	0	30.4	40.4	44.7	42.8	34.3	38.5
	不太重视	0	0	17.4	14.1	22.0	20.1	6.3	7.7
	不重视	0	0	4.3	3.0	0	0	0	0
	不知道	100.0	30.0	8.8	0	0	0	9.4	0

4. 规范汉字学习重视程度的年龄分布

如表 3-28 所示，畹町口岸各年龄段调查对象对规范汉字学习的重视度，整体上具有一致性。

表 3-28　畹町口岸规范汉字学习重视程度的年龄分布　　　（单位：%）

重视程度	6～19 岁	20～39 岁	40～59 岁	60 岁以上
非常重视	28.0	46.3	50.0	42.9
比较重视	56.0	36.6	28.3	14.3
不太重视	12.0	12.2	10.1	28.6
不重视	4.0	0	3.1	0
不知道	0	4.9	8.5	14.2

四、畹町口岸的规范汉字认同状况

（一）规范汉字的认知状况

1. 规范汉字重要性的认知[①]

（1）规范汉字重要性认知的领域分布

如表 3-29 所示，畹町口岸各领域中的大多数调查对象认为，规范汉字的重要性排名第一，其中占比最高的是公共服务、大众传媒领域的调查对象。

表 3-29　畹町口岸文字重要性认知（排名第一）的领域分布　　（单位：%）

领域	规范汉字	本民族文字	其他民族文字	英文
官方工作	92.0	4.0	0	4.0
文化教育	91.0	4.5	0	4.5
公共服务	100.0	0	0	0
大众传媒	100.0	0	0	0
其他领域	75.6	12.2	0	7.3

（2）规范汉字重要性认知的民族分布

如表 3-30 所示，汉族调查对象对规范汉字重要性排名第一的认知高于少数民族调查对象。

---

① 在田野调查过程中，因部分调查对象不能对各种文字逐一进行文字重要性的排序，存在几种文字重要性排名次序相同的现象，故本部分的数据表会出现数据合计不等于 100%的情况。此外，由于调查对象中分布有汉族，故汉族调查对象主要是在规范汉字、少数民族文字、英文中进行重要性排序。下文同。

表 3-30 畹町口岸文字重要性认知（排名第一）的民族分布　　（单位：%）

少数民族关于重要性排名第一的文字认知			
规范汉字	本民族文字	其他民族文字	英文
80.5	11.2	0	5.6
汉族关于重要性排名第一的文字认知			
规范汉字		其他民族文字	英文
97.0		0	3.0

（3）规范汉字重要性认知的学历分布

如表 3-31 所示，不同学历调查对象对规范汉字重要性排名第一的认知差异比较大：大专学历调查对象的认可度最高，其次是本科学历调查对象，第三是小学学历的调查对象；文盲群体对规范汉字重要性排名第一的认可度最低。

表 3-31 畹町口岸文字重要性认知（排名第一）的学历分布　　（单位：%）

学历	规范汉字	本民族文字	其他民族文字	英文
文盲	50.0	0	0	0
脱盲	66.7	33.3	0	0
小学	91.4	4.3	0	4.3
初中	84.8	12.2	0	3.0
高中	66.7	16.7	0	16.6
中专	71.4	14.3	0	14.3
大专	100.0	0	0	0
本科	92.3	0	0	7.7

2. 规范汉字实用性的认知

（1）规范汉字实用性认知的领域分布

表 3-32 畹町口岸规范汉字实用性认知的领域分布　　（单位：%）

场合	实用性	官方工作	文化教育	公共服务	大众传媒	其他领域
工作学习	非常有用	92.0	90.9	66.7	100.0	56.1
	比较有用	8.0	9.1	33.3	0	31.7
	用处较小	0	0	0	0	4.9
	没什么用	0	0	0	0	2.4
	不知道	0	0	0	0	4.9

续表

场合	实用性	官方工作	文化教育	公共服务	大众传媒	其他领域
日常生活	非常有用	76.0	50.5	53.3	76.5	41.3
	比较有用	24.0	40.9	40.0	23.5	39.0
	用处较小	0	8.6	6.7	0	14.8
	没什么用	0	0	0	0	0
	不知道	0	0	0	0	4.9

如表 3-32 所示，大众传媒、官方工作、文化教育调查对象对规范汉字在工作学习中的实用性，认同度非常高；官方工作、大众传媒、公共服务、文化教育领域群体对规范汉字在日常生活中的实用性评价也较高。

（2）规范汉字实用性认知的民族分布

如表 3-33 所示，汉族调查对象对工作学习中规范汉字的实用性认识较高；各民族绝大部分调查对象普遍认为，规范汉字在日常生活中有用。另外，有 2.8%的少数民族调查对象无法对规范汉字的实用性作出评价。

表 3-33　畹町口岸规范汉字实用性认知的民族分布　　（单位：%）

场合	实用性	汉族	少数民族
工作学习	非常有用	78.8	72.2
	比较有用	15.2	20.9
	用处较小	3.0	2.8
	没什么用	3.0	1.3
	不知道	0	2.8
日常生活	非常有用	63.6	48.6
	比较有用	27.3	41.7
	用处较小	9.1	6.9
	没什么用	0	0
	不知道	0	2.8

（3）规范汉字实用性认知的学历分布

如表 3-34 所示，各学历群体普遍认为，规范汉字在工作学习中是有用的，且学历越高的调查对象对规范汉字在工作学习中的实用性评价越高。

表 3-34　畹町口岸规范汉字实用性认知的学历分布　　　（单位：%）

场合	实用性	文盲	脱盲	小学	初中	高中	中专	大专	本科
工作学习	非常有用	75.0	70.0	69.6	57.6	83.3	78.4	93.8	92.3
	比较有用	0	30.0	17.5	36.4	16.7	21.6	6.2	7.7
	用处较小	0	0	4.3	3.0	0	0	0	0
	没什么用	0	0	4.3	3.0	0	0	0	0
	不知道	25.0	0	4.3	0	0	0	0	0
日常生活	非常有用	50.0	66.7	43.5	45.5	33.3	28.6	75.0	84.6
	比较有用	25.0	0	43.5	45.5	50.0	57.1	25.0	15.4
	用处较小	0	33.3	8.7	9.0	16.7	14.3	0	0
	没什么用	0	0	0	0	0	0	0	0
	不知道	25.0	0	4.3	0	0	0	0	0

（4）规范汉字实用性认知的年龄分布

如表 3-35 所示，根据显著性测试，畹町调查对象的年龄与其对规范汉字在工作学习中的实用性认知之间存在显著相关性，与规范汉字在日常生活中实用性的认知也具有一定的相关性。不同年龄段的人群对规范汉字的实用性认知具有一定的差异。

表 3-35　畹町口岸规范汉字实用性认知的年龄分布　　　（单位：%）

场合	实用性	6～19 岁	20～39 岁	40～59 岁	60 岁以上
工作学习	非常有用	84.0	75.6	75.0	42.9
	比较有用	16.0	19.5	21.9	28.6
	用处较小	0	4.9	3.1	0
	没什么用	0	0	0	14.3
	不知道	0	0	0	14.2
日常生活	非常有用	40.0	56.1	62.5	42.9
	比较有用	44.0	38.0	34.4	28.6
	用处较小	16.0	5.9	3.1	14.3
	没什么用	0	0	0	0
	不知道	0	0	0	14.2

（二）规范汉字的情感状况

1. 对规范汉字的喜爱程度

（1）规范汉字的喜爱程度

如表 3-36 所示，大众传媒、公共服务和官方工作领域中的大部分调查对象认为规范汉字好看；除其他领域外，各领域群体普遍认为规范汉字好写；大众传媒、官方工作群体对规范汉字的喜爱度高于文化教育、公共服务和其他领域。

表 3-36　畹町口岸规范汉字喜爱程度的领域分布　　（单位：%）

字形感知		官方工作	文化教育	公共服务	大众传媒	其他领域
程度	很好看	64.0	42.4	60.0	80.0	31.7
	比较好看	28.0	31.8	33.3	20.0	39.0
	不太好看	8.0	16.7	6.7	0	9.8
	不好看	0	0	0	0	7.3
	不知道	0	9.1	0	0	12.2
书写感知		官方工作	文化教育	公共服务	大众传媒	其他领域
程度	很好写	48.0	27.3	13.3	60.0	12.2
	比较好写	36.0	54.5	66.7	20.0	39.0
	不太好写	12.0	9.2	20.0	20.0	22.0
	不好写	4.0	4.5	0	0	17.1
	不知道	0	4.5	0	0	9.7
喜爱度		官方工作	文化教育	公共服务	大众传媒	其他领域
程度	很喜欢	58.0	36.4	33.3	70.0	17.1
	比较喜欢	38.0	59.1	46.7	30.0	56.1
	不太喜欢	4.0	0	20.0	0	12.2
	不喜欢	0	4.5	0	0	2.4
	不知道	0	0	0	0	12.2

（2）规范汉字喜爱程度的民族分布

如表 3-37 所示，各民族绝大部分调查对象认为规范汉字好看、好写，但汉族调查对象所占比例高于少数民族。汉族和少数民族调查对象对规范汉字的喜爱度都比较高。

表 3-37 畹町规范汉字喜爱程度的民族分布 （单位：%）

字形感觉		汉族	少数民族
程度	很好看	48.5	40.3
	比较好看	30.3	37.5
	不太好看	15.2	9.7
	不好看	3.0	2.8
	不知道	3.0	9.7
书写感觉		汉族	少数民族
程度	很好写	48.5	22.2
	比较好写	27.3	44.4
	不太好写	12.1	18.1
	不好写	9.1	8.3
	不知道	3.0	7.0
喜爱程度		汉族	少数民族
程度	很喜欢	42.4	27.8
	比较喜欢	45.5	55.6
	不太喜欢	9.1	8.3
	不喜欢	0	2.8
	不知道	3.0	5.5

（3）规范汉字喜爱程度的学历分布

如表 3-38 所示，学历越高的调查对象，认为规范汉字好看的占比也越高。

表 3-38 畹町口岸规范汉字喜爱程度的学历分布 （单位：%）

字形感觉		文盲	脱盲	小学	初中	高中	中专	大专	本科
程度	很好看	0	23.0	33.5	33.3	50.0	28.6	50.0	69.2
	比较好看	40.0	33.3	26.1	39.4	26.7	57.1	43.7	23.1
	不太好看	0	6.7	21.7	6.1	23.3	14.3	6.3	7.7
	不好看	0	0	0	9.1	0	0	0	0
	不知道	60.0	37.0	18.7	12.1	0	0	0	0
书写感觉		文盲	脱盲	小学	初中	高中	中专	大专	本科
程度	很好写	0	20.0	13.0	21.2	16.7	28.6	29.0	61.5
	比较好写	0	40.0	43.5	42.4	66.6	57.1	56.3	27.1
	不太好写	0	20.0	21.7	21.2	16.7	14.3	8.5	3.7
	不好写	25.0	0	13.0	12.1	0	0	6.2	0
	不知道	75.0	20.0	8.8	3.1	0	0	0	7.7

续表

喜爱程度		文盲	脱盲	小学	初中	高中	中专	大专	本科
程度	很喜欢	0	23.3	30.4	27.3	16.7	42.9	31.3	57.8
	比较喜欢	0	36.7	47.8	54.5	83.3	57.1	62.4	38.5
	不太喜欢	0	15.6	13.0	12.1	0	0	6.3	3.7
	不喜欢	25.0	0	0	3.0	0	0	0	0
	不知道	75.0	24.4	8.8	3.1	0	0	0	0

（4）规范汉字喜爱度的年龄分布

如表 3-39 所示，畹町口岸各年龄段绝大部分调查对象都对规范汉字的字形、书写持肯定态度，认为规范汉字好看、好写，但各年龄段调查对象对规范汉字的喜爱度具有一定的差异。

表 3-39　畹町口岸规范汉字喜爱程度的年龄分布　　（单位：%）

字形感觉		6～19 岁	20～39 岁	40～59 岁	60 岁以上
程度	很好看	40.0	46.3	37.5	57.1
	比较好看	28.0	31.7	46.9	28.6
	不太好看	24.0	12.2	3.1	0
	不好看	0	4.9	3.1	0
	不知道	8.0	4.9	9.4	14.3
书写感觉		6～19 岁	20～39 岁	40～59 岁	60 岁以上
程度	很好写	28.0	29.3	18.8	0
	比较好写	52.0	46.3	40.6	42.9
	不太好写	12.0	17.1	18.8	14.3
	不好写	4.0	2.4	15.6	28.6
	不知道	4.0	4.9	6.2	14.2
喜爱度		6～19 岁	20～39 岁	40～59 岁	60 岁以上
程度	很喜欢	40.0	36.6	21.9	28.6
	比较喜欢	52.0	48.8	59.4	42.9
	不太喜欢	4.0	9.8	12.5	0
	不喜欢	4.0	0	3.1	0
	不知道	0	4.8	3.1	28.5

2. 对书写水平的情感态度

（1）书写水平情感态度的领域分布

如表 3-40 所示，对于高水平规范汉字书写人员，大众传媒领域调查对象的羡慕度最高，文化教育领域群体的羡慕度最低。

表 3-40　畹町口岸对高水平规范汉字书写人员情感态度的领域分布　（单位：%）

情感态度类型	官方工作	文化教育	公共服务	大众传媒	其他领域
非常羡慕	60.0	27.3	46.7	70.0	36.6
羡慕	28.0	31.8	26.7	30.0	39.0
一般	4.0	22.7	6.6	0	7.3
无所谓	4.0	9.1	20.0	0	17.1
嫉妒	4.0	0	0	0	0
不知道	0	9.1	0	0	0

（2）书写水平情感态度的民族分布

如表 3-41 所示，汉族和少数民族调查对象对规范汉字书写水平高于自己的人，羡慕度都比较高，且汉族调查对象多"非常羡慕"，而少数民族则多是"比较羡慕"。

表 3-41　畹町口岸对高水平规范汉字书写水平情感态度的民族分布　（单位：%）

对规范汉字写得比自己好的人的情感态度	汉族	少数民族
非常羡慕	51.5	30.1
羡慕	35.3	43.0
一般	4.1	10.2
无所谓	6.1	13.9
嫉妒	3.0	0
不知道	0	2.8

（3）书写水平情感态度的学历分布

如表 3-42 所示，文盲与脱盲人群对高水平规范汉字书写人员的羡慕度相对较低。

表 3-42 对规范汉字书写水平高于自己的情感态度的学历分布　　（单位：%）

情感态度类型	文盲	小学	初中	高中	中专	大专	本科	脱盲
非常羡慕	25.0	39.2	27.2	66.7	44.3	75.0	68.4	46.7
羡慕	25.0	30.4	45.5	33.3	28.6	12.4	23.9	0
一般	0	17.4	9.1	0	18.5	6.3	0	34.1
无所谓	50.0	8.7	15.2	0	8.6	6.3	7.7	19.2
嫉妒	0	0	0	0	0	0	0	0
不知道	0	4.3	3.0	0	0	0	0	0

（4）书写水平情感态度的年龄分布

如表 3-43 所示，畹町口岸调查对象中，60 岁以上调查对象对高水平规范汉字书写人员的羡慕度最高。

表 3-43　畹町口岸对高水平规范汉字书写人员情感态度的年龄分布　　（单位：%）

情感态度类型	6～19 岁	20～39 岁	40～59 岁	60 岁以上
非常羡慕	20.0	34.0	50.0	85.7
羡慕	44.0	41.6	25.0	14.3
一般	20.0	4.9	12.5	0
无所谓	8.0	17.1	12.5	0
嫉妒	0	2.4	0	0
不知道	8.0	0	0	0

（三）规范汉字的意向状况

1. 规范汉字的期望水平

（1）期望水平的领域分布

表 3-44　畹町口岸规范汉字期望水平的领域分布　　（单位：%）

规范汉字期望水平	官方工作	文化教育	公共服务	大众传媒	其他领域
能写文章或其他	92.0	90.2	53.3	100.0	34.1
能写家信或简单文章	8.0	9.8	33.3	0	39.0
会写一些常用字	0	0	6.7	0	4.9

续表

规范汉字期望水平	官方工作	文化教育	公共服务	大众传媒	其他领域
看得懂，不用会写	0	0	6.7	0	9.8
没用，不想学	0	0	0	0	4.9
不知道	0	0	0	0	7.3

如表 3-44 所示，大众传媒、官方工作和文化教育的绝大部分调查对象都对本人规范汉字水平期望值较高，大多希望能熟练运用规范汉字书写文章或其他。

（2）期望水平的民族分布

如表 3-45 所示，各民族调查对象对能使用规范汉字"书写文章或其他"的期望度都相对较高，其中汉族调查对象的规范汉字期望值又相对高于少数民族调查对象。

表 3-45　畹町口岸规范汉字期望水平的民族分布　　　（单位：%）

规范汉字期望水平	汉族	少数民族
能写文章或其他	72.7	52.8
能写家信或简单文章	21.3	31.9
会写一些常用字	3.0	2.8
看得懂，不用会写	3.0	5.6
没用，不想学	0	2.8
不知道	0	4.1

（3）期望水平的学历分布

如表 3-46 所示，调查对象的学历越高，对自己规范汉字水平的期望值就越高。

表 3-46　畹町口岸规范汉字期望水平的学历分布　　　（单位：%）

规范汉字期望水平	文盲	脱盲	小学	初中	高中	中专	大专	本科
能写文章或其他	0	0	47.8	48.5	77.7	81.4	86.3	100.0
能写家信或简单文章	0	66.7	34.8	39.4	22.3	18.6	13.7	0
会写一些常用字	35.0	0	8.7	3.0	0	0	0	0
看得懂，不用会写	20.0	33.3	4.3	6.1	0	0	0	0
没用，不想学	25.0	0	0	3.0	0	0	0	0
不知道	20.0	0	4.4	0	0	0	0	0

（4）期望水平的年龄分布

如表 3-47 所示，6~19 岁和 20~39 岁调查对象对自己的规范汉字水平的期望值较高，60 岁以上调查对象对自己所能达到的规范汉字水平期望值较低。

表 3-47　畹町口岸规范汉字期望水平的年龄分布　　　　（单位：%）

规范汉字期望水平	6~19 岁	20~39 岁	40~59 岁	60 岁以上
能写文章或其他	64.0	65.9	56.3	14.3
能写家信或简单文章	36.0	29.3	25.0	14.3
会写一些常用字	0	2.4	0	28.6
看得懂，不用会写	0	0	12.5	14.3
没用，不想学	0	0	3.1	14.3
不知道	0	2.4	3.1	14.2

2. 规范汉字学习的主动性

（1）学习主动性的领域分布

如表 3-48 所示，文化教育领域群体学习规范汉字的主动性在各领域中是最高的，其次为大众传媒领域群体，主动性最低的是其他领域。

表 3-48　畹町口岸规范汉字学习主动性的领域分布　　　　（单位：%）

频率	官方工作	文化教育	公共服务	大众传媒	其他领域
经常	11.6	21.2	7.4	19.6	4.6
有时	14.3	30.6	9.6	22.3	6.3
偶尔	24.2	26.6	22.1	19.7	14.5
不会	49.9	21.6	60.9	38.4	74.6

（2）学习主动性的民族分布

如表 3-49 所示，各民族调查对象大多都不会主动、自觉地学习规范汉字，尤其是少数民族调查对象。

表 3-49 畹町口岸规范汉字学习主动性的民族分布　　　　（单位：%）

频率	汉族	少数民族
经常	11.4	9.1
有时	16.2	13.7
偶尔	23.2	17.1
不会	49.2	60.1

（3）学习主动性的学历分布

从表 3-50 不难看出，各学历群体学习规范汉字的主动性都不算理想。

表 3-50 畹町口岸规范汉字学习主动性的学历分布　　　（单位：%）

频率	文盲	脱盲	小学	初中	高中	中专	大专	本科
经常	0	0	32.3	30.2	9.7	11.6	13.6	21.4
有时	0	0	17.2	18.6	14.7	12.6	14.7	28.7
偶尔	0	13.4	13.7	16.3	24.7	26.6	24.8	26.3
不会	100.0	86.6	36.8	34.9	50.9	49.2	46.9	23.6

（4）学习主动性的年龄分布

如表 3-51 所示，6~19 岁年龄段是经常学习规范汉字所占比例相对较高的群体，60 岁以上调查对象学习规范汉字的主动性最差。

表 3-51 畹町口岸规范汉字学习主动性的年龄分布　　　（单位：%）

频率	6~19 岁	20~39 岁	40~59 岁	60 岁以上
经常	32.0	19.3	8.1	5.6
有时	26.0	16.6	16.5	9.3
偶尔	16.0	24.5	20.9	20.0
不会	26.0	39.6	54.5	65.1

3. 规范汉字的学习动机

（1）学习动机的领域分布

如表 3-52 所示，各领域调查对象学习规范汉字的动机主要为外部动机，包括满足交际需求、满足工作需要和适应时代需要；调查对象以内部动机来学习规范汉字的占比较低，其中以学习文化知识和提高个人素质为主，而为满足内心成就和因个人兴趣爱好而学习规范汉字的则比较少。

表 3-52　畹町口岸规范汉字学习动机的领域分布（多选）　　（单位：%）

学习动机	官方工作	文化教育	公共服务	大众传媒	其他领域
为满足工作需要学习	78.1	27.3	49.7	80.1	26.3
为适应时代需要学习	71.9	60.5	43.3	81.0	42.1
个人兴趣爱好	29.6	22.7	19.3	31.2	11.3
为学习文化知识	74.1	54.5	22.7	71.3	13.6
当下应学校或单位要求	40.1	85.4	13.3	51.6	2.7
为提高个人素质	43.2	40.6	30.3	68.1	18.9
大家学所以跟着学	7.9	4.5	13.3	3.9	28.4
为满足内心成就感	6.7	9.7	6.7	11.1	4.5
为满足交际需求	72.1	18.2	56.7	78.3	54.7
当时学校要求（升学）	100.0	100.0	93.3	100.0	100.0

（2）学习动机的民族分布

如表 3-53 所示，各民族调查对象占比最高的三项规范汉字学习动机为：当时学校要求（升学）、满足交际需求、适应时代需要，属于学习的外部动机；学习文化知识、提高个人素质等学习内部动机的占比相对要低一些。

表 3-53　畹町口岸规范汉字学习动机的民族分布（多选）　　（单位：%）

学习动机	汉族	少数民族
为满足工作需要	52.3	51.8
为适应时代需要	55.6	53.6
个人兴趣爱好	27.1	18.4
为学习文化知识	48.6	41.9
当下应学习或单位要求	39.1	34.8
为提高个人素质	46.7	39.0
大家学所以跟着学	12.1	11.6
为满足内心成就感	6.1	8.7
为满足交际需求	58.7	52.1
当时学校要求（升学）	97.0	100.0

(3) 学习动机的学历分布

如表 3-54 所示，各学历调查对象学习规范汉字的动机，占比最高的外部动机是"当时学校要求（升学）"；为适应时代需要而学习规范汉字，是初中及以上学历者占比较高的动机；大专、本科学历者的学习动机较之其他学历者显得更为积极。

表 3-54 畹町口岸规范汉字学习动机的学历分布（多选）　　（单位：%）

学习动机	脱盲	小学	初中	高中	中专	大专	本科
为满足工作需要学习	0	8.7	59.4	50.0	52.9	78.0	79.9
为适应时代需要学习	0	30.4	69.5	71.3	71.4	77.0	79.9
个人兴趣爱好	11.7	13.0	23.3	16.7	22.9	47.5	53.8
为学习文化知识	13.3	34.8	54.5	43.3	57.1	71.3	76.9
学习或单位要求	0	60.9	12.1	16.7	14.3	47.5	53.8
为提高个人素质	33.3	39.1	51.5	60.2	57.1	68.0	69.3
大家学所以跟着学	0	13.0	11.2	0	0	6.3	7.7
为满足内心成就感	0	4.3	9.1	6.7	8.6	6.3	6.8
为满足交际需求	0	21.7	68.5	66.7	65.9	78.8	71.5
当时学校要求（升学）	66.7	100.0	100.0	100.0	100.0	100.0	100.0

(4) 学习动机的年龄分布

表 3-55 畹町口岸规范汉字学习动机的年龄分布（多选）　　（单位：%）

学习动机	6～19 岁	20～39 岁	40～59 岁	60 岁以上
为满足工作需要	35.2	76.3	73.3	26.7
为适应时代需要	52.1	69.7	63.3	21.7
个人兴趣爱好	20.0	31.5	22.3	15.3
为学习文化知识	66.9	53.4	43.3	12.7
当下应学校或单位要求	76.9	36.9	21.6	7.8
为提高个人素质	71.6	50.3	23.6	16.7
大家学所以跟着学	6.3	7.1	6.3	26.7
为满足内心成就感	13.3	12.2	3.6	2.8
为满足交际需求	33.3	73.5	66.4	39.4
当时学校要求（升学）	100.0	100.0	100.0	83.3

如表 3-55 所示，6～19 岁调查对象学习规范汉字的动机是内外部动机兼有；20～39 岁及以上年龄段群体学习规范汉字的动机主要为外部动机；因满足内心需求、学习文化知识等内部动机而学习规范汉字的调查对象占比非常低。

第二节 瑞丽口岸规范汉字普及度调查

一、瑞丽口岸的规范汉字能力及水平

（一）规范汉字使用能力状况

1. 规范汉字使用能力的领域分布

如表 3-56 所示，瑞丽口岸的官方工作、大众传媒领域调查对象的规范汉字使用能力，"能读书看报"所占比例最高；其次是公共服务领域的调查对象；官方工作、大众传媒、公共服务和文化教育领域内无人不认识规范汉字；其他领域群体的规范汉字阅读能力低于其他领域人员。

表 3-56 瑞丽规范汉字使用能力领域分布表 （单位：%）

	规范汉字使用能力	官方工作	文化教育	公共服务	大众传媒	其他领域
阅读能力	能读书看报	100.0	80.3	87.5	100.0	46.3
	能看懂家信或简单文章	0	16.7	12.5	0	21.7
	认识一些常用词	0	3.0	0	0	16.0
	基本看不懂	0	0	0	0	6.3
	完全看不懂	0	0	0	0	9.7
书写能力	能写文章或其他	100.0	80.3	78.1	100.0	16.7
	能写家信或简单文章	0	16.7	21.9	0	34.5
	会写一些常用词	0	3.0	0	0	25.4
	基本不会写	0	0	0	0	9.2
	完全不会写	0	0	0	0	14.2

2. 规范汉字使用能力的民族分布

如表 3-57 所示，瑞丽口岸各民族调查对象的阅读能力、书写能力呈现出了分布相似的特点，即汉族的规范汉字使用能力要高于少数民族。

表 3-57　瑞丽口岸规范汉字使用能力的民族分布　　　　（单位：%）

规范汉字使用能力		汉族	少数民族
阅读能力	能读书看报	87.5	56.6
	能看懂家信或简单文章	12.5	26.1
	认识一些常用词	0	8.7
	基本看不懂	0	4.3
	完全看不懂	0	4.3
书写能力	能写文章或其他	80.0	52.2
	能写家信或简单文章	20.0	26.1
	会写一些常用词	0	13.1
	基本不会写	0	4.3
	完全不会写	0	4.3

3. 规范汉字使用能力的学历分布

如表 3-58 所示，随着学历的提高，各学历群体规范汉字的阅读能力和书写能力也随之提高。

表 3-58　瑞丽口岸规范汉字使用能力的学历分布表　　　（单位：%）

规范汉字使用能力		文盲	脱盲	小学	初中	高中	中专	大专	本科
阅读能力	能读书看报	0	0	14.3	70.0	100.0	100.0	100.0	100.0
	能看懂家信或简单文章	0	40.0	42.8	30.0	0	0	0	0
	认识一些常用词	0	0	28.6	0	0	0	0	0
	基本看不懂	0	20.0	14.3	0	0	0	0	0
	完全看不懂	100.0	40.0	0	0	0	0	0	0
书写能力	能写文章或其他	0	0	0	55.0	100.0	100.0	100.0	100.0
	能写家信或简单文章	0	0	57.1	45.0	0	0	0	0
	会写一些常用词	0	40.0	28.6	0	0	0	0	0
	基本不会写	0	20.0	14.3	0	0	0	0	0
	完全不会写	100.0	40.0	0	0	0	0	0	0

4. 规范汉字使用能力的年龄分布

如表 3-59 所示，瑞丽口岸 20～39 岁调查对象的规范汉字阅读能力、书写能力较强，其次为 40～59 岁年龄段调查对象，6～19 岁和 60 岁以上调查对象的规范汉字阅读能力、书写能力并不理想。

表 3-59　瑞丽口岸规范汉字使用能力的年龄分布　　　　（单位：%）

规范汉字使用能力		7~19岁	20~39岁	40~59岁	60岁以上
阅读能力	能读书看报	65.0	89.5	83.8	72.0
	能看懂家信或简单文章	30.0	10.5	7.8	10.0
	认识些常用词	5.0	0	0	18.0
	基本看不懂	0	0	4.2	0
	完全看不懂	0	0	4.2	0
书写能力	能写文章或其他	65.0	84.2	83.3	66.0
	能写家信或简单文章	26.0	14.0	8.3	20.0
	会写一些常用词	9.0	1.8	0	14.0
	基本不会写	0	0	4.2	0
	完全不会写	0	0	4.2	0

（二）规范汉字掌握水平状况

1. 规范汉字掌握水平的领域分布

如表 3-60 所示，大众传媒、官方工作、文化教育、公共服务领域群体在规范汉字笔画、笔顺方面的掌握水平较高，其他领域群体的规范汉字掌握水平均低于上述各领域群体。

表 3-60　瑞丽口岸规范汉字掌握情况的领域分布　　　　（单位：%）

规范汉字掌握情况		官方工作	文化教育	公共服务	大众传媒	村寨生活
正确率	错别字辨析	56.3	55.9	33.9	54.3	30.3
	规范汉字笔画	71.4	76.1	54.2	77.7	33.3
	规范汉字汉字笔顺	66.7	75.9	59.4	73.3	36.7

2. 规范汉字掌握水平的民族分布

如表 3-61 所示，汉族调查对规范汉字的掌握情况相对好于少数民族调查对象；各民族调查对象的规范汉字笔画、笔顺内容的掌握水平，都高于规范汉字的错别字辨析水平。

表 3-61 瑞丽口岸规范汉字掌握情况的民族分布　　（单位：%）

规范汉字掌握情况		汉族	少数民族
正确率	错别字辨析	40.4	28.3
	规范汉字笔画	61.3	45.7
	规范汉字汉字笔顺	66.7	52.2

3. 规范汉字掌握水平的学历分布

如表 3-62 所示，瑞丽口岸调查对象对规范汉字的掌握情况，随着学历的提高而提高。

表 3-62 瑞丽口岸规范汉字掌握情况的学历分布　　（单位：%）

规范汉字掌握情况		文盲	脱盲	小学	初中	高中	中专	大专	本科
正确率	错别字辨析	0	6.7	11.9	28.3	42.9	55.6	52.2	55.6
	规范汉字笔画	0	16.7	45.2	43.3	59.5	72.2	71.1	77.6
	规范汉字汉字笔顺	0	16.7	54.8	51.7	61.9	73.3	82.2	84.1

4. 规范汉字掌握水平的年龄分布

如表 3-63 所示，瑞丽口岸各年龄段调查对象的错别字辨析能力都比较弱，相对而言，20～39 岁年龄段调查对象是掌握情况较好的人群。调查对象对规范汉字笔画、笔顺的掌握相对要更好一些。

表 3-63 瑞丽口岸规范汉字掌握情况的年龄分布　　（单位：%）

规范汉字掌握情况		6～19 岁	20～39 岁	40～59 岁	60 岁以上
正确率	错别字辨析	23.3	41.0	32.1	33.3
	规范汉字笔画	58.3	56.8	55.0	58.3
	规范汉字汉字笔顺	63.3	64.9	52.4	50.0

二、瑞丽口岸的规范汉字使用状况

（一）规范汉字使用的领域分布

如表 3-64 所示：①各领域调查对象在工作学习中使用规范汉字的频率高于日常生活、民俗活动；②文化教育、大众传媒、官方工作领域的调查对象使用规范汉字的频率,整体高于其他领域群体,其他领域群体的规范汉字使用频率较低。

表 3-64 瑞丽口岸规范汉字使用情况的领域分布 （单位：%）

场合	领域	经常使用	较多使用	一般	较少使用	完全不用
工作学习	官方工作	100.0	0	0	0	0
	文化教育	100.0	0	0	0	0
	公共服务	75.0	3.1	15.6	6.3	0
	大众传媒	100.0	0	0	0	0
	其他领域	45.0	12.5	12.5	25.0	5.0
日常生活	官方工作	75.0	25.0	0	0	0
	文化教育	83.3	16.7	0	0	0
	公共服务	65.6	9.4	21.9	3.1	0
	大众传媒	80.0	20.0	0	0	0
	其他领域	32.0	6.5	15.5	31.0	15.0
民俗活动	官方工作	62.5	25.0	12.5	0	0
	文化教育	59.3	13.7	16.3	6.5	4.2
	公共服务	50.0	6.3	18.8	21.9	3.0
	大众传媒	55.0	35.0	10.0	0	0
	其他领域	22.0	5.6	14.3	38.6	19.5

（二）不同民族的规范汉字使用状况

如表 3-65 所示,瑞丽口岸各民族调查对象在工作学习、日常生活中使用规范汉字的比例较高,而汉族经常使用规范汉字的比例高于少数民族。

表 3-65 瑞丽口岸规范汉字使用情况的民族分布 （单位：%）

场合	民族	经常使用	较多使用	一般	较少使用	完全不用
工作学习	汉族	87.5	5.0	5.0	2.5	0
	少数民族	65.2	0	13.0	13.0	8.8
日常生活	汉族	80.0	10.0	10.0	0	0
	少数民族	47.8	13.0	26.1	8.7	4.4
民俗活动	汉族	60.0	15.0	17.5	7.5	0
	少数民族	21.7	21.7	13.1	30.4	13.1

（三）规范汉字使用的学历分布

如表 3-66 所示，瑞丽口岸调查对象在工作学习、日常生活和民俗活动中，较高学历者的规范汉字的使用频率均高于较低学历者，学历高低与规范汉字的使用频率呈正相关。

表 3-66　瑞丽口岸规范汉字使用情况的学历分布　　　（单位：%）

场合	频率	文盲	脱盲	小学	初中	高中	中专	大专	本科
工作学习	经常使用	0	0	71.4	65.0	85.7	90.0	85.4	88.9
	较多使用	0	0	0	5.0	0	10.0	10.6	11.1
	一般	0	0	14.3	15.0	14.3	0	4.0	0
	较少使用	0	0	14.3	15.0	0	0	0	0
	完全不用	100.0	100.0	0	0	0	0	0	0
日常生活	经常使用	0	0	57.1	60.0	57.1	90.0	86.6	87.8
	较多使用	0	0	14.3	5.0	28.6	10.0	6.7	12.2
	一般	0	0	14.3	30.0	14.3	0	6.7	0
	较少使用	0	100.0	14.3	5.0	0	0	0	0
	完全不用	100.0	0	0	0	0	0	0	0
民俗活动	经常使用	0	0	14.3	35.0	42.8	40.0	60.0	66.7
	较多使用	0	0	14.3	15.0	14.3	30.0	26.6	22.2
	一般	0	0	28.6	15.0	28.6	30.0	6.7	11.1
	较少使用	0	100.0	28.6	30.0	14.3	0	6.7	0
	完全不用	100.0	0	14.2	5.0	0	0	0	0

（四）规范汉字使用状况的年龄分布

如表 3-67 所示，瑞丽口岸各年龄段调查对象在工作学习中经常使用规范汉字的频率均为最高，在民俗活动中使用规范汉字的频率则相对较低。同时，40～59 岁调查对象在各类交际场景中使用规范汉字的频率较为接近；60 岁以上人群的规范汉字使用频率最低。

表 3-67　瑞丽口岸规范汉字使用情况的年龄分布　　　（单位：%）

年龄段	场合	经常使用	较多使用	一般	较少使用	完全不用
6～19 岁	工作学习	90.0	0	10.0	0	0
	日常生活	65.0	25.0	10.0	0	0
	民俗活动	30.0	30.0	10.0	20.0	10.0

续表

年龄段	场合	经常使用	较多使用	一般	较少使用	完全不用
20~39 岁	工作学习	75.7	2.7	10.8	8.1	2.7
	日常生活	72.2	10.8	14.3	2.7	0
	民俗活动	40.5	21.6	18.9	16.2	2.8
40~59 岁	工作学习	68.6	7.1	10.1	7.1	7.1
	日常生活	61.4	14.3	10.1	7.1	7.1
	民俗活动	57.2	14.3	14.3	7.1	7.1
60 岁以上	工作学习	65.0	0	0	21.3	13.7
	日常生活	45.0	12.5	10.5	23.3	8.2
	民俗活动	50.0	0	50.0	0	0

三、瑞丽口岸的规范汉字学习状况

(一) 规范汉字的学习途径

1. 规范汉字学习途径的领域分布

如表 3-68 所示，各领域调查对象学习规范汉字的途径主要为学校教育。

表 3-68　瑞丽口岸规范汉字学习途径的领域分布（多选）　　（单位：%）

学习途径	官方工作	文化教育	公共服务	大众传媒	其他领域
幼儿园	41.1	56.7	33.9	45.3	17.1
小学	100.0	100.0	94.0	100.0	89.6
中学	74.2	56.9	71.6	78.1	47.2
大学	25.7	7.3	18.6	28.6	0
家庭教育	7.8	27.6	6.7	8.4	0
工作单位	15.3	8.1	7.3	21.3	0
培训机构	0	0	0	0	0
大众传媒	27.5	13.6	7.3	25.3	6.7
人际交往	12.5	0	3.1	0	0
自学	7.7	14.3	11.2	12.4	3.3

2. 规范汉字学习途径的民族分布

如表 3-69 所示，瑞丽口岸各民族调查对象学习规范汉字的主要途径均为中小学教育，尤其是小学教育，无人通过培训机构学习规范汉字；汉族调查对象学习规范汉字的途径较之少数民族要更为多样化一些。

表 3-69 瑞丽口岸规范汉字学习途径的民族分布（多选） （单位：%）

学习途径	汉族	少数民族
幼儿园	52.5	50.0
小学	97.5	95.5
中学	75.0	59.1
大学	17.5	12.6
家庭教育	10.0	11.6
工作单位	17.5	4.5
培训机构	0	0
大众传媒	15.0	18.2
人际交往	5.0	0
自学	10.1	7.2

3. 规范汉字学习途径的学历分布

如表 3-70 所示，随着调查对象学历的提升，其规范汉字的学习途径有所增加。

表 3-70 瑞丽口岸规范汉字学习途径的学历分布（多选） （单位：%）

学习途径	脱盲	小学	初中	高中	中专	大专	本科
幼儿园	7.1	35.6	30.0	42.9	66.7	73.3	66.7
小学	85.7	93.6	100.0	100.0	100.0	100.0	100.0
中学	0	0	50.0	55.7	51.0	67.3	66.7
大学	0	0	0	0	0	26.7	36.7
家庭教育	0	31.1	5.0	0	0	16.7	22.2
工作单位	0	0	0	0	0	33.3	33.3
培训机构	0	0	0	0	0	0	0
大众传媒	0	9.7	5.0	0	26.3	33.7	44.4
人际交往	0	0	0	0	0	13.3	0
自学	0	12.0	12.1	14.3	8.3	6.1	14.1

4. 规范汉字学习途径的年龄分布

如表3-71所示，不同年龄段的大多数调查对象都是通过基础教育学习规范汉字，而对于20～39岁和40～59岁调查对象来说，大众传媒和工作单位也是其学习规范汉字的主要途径。

表 3-71 瑞丽口岸规范汉字学习途径的年龄分布（多选） （单位：%）

学习途径	6～19岁	20～39岁	40～59岁	60岁以上
幼儿园	50.0	59.5	30.8	0
小学	90.0	97.3	100.0	100.0
中学	40.0	78.4	61.5	21.0
大学	8.1	21.6	7.7	0
家庭教育	40.0	8.1	0	0
工作单位	0	16.2	15.4	0
培训机构	0	0	0	0
大众传媒	9.7	21.6	19.4	0
人际交往	0	5.4	0	0
自学	15.4	10.8	10.4	0

（二）规范汉字学习的难易程度

1. 规范汉字学习难易程度的领域分布

如表3-72所示，各领域调查对象大多认为学习规范汉字"比较容易"其中大众传媒、文化教育领域群体学习规范汉字的容易度是最高的，其他领域有部分调查对象感觉比较困难。

表 3-72 瑞丽口岸规范汉字学习难易程度的领域分布 （单位：%）

难易程度	官方工作	文化教育	公共服务	大众传媒	村寨生活
非常容易	12.5	16.7	6.3	30.0	6.7
比较容易	75.0	83.3	62.5	70.0	45.3
一般	12.5	0	15.6	0	20.0
比较困难	0	0	15.6	0	19.5
非常困难	0	0	0	0	0
不知道	0	0	0	0	8.5

2. 规范汉字学习难易程度的民族分布

如表 3-73 所示，汉族调查对象学习规范汉字的容易度高于少数民族，且大多数汉族调查对象均认为规范汉字学习比较容易；少数民族调查对象中，无人认为规范汉字学习非常容易。

表 3-73 瑞丽口岸规范汉字学习难易程度的民族分布　　　（单位：%）

难易程度	汉族	少数民族
非常容易	20.5	0
比较容易	60.0	63.9
一般	11.5	18.7
比较困难	8.0	13.0
非常困难	0	0
不知道	0	4.4

3. 规范汉字学习难易程度的学历分布

如表 3-74 所示，瑞丽文盲学历者无法判断规范汉字学习的难易度；初中、大专和本科调查对象学习规范汉字的容易度高于其他学历的调查对象；大部分高中与中专学历者认为规范汉字学习比较容易。

表 3-74 瑞丽口岸规范汉字学习难易程度的学历分布　　　（单位：%）

难易程度	文盲	脱盲	小学	初中	高中	中专	大专	本科
非常容易	0	0	14.3	5.0	0	0	23.3	22.2
比较容易	0	0	59.1	75.0	71.4	60.7	56.7	66.7
一般	0	0	0	5.0	14.3	39.3	20.0	11.1
比较困难	0	100.0	26.6	15.0	14.3	0	0	0
非常困难	0	0	0	0	0	0	0	0
不知道	100.0	0	0	0	0	0	0	0

4. 规范汉字学习难易程度的年龄分布

如表 3-75 所示，瑞丽口岸 6～19 岁、20～39 岁年龄段群体大多认为规范汉字学习比较容易，容易度占比高于其他年龄段的调查对象，60 岁以上调查对象学习规范汉字的难度较高。

表 3-75　瑞丽口岸规范汉字学习难易程度的年龄分布　　　（单位：%）

难易程度	6~19岁	20~39岁	40~59岁	60岁以上
非常容易	10.0	8.2	25.8	0
比较容易	90.0	70.8	35.7	30.0
一般	0	10.2	7.1	20.0
比较困难	0	10.8	24.3	50.0
非常困难	0	0	0	0
不知道	0	0	7.1	0

（三）规范汉字学习的制约因素

1. 规范汉字学习制约因素的领域分布

如表 3-76 所示，官方工作领域群体认为，在规范汉字学习的制约因素中，首先是笔顺复杂；文化教育领域群体多认为笔画多和笔顺复杂；大众传媒领域群体认为规范汉字学习的制约因素是多音字多和形似字多；其他领域群体均认为规范汉字学习最困难的是笔画多和笔顺复杂。

表 3-76　瑞丽口岸规范汉字习得制约因素的领域分布（多选）　　（单位：%）

制约因素	官方工作	文化教育	公共服务	大众传媒	其他领域
字数多	0	0	12.5	0	0
多音字多	25.0	36.7	18.8	70.0	0
形似字多	45.0	16.7	6.3	70.0	0
笔画多	25.0	83.3	53.1	50.0	100.0
笔顺复杂	75.0	70.0	71.9	20.0	100.0
结构复杂	45.0	0	25.0	10.0	0

2. 规范汉字学习制约因素的民族分布

如表 3-77 所示，在学习规范汉字时，汉族和少数民族调查对象均认为最主要的制约因素在于笔顺复杂。

表 3-77　瑞丽口岸规范汉字学习制约因素的民族分布（多选）　　（单位：%）

制约因素	汉族	少数民族
字数多	15.0	14.3

续表

制约因素	汉族	少数民族
多音字多	19.0	18.9
形似字多	22.0	21.7
笔画多	52.5	52.2
笔顺复杂	72.5	68.5
结构复杂	23.0	21.7

3. 规范汉字学习制约因素的学历分布

表 3-78　瑞丽口岸规范汉字学习制约因素的学历分布（多选）　　（单位：%）

制约因素	文盲	脱盲	小学	初中	高中	中专	大专	本科
字数多	0	0	14.3	0	22.9	8.5	6.7	11.2
多音字多	0	0	0	25.0	48.6	33.3	13.3	33.3
形似字多	0	0	14.3	5.0	14.3	33.3	46.7	44.4
笔画多	0	0	85.7	50.0	57.1	66.7	46.7	44.4
笔顺复杂	0	0	71.4	65.0	57.1	66.7	66.7	66.7
结构复杂	0	0	14.3	25.0	57.1	0	20.0	22.2

如表 3-78 所示，文盲者和脱盲者对规范汉字学习制约因素均为不知，其余各学历者多认为学习规范汉字的制约因素是笔顺复杂和笔画多；高中学历者还涉及结构复杂的制约因素，大专、本科学历者则涉及形似字多的制约因素。

4. 规范汉字学习制约因素的年龄分布

如表 3-79 所示，除 60 岁以上人群之外，其他各年龄段的调查对象大多认为笔画多和笔顺复杂造成学习困难的主要因素。

表 3-79　瑞丽口岸规范汉字学习制约因素的年龄分布（多选）　　（单位：%）

制约因素	6~19 岁	20~39 岁	40~59 岁	60 岁以上
字数多	10.0	10.8	14.3	0
多音字多	20.0	16.2	28.6	0
形似字多	20.0	24.3	28.6	0
笔画多	80.0	43.2	64.3	40.0
笔顺复杂	70.0	56.8	64.3	100.0
结构复杂	10.0	21.6	42.9	100.0

（四）规范汉字学习的重视程度

1. 规范汉字学习重视程度的领域分布

如表 3-80 所示，瑞丽口岸各领域群体对规范汉字学习的重视度都比较高。

表 3-80　瑞丽口岸规范汉字学习重视程度的领域分布　　（单位：%）

重视程度	官方工作	文化教育	公共服务	大众传媒	其他领域
非常重视	60.6	69.0	52.3	80.0	34.1
比较重视	30.0	21.8	30.3	20.0	41.5
不太重视	6.0	4.6	9.7	0	9.8
不重视	0	4.6	7.7	0	0
不知道	3.4	0	0	0	14.6

2. 规范汉字学习重视程度的民族分布

如表 3-81 所示，各民族调查对象与少数民族调查对象对规范汉字学习的重视度都比较高；汉族调查对象"非常重视"所占比例较高于少数民族调查对象。

表 3-81　瑞丽口岸规范汉字学习重视程度的民族分布　　（单位：%）

重视程度	汉族	少数民族
非常重视	80.0	69.6
比较重视	12.5	21.7
不太重视	7.5	0
不重视	0	0
不知道	0	8.7

3. 规范汉字学习重视程度的学历分布

如表 3-82 所示，瑞丽口岸不同学历调查对象（除文盲外）都对规范汉字学习持重视态度，但不同学历者的重视情况略有差异。

表 3-82　瑞丽口岸规范汉字学习重视程度的学历分布　　（单位：%）

重视程度	文盲	脱盲	小学	初中	高中	中专	大专	本科
非常重视	0	80.0	80.0	75.0	57.1	66.7	83.3	76.7
比较重视	0	0	20.0	25.0	14.3	0	16.7	23.3

续表

重视程度	文盲	脱盲	小学	初中	高中	中专	大专	本科
不太重视	0	0	0	0	28.6	33.3	0	0
不重视	0	0	0	0	0	0	0	0
不知道	100.0	20.0	0	0	0	0	0	0

4. 规范汉字学习重视程度的年龄分布

如表3-83所示，各年龄段调查对象对规范汉字学习的重视度具有一致性。

表3-83 瑞丽口岸规范汉字学习重视程度的年龄分布　　（单位：%）

重视程度	6~19岁	20~39岁	40~59岁	60岁以上
非常重视	70.0	78.7	79.6	70.0
比较重视	30.0	16.9	10.0	10.0
不太重视	0	2.7	4.3	0
不重视	0	0	0	0
不知道	0	1.7	6.1	20.0

四、瑞丽口岸的规范汉字认同状况

（一）规范汉字的认知状况

1. 规范汉字重要性的认知

（1）规范汉字重要性认知的领域分布

如表3-84所示，瑞丽口岸大众传媒、公共服务、官方工作和其他领域中的绝大多数调查对象都认为规范汉字重要性排名第一，其中大众传媒领域的规范汉字重要性认知为最高；文化教育领域调查对象对规范汉字重要性排名第一的占比略高于英文。

表3-84 瑞丽口岸文字重要性认知（排名第一）的领域分布　　（单位：%）

领域	规范汉字	本民族文字	其他民族文字	英文
官方工作	87.5	0	0	12.5
文化教育	59.1	0	0	40.9
公共服务	90.6	0	3.1	3.1
大众传媒	100.0	0	0	0
其他领域	80.0	20.0	0	0

（2）规范汉字重要性认知的民族分布

如表 3-85 所示，相比较而言，汉族关于规范汉字重要性排名第一的所占比例略高于少数民族。

表 3-85 瑞丽口岸文字重要性认知（排名第一）的民族分布　　（单位：%）

少数民族关于重要性排名第一的语言认知			
规范汉字	本民族文字	其他民族文字	英文
82.7	4.3	0	13.0
汉族关于重要性排名第一的语言认知			
规范汉字	其他民族文字		英文
87.5	2.5		7.5

（3）规范汉字重要性认知的学历分布

如表 3-86 所示，除小学学历的调查对象外，其余学历中的绝大部分调查对象都将规范汉字视为第一重要文字。

表 3-86 瑞丽口岸文字重要性认知（排名第一）的学历分布　　（单位：%）

学历	规范汉字	本民族文字	其他民族文字	英文
文盲	100.0	0	0	0
脱盲	100.0	0	0	0
小学	42.9	0	0	57.1
初中	85.0	0	5.0	5.0
高中	100.0	0	0	0
中专	100.0	0	0	0
大专	86.7	6.7	0	6.6
本科	100.0	0	0	0

2. 规范汉字实用性的认知

（1）规范汉字实用性认知的领域分布

如表 3-87 所示，官方工作、文化教育、公共服务和大众传媒领域群体对规范汉字在工作学习、日常生活中的实用性认知较高；其他领域群体对规范汉字在工作学习、日常生活中的实用性评价低于上述四个领域。

表 3-87 瑞丽口岸规范汉字实用性认知的领域分布 （单位：%）

场合	实用性	官方工作	文化教育	公共服务	大众传媒	其他领域
工作学习	非常有用	100.0	100.0	90.6	100.0	57.0
	比较有用	0	0	9.4	0	29.4
	用处较小	0	0	0	0	6.7
	没什么用	0	0	0	0	6.9
日常生活	非常有用	72.5	80.0	78.1	76.3	55.1
	比较有用	27.5	20.0	21.9	23.7	21.0
	用处较小	0	0	0	0	10.0
	没什么用	0	0	0	0	13.9

（2）规范汉字实用性认知的民族分布

如表 3-88 所示，各民族调查对象对工作学习中规范汉字的实用性评价都很高，其中汉族所占比例又略高于少数民族；各民族中绝大部分调查对象普遍认为规范汉字在日常生活中也是有用的。

表 3-88 瑞丽口岸规范汉字实用性认知的民族分布 （单位：%）

场合	实用性	汉族	少数民族
工作学习	非常有用	92.5	87.0
	比较有用	5.0	8.7
	用处较小	2.5	0
	没什么用	0	0
	不知道	0	4.3
日常生活	非常有用	85.0	69.6
	比较有用	12.5	26.1
	用处较小	2.5	0
	没什么用	0	0
	不知道	0	4.3

(3) 规范汉字实用性认知的学历分布

表 3-89　瑞丽口岸规范汉字实用性认知的学历分布　　（单位：%）

场合	实用性	文盲	脱盲	小学	初中	高中	中专	大专	本科
工作学习	非常有用	100.0	0	80.0	80.0	85.7	90.0	100.0	100.0
	比较有用	0	0	20.0	15.0	14.3	10.0	0	0
	用处较小	0	0	0	5.0	0	0	0	0
	没什么用	0	0	0	0	0	0	0	0
	不知道	0	100.0	0	0	0	0	0	0
日常生活	非常有用	100.0	0	60.0	65.0	71.4	100.0	96.7	98.9
	比较有用	0	0	25.0	30.0	28.6	0	3.3	1.1
	用处较小	0	0	15.0	5.0	0	0	0	0
	没什么用	0	0	0	0	0	0	0	0
	不知道	0	100.0	0	0	0	0	0	0

如表 3-89 所示，各学历调查对象普遍认为规范汉字在工作学习中非常有用，且学历越高的调查对象对规范汉字在工作学习中的实用性认知评价越高；对规范汉字在日常生活中的实用性评价则具有一定的差异性。

(4) 规范汉字实用性认知的年龄分布

如表 3-90 所示，瑞丽口岸各年龄段群体对规范汉字实用性评价都非常高。

表 3-90　瑞丽口岸规范汉字实用性认知的年龄分布　　（单位：%）

场合	实用性	6~19 岁	20~39 岁	40~59 岁	60 岁以上
工作学习	非常有用	90.0	91.9	85.8	100.0
	比较有用	10.0	8.1	7.1	0
	用处较小	0	0	7.1	0
	没什么用	0	0	0	0
	不知道	0	0	0	0
日常生活	非常有用	90.0	83.8	64.3	100.0
	比较有用	10.0	16.2	28.6	0
	用处较小	0	0	7.1	0
	没什么用	0	0	0	0
	不知道	0	0	0	0

（二）规范汉字的情感状况

1. 对规范汉字的喜爱程度

如表 3-91～表 3-94 所示，各领域、各民族、各学历、各年龄段中的大部分调查对象对规范汉字的字形和书写都持积极情感态度，而不同的领域、民族、学历和年龄的调查对象对规范汉字的喜爱情况又各有特点。

表 3-91 瑞丽口岸规范汉字喜爱程度的领域分布　　　　（单位：%）

	字形感觉	官方工作	文化教育	公共服务	大众传媒	其他领域
程度	很好看	87.5	83.3	48.1	83.0	34.3
	比较好看	12.5	16.7	31.1	17.0	38.8
	不太好看	0	0	6.3	0	0
	不好看	0	0	11.3	0	26.9
	不知道	0	0	3.2	0	0
	书写感觉	官方工作	文化教育	公共服务	大众传媒	其他领域
程度	很好写	75.0	66.7	28.1	70.0	23.3
	比较好写	25.0	33.3	59.3	30.0	45.6
	不太好写	0	0	6.3	0	18.8
	不好写	0	0	6.3	0	6.0
	不知道	0	0	0	0	6.3
	喜爱程度	官方工作	文化教育	公共服务	大众传媒	其他领域
程度	很喜欢	62.5	66.6	40.6	80.0	13.3
	比较喜欢	25.0	16.7	37.5	20.0	45.6
	不太喜欢	12.5	0	21.9	0	28.8
	不喜欢	0	16.7	0	0	2.0
	不知道	0	0	0	0	10.3

表 3-92 瑞丽口岸规范汉字喜爱程度的民族分布　　　　（单位：%）

	字形感觉	汉族	少数民族
程度	很好看	55.0	43.6
	比较好看	20.0	26.1
	不太好看	2.5	4.3
	不好看	20.0	13.0
	不知道	2.5	13.0

续表

程度	书写感觉	汉族	少数民族
	很好写	47.5	30.5
	比较好写	45.0	52.2
	不太好写	2.5	4.3
	不好写	5.0	0
	不知道	0	13.0
程度	喜爱程度	汉族	少数民族
	很喜欢	55.0	47.8
	比较喜欢	27.5	26.2
	不太喜欢	12.5	13.0
	不喜欢	2.5	0
	不知道	2.5	13.0

表3-93 瑞丽口岸规范汉字喜爱程度的学历分布 （单位：%）

程度	字形感觉	文盲	脱盲	小学	初中	高中	中专	大专	本科
	很好看	0	0	71.4	40.0	28.6	53.3	73.3	65.6
	比较好看	0	0	0	35.0	42.8	20.0	20.0	22.2
	不太好看	0	0	0	5.0	0	0	0	11.1
	不好看	0	0	14.3	15.0	28.6	26.7	6.7	1.1
	不知道	100.0	100.0	14.3	5.0	0	0	0	0
程度	书写感觉	文盲	脱盲	小学	初中	高中	中专	大专	本科
	很好写	0	0	57.1	30.0	38.6	33.3	46.7	55.6
	比较好写	0	0	14.3	55.0	50.8	66.7	53.3	44.4
	不太好写	0	0	0	10.0	10.6	0	0	0
	不好写	0	0	14.3	5.0	0	0	0	0
	不知道	100.0	100.0	14.3	0	0	0	0	0
程度	喜爱程度	文盲	脱盲	小学	初中	高中	中专	大专	本科
	很喜欢	0	0	57.1	40.0	42.9	66.7	73.7	74.4
	比较喜欢	0	0	28.6	40.0	42.9	0	13.3	12.3
	不太喜欢	0	0	0	10.0	14.2	33.3	13.0	13.3
	不喜欢	0	0	0	5.0	0	0	0	0
	不知道	100.0	100.0	14.3	5.0	0	0	0	0

表 3-94 瑞丽规范汉字喜爱程度的年龄分布　　　（单位：%）

字形感觉		6~19 岁	20~39 岁	40~59 岁	60 岁以上
程度	很好看	60.0	43.3	57.1	70.0
	比较好看	30.0	24.3	14.3	15.0
	不太好看	0	5.4	0	0
	不好看	10.0	21.6	14.3	0
	不知道	0	5.4	14.3	15.0
书写感觉		6~19 岁	20~39 岁	40~59 岁	60 岁以上
程度	很好写	50.0	35.1	35.7	30.0
	比较好写	50.0	56.1	42.9	35.0
	不太好写	0	2.7	7.1	0
	不好写	0	3.4	0	15.0
	不知道	0	2.7	14.3	0
喜爱程度		6~19 岁	20~39 岁	40~59 岁	60 岁以上
程度	很喜欢	50.0	48.7	47.2	40.0
	比较喜欢	40.0	29.7	19.3	25.0
	不太喜欢	0	18.9	7.1	0
	不喜欢	10.0	0	0	15.0
	不知道	0	2.7	26.4	20.0

2. 对书写水平的情感态度

（1）书写水平情感态度的领域分布

如表 3-95 所示，官方工作领域群体对高水平规范汉字书写人员的非常羡慕度最高，大众传媒领域群体对高水平规范汉字书写人员的羡慕度最高。

表 3-95 瑞丽口岸对高水平规范汉字书写人员情感态度的领域分布（单位：%）

情感态度类型		官方工作	文化教育	公共服务	大众传媒	其他领域
情感态度	非常羡慕	50.0	33.3	25.0	0	0
	羡慕	50.0	50.0	53.1	100.0	50.0
	一般	0	0	15.6	0	0
	无所谓	0	16.7	6.3	0	20.0
	嫉妒	0	0	0	0	0
	不知道	0	0	0	0	30.0

(2) 书写水平情感态度的民族分布

如表 3-96 所示,各民族群体都比较羡慕高水平的规范汉字书写人员。

表 3-96 瑞丽口岸对高水平规范汉字书写人员情感态度的民族分布(单位:%)

情感态度	情感态度类型	汉族	少数民族
	非常羡慕	25.0	21.7
	羡慕	40.0	56.6
	一般	7.5	8.7
	无所谓	5.0	4.3
	嫉妒	0	0
	不知道	2.5	8.7

(3) 书写水平情感态度的学历分布

如表 3-97 所示,文盲与脱盲人群对高水平规范汉字书写人员的羡慕度相对较低;持非常羡慕情感态度,占比最高的是大专学历者;持羡慕情感态度,占比最高的是初中学历者。

表 3-97 瑞丽口岸对高水平规范汉字书写人员情感态度的学历分布(单位:%)

情感态度	情感态度类型	文盲	小学	初中	高中	中专	大专	本科	脱盲
	非常羡慕	25.0	39.2	27.3	66.7	44.3	75.0	68.4	46.7
	羡慕	25.0	30.4	45.4	33.3	28.6	12.4	23.9	0
	一般	0	17.4	9.1	0	18.5	6.3	0	34.1
	无所谓	50.0	8.7	15.2	0	8.6	6.3	7.7	19.2
	嫉妒	0	0	0	0	0	0	0	0
	不知道	0	4.3	3.0	0	0	0	0	0

(4) 书写水平情感态度的年龄分布

如表 3-98 所示,瑞丽口岸各年龄段调查对象都会对高水平规范汉字书写人员表示羡慕之情,其中年长者的羡慕度相对要比年轻人略高一些。

表 3-98 瑞丽口岸对高水平规范汉字书写人员情感态度的年龄分布（单位：%）

情感态度类型	6～19 岁	20～39 岁	40～59 岁	60 岁以上
非常羡慕	40.0	18.9	21.4	50.0
羡慕	50.0	67.6	64.3	50.0
一般	0	8.1	14.3	0
无所谓	10.0	5.4	0	0
嫉妒	0	0	0	0
不知道	0	0	0	0

（三）规范汉字的意向状况

1. 期望水平状况

（1）期望水平的领域分布

如表 3-99 所示，大众传媒、官方工作和文化教育领域的调查对象对本人规范汉字的水平期望值较高。

表 3-99 瑞丽口岸规范汉字期望水平的领域分布　　　（单位：%）

规范汉字期望水平	官方工作	文化教育	公共服务	大众传媒	其他领域
能写文章或其他	100.0	100.0	81.3	100.0	56.0
能写家信或简单文章	0	0	6.3	0	20.0
会写一些常用字	0	0	6.3	0	24.0
看得懂，不用会写	0	0	0	0	0
没用，不想学	0	0	3.1	0	0
不知道	0	0	3.0	0	0

（2）期望水平的民族分布

表 3-100 瑞丽口岸规范汉字期望水平的民族分布　　　（单位：%）

规范汉字期望水平	汉族	少数民族
能写文章或其他	90.0	78.3
能写家信或简单文章	2.5	8.7
会写一些常用字	5.0	8.9
看得懂，不用会写	0	0
没用，不想学	2.5	0
不知道	0	4.1

如表 3-100 所示，各民族调查对象对能使用规范汉字"书写文章或其他"的期望度都相对较高，其中汉族调查对象的规范汉字期望水平又高于少数民族调查对象。

（3）期望水平的学历分布

如表 3-101 所示，学历越高，调查对象对规范汉字水平的期望就越高。

表 3-101　瑞丽口岸规范汉字期望水平的学历分布　　　　（单位：%）

规范汉字期望水平	文盲	脱盲	小学	初中	高中	中专	大专	本科
能写文章或其他	0	0	85.7	85.0	85.7	100.0	100.0	100.0
能写家信或简单文章	0	100.0	0	0	14.3	0	0	0
会写一些常用字	100.0	0	14.3	5.0	0	0	0	0
看得懂，不用会写	0	0	0	0	0	0	0	0
没用，不想学	0	0	0	5.0	0	0	0	0
不知道	0	0	0	5.0	0	0	0	0

（4）期望水平的年龄分布

如表 3-102 所示，随着年龄的增长，调查对象对本人规范汉字水平的期望值逐渐下降，6~19 岁和 20~39 岁调查对象对自己的规范汉字水平期望是最高的。

表 3-102　瑞丽口岸规范汉字期望水平的年龄分布　　　　（单位：%）

规范汉字期望水平	6~19 岁	20~39 岁	40~59 岁	60 岁以上
能写文章或其他	90.0	89.2	78.6	50.0
能写家信或简单文章	0	8.1	0	0
会写一些常用字	0	2.7	21.4	0
看得懂，不用会写	0	0	0	0
没用，不想学	0	0	0	50.0
不知道	10.0	0	0	0

2. 规范汉字学习的主动性

（1）学习主动性的领域分布

如表 3-103 所示，瑞丽口岸各领域调查对象学习规范汉字的主动性都不够理想。

表 3-103　瑞丽口岸规范汉字学习主动性的领域分布　　（单位：%）

主动性		官方工作	文化教育	公共服务	大众传媒	其他领域
频率	经常	12.3	14.2	8.3	13.1	9.3
	有时	15.1	26.3	15.9	19.7	11.9
	偶尔	20.7	23.1	15.9	23.9	9.6
	不会	51.9	36.4	59.9	43.3	69.2

（2）学习主动性的民族分布

如表 3-104 所示，各民族调查对象中，超过半数的人员都不会主动、自觉地学习规范汉字。

表 3-104　瑞丽口岸规范汉字学习主动性的民族分布　　（单位：%）

频率	汉族	少数民族
经常	12.5	10.8
有时	15.5	12.1
偶尔	21.7	19.4
不会	50.3	57.3

（3）学习主动性的学历分布

如表 3-105 所示，瑞丽口岸各学历群体规范汉字学习主动性都较差。

表 3-105　瑞丽口岸规范汉字学习主动性的学历分布　　（单位：%）

频率	文盲	脱盲	小学	初中	高中	中专	大专	本科
经常	0	0	31.1	30.2	14.3	11.9	11.2	22.9
有时	0	0	13.6	15.6	11.6	14.9	19.9	27.3
偶尔	7.8	25.9	20.6	24.3	34.9	26.9	28.6	29.2
不会	92.2	74.1	34.7	29.9	39.2	46.3	40.3	20.6

（4）学习主动性的年龄分布

如表 3-106 所示，6～19 岁调查对象"经常"学习规范汉字的比例较之其他年龄段而言相对较高；60 岁以上调查对象学习规范汉字的主动性最低，近 2/3 的人员都不会主动学习规范汉字。

表3-106　瑞丽口岸规范汉字学习主动性的年龄分布　　（单位：%）

频率	6～19岁	20～39岁	40～59岁	60岁以上
经常	29.0	20.4	10.6	9.8
有时	15.0	12.6	11.4	10.0
偶尔	23.0	22.4	21.4	20.0
不会	33.0	44.6	56.6	60.2

3. 规范汉字的学习动机状况

（1）学习动机的领域分布

如表3-107所示，瑞丽口岸各领域调查对象学习规范汉字的动机主要是外部动机，内部动机所占比例较低。

表3-107　瑞丽口岸规范汉字学习动机的领域分布（多选）　　（单位：%）

学习动机	官方工作	文化教育	公共服务	大众传媒	其他领域
为满足工作需要学习	87.5	59.1	81.1	100.0	31.1
为适应时代需要学习	84.1	78.3	74.1	82.3	40.3
个人兴趣爱好	37.5	31.8	18.7	38.9	13.3
为学习文化知识	77.3	66.7	39.4	69.3	15.7
当下应学校或单位要求	43.9	89.1	12.5	62.9	3.1
为提高个人素质	44.5	59.7	35.4	52.1	18.3
大家学所以跟着学	3.1	5.1	15.6	0	31.3
为满足内心成就感	21.6	23.3	10.4	25.2	0
为满足交际需求	75.9	58.3	60.6	70.6	61.3
当时学校要求（升学）	100.0	100.0	100.0	100.0	100.0

（2）学习动机的民族分布

如表3-108所示，从规范汉字学习的各类动机所占比例来看，汉族和少数民族的动机类型及数量较为相近。

表 3-108　瑞丽口岸规范汉字学习动机的民族分布（多选）　　（单位：%）

学习动机	汉族	少数民族
为满足工作需要	79.5	67.4
为适应时代需要	72.5	71.4
个人兴趣爱好	30.2	28.1
为学习文化知识	52.4	51.4
当下应学习或单位要求	40.1	38.1
为提高个人素质	42.5	41.9
大家学所以跟着学	12.5	9.5
为满足内心成就感	32.9	15.3
为满足交际需求	66.7	60.9
当时学校要求（升学）	100.0	100.0

（3）学习动机的学历分布

如表 3-109 所示，相对而言，大专及本科学历者学习规范汉字的动机较之其他学历群体而言，更为多样。

表 3-109　瑞丽口岸规范汉字学习动机的学历分布（多选）　　（单位：%）

学习动机	脱盲	小学	初中	高中	中专	大专	本科
为满足工作需要学习	0	8.7	39.4	50.0	42.9	75.0	79.9
为适应时代需要学习	100.0	30.4	51.5	83.3	71.4	75.0	79.9
个人兴趣爱好	0	13.0	33.3	16.7	42.9	37.5	53.8
为学习文化知识	0	34.8	54.5	33.3	57.1	81.3	76.9
应学习或单位要求	0	60.9	12.1	16.7	14.3	37.5	53.8
为提高个人素质	100.0	39.1	51.5	100.0	57.1	75.0	69.3
大家学所以跟着学	0	13.0	21.2	0	0	6.3	7.7
为满足内心成就感	0	4.3	9.1	16.7	28.6	6.3	6.8
为满足交际需求	0	21.7	48.5	66.7	42.9	68.8	71.5
当时学校要求（升学）	100.0	100.0	100.0	100.0	100.0	100.0	100.0

（4）学习动机的年龄分布

如表 3-110 所示，6~19 岁调查对象学习规范汉字，既有外部动机，也有内部动机，占比较高的主要是学校要求（升学）、学习文化知识、满足交际需求等。其他年龄段调查对象学习规范汉字的动机主要为外部动机。

表 3-110 瑞丽口岸规范汉字学习动机的年龄分布（多选）　　（单位：%）

学习动机	6～19 岁	20～39 岁	40～59 岁	60 岁以上
为满足工作需要	52.1	88.9	92.3	56.3
为适应时代需要	56.1	87.9	83.6	64.3
个人兴趣爱好	34.3	32.9	27.1	18.3
为学习文化知识	81.3	62.3	39.2	13.9
当下应学校或单位要求	71.1	37.6	29.5	11.9
为提高个人素质	61.2	62.3	36.9	9.6
大家学所以跟着学	4.3	3.1	6.7	31.9
为满足内心成就感	39.6	27.3	9.7	8.6
为满足交际需求	63.9	63.9	60.9	69.6
当时学校要求（升学）	100.0	100.0	100.0	100.0

第三节　猴桥口岸规范汉字普及度调查

一、猴桥口岸的规范汉字能力及水平

（一）规范汉字使用能力状况

1. 规范汉字使用能力的领域分布

如表 3-111 所示，官方工作、大众传媒、公共服务和文化教育领域内，无人不认识规范汉字；其他领域群体是各领域中规范汉字使用能力最低的。

表 3-111 猴桥口岸规范汉字使用能力领域分布　　（单位：%）

	规范汉字使用能力	官方工作	文化教育	公共服务	大众传媒	其他领域
阅读能力	能读书看报	100.0	40.0	74.1	100.0	13.6
	能看懂家信或简单文章	0	53.3	18.5	0	27.0
	认识一些常用词	0	6.7	7.4	0	32.4
	基本看不懂	0	0	0	0	5.4
	完全看不懂	0	0	0	0	21.6
书写能力	能写文章或其他	85.7	36.0	59.3	100.0	8.2
	能写家信或简单文章	0	43.3	22.2	0	21.6
	会写一些常用词	14.3	20.7	14.8	0	29.7
	基本不会写	0	0	3.7	0	18.9
	完全不会写	0	0	0	0	21.6

2. 规范汉字使用能力的民族分布

如表 3-112 所示，猴桥口岸汉族调查对象的规范汉字使用能力明显高于少数民族调查对象。

表 3-112　猴桥口岸规范汉字使用能力的民族分布　　　（单位：%）

规范汉字使用能力		汉族	少数民族
阅读能力	能读书看报	67.6	34.9
	能看懂家信或简单文章	24.3	30.3
	认识一些常用词	8.1	19.7
	基本看不懂	0	3.0
	完全看不懂	0	12.1
书写能力	能写文章或其他	59.5	24.3
	能写家信或简单文章	18.9	34.8
	会写一些常用词	18.9	18.2
	基本不会写	2.7	10.6
	完全不会写	0	12.1

3. 规范汉字使用能力的学历分布

如表 3-113 所示，随着学历的提高，各学历群体规范汉字的阅读能力和书写能力随之提高，但各学历群体的规范汉字使用能力，内部也存在一些差异。

表 3-113　猴桥口岸规范汉字使用能力的学历分布　　　（单位：%）

规范汉字使用能力		文盲	脱盲	小学	初中	高中	中专	大专	本科
阅读能力	能读书看报	0	0	0	63.0	75.0	100.0	100.0	100.0
	能看懂家信或简单文章	0	0	56.4	33.3	25.0	0	0	0
	认识一些常用词	0	100.0	35.9	3.7	0	0	0	0
	基本看不懂	0	0	5.1	0	0	0	0	0
	完全看不懂	100.0	0	2.6	0	0	0	0	0
书写能力	能写文章或其他	0	0	0	20.8	75.0	97.0	100.0	100.0
	能写家信或简单文章	0	0	35.9	48.1	25.0	3.0	0	0
	会写一些常用词	0	100.0	41.0	21.1	0	0	0	0
	基本不会写	0	0	20.5	10.0	0	0	0	0
	完全不会写	100.0	0	2.6	0	0	0	0	0

4. 规范汉字使用能力的年龄分布

如表 3-114 所示，在猴桥口岸，20～39 岁年龄段群体的规范汉字阅读能力、书写能力是最高的；各年龄段群体规范汉字的阅读能力稍高于书写能力。

表 3-114　猴桥口岸规范汉字使用能力的年龄分布　　　　（单位：%）

规范汉字使用能力		6～19 岁	20～39 岁	40～59 岁	60 岁以上
阅读能力	能读书看报	34.4	58.7	22.7	46.6
	能看懂家信或简单文章	59.4	15.2	27.3	10.0
	认识些常用词	6.2	19.6	22.7	10.1
	基本看不懂	0	0	9.1	0
	完全看不懂	0	6.5	18.2	33.3
书写能力	能写文章或其他	34.4	45.7	18.2	0
	能写家信或简单文章	59.4	17.4	13.6	12.0
	会写一些常用词	6.2	21.7	31.8	44.7
	基本不会写	0	8.7	18.2	10.0
	完全不会写	0	6.5	18.2	33.3

（二）规范汉字掌握水平状况

1. 规范汉字掌握水平的领域分布

如表 3-115 所示，大众传媒、官方工作领域群体的错别字辨析水平相对较好；掌握最差的是村寨居民；对笔画笔顺掌握最好的也是大众传媒领域人员，次之为文化教育和官方工作领域人员，最差的依旧是其他领域人员。

表 3-115　猴桥口岸规范汉字掌握情况的领域分布　　　　（单位：%）

规范汉字掌握情况		官方工作	文化教育	公共服务	大众传媒	其他领域
正确率	错别字辨析	38.1	35.6	32.7	40.1	21.2
	规范汉字笔画	66.7	66.1	51.9	68.5	25.2
	规范汉字笔顺	57.1	62.2	49.4	63.7	23.0

2. 规范汉字掌握水平的民族分布

如表 3-116 所示，汉族的规范汉字掌握水平稍高于少数民族。

表 3-116 猴桥口岸规范汉字掌握情况的民族分布　　　（单位：%）

规范汉字掌握情况		汉族	少数民族
正确率	错别字辨析	36.5	26.0
	规范汉字笔画	55.0	42.9
	规范汉字笔顺	54.5	37.9

3. 规范汉字掌握水平的学历分布

如表 3-117 所示，调查对象的学历与规范汉字掌握水平呈正相关性。

表 3-117 猴桥口岸规范汉字掌握情况的学历分布　　　（单位：%）

规范汉字掌握情况		文盲	脱盲	小学	初中	高中	中专	大专	本科
正确率	错别字辨析	0	0	25.2	35.5	34.6	37.3	37.9	46.3
	规范汉字笔画	0	16.7	39.7	47.4	50.0	46.7	62.1	70.4
	规范汉字笔顺	0	23.3	32.1	44.3	43.5	53.3	60.6	72.2

4. 规范汉字掌握水平的年龄分布

如表 3-118 所示，猴桥口岸各年龄段调查对象的错别字辨析能力都比较弱。

表 3-118 猴桥口岸规范汉字掌握情况的年龄分布　　　（单位：%）

规范汉字掌握情况		6～19 岁	20～39 岁	40～59 岁	60 以上
正确率	错别字辨析	29.8	32.2	21.2	22.2
	规范汉字笔画	54.6	48.2	25.7	23.8
	规范汉字笔顺	56.8	44.9	24.2	23.3

二、猴桥口岸的规范汉字使用状况

（一）规范汉字使用的领域分布

如表 3-119 所示，大众传媒领域群体在工作学习中使用规范汉字的频率最高，其次是官方工作、文化教育领域群体；其他领域群体在各交际场合中使用规范汉字的频率都较低。

表 3-119　猴桥口岸规范汉字使用情况的领域分布　　　（单位：%）

场合	领域	经常使用	较多使用	一般	较少使用	完全不用
工作学习	官方工作	94.6	2.3	3.1	0	0
	文化教育	93.4	3.3	3.3	0	0
	公共服务	70.4	3.7	11.1	11.1	3.7
	大众传媒	100.0	0	0	0	0
	其他领域	8.1	8.1	18.9	29.7	35.2
日常生活	官方工作	52.9	14.3	18.5	14.3	0
	文化教育	43.3	16.7	26.7	10.0	3.3
	公共服务	59.3	7.4	11.1	18.5	3.7
	大众传媒	60.0	40.0	0	0	0
	其他领域	5.4	18.9	18.9	21.6	35.2
民俗活动	官方工作	42.8	14.3	14.3	28.6	0
	文化教育	43.3	13.3	26.7	16.7	0
	公共服务	45.6	7.4	17.4	25.9	3.7
	大众传媒	50.0	0	50.0	0	0
	其他领域	5.4	13.5	18.9	27.1	35.1

（二）规范汉字使用的民族分布

如表 3-120 所示，猴桥口岸各民族调查对象都是经常使用规范汉字，但汉族规范汉字的经常使用率高于少数民族。

表 3-120　猴桥口岸规范汉字使用情况的民族分布　　　（单位：%）

场合	民族	经常使用	较多使用	一般	较少使用	完全不用
工作学习	汉族	70.3	2.7	10.8	10.8	5.4
	少数民族	47.0	7.6	10.6	16.6	18.2
日常生活	汉族	51.4	10.8	16.2	16.2	5.4
	少数民族	22.7	19.7	21.2	16.7	19.7
民俗活动	汉族	51.4	8.1	13.5	24.3	2.7
	少数民族	21.2	15.2	21.2	22.7	19.7

（三）规范汉字使用的学历分布

如表 3-121 所示，猴桥口岸调查对象在工作学习、日常生活和民俗活动的不同场景内，较高学历者对规范汉字的使用频率都要高于较低学历者，学历高低与规范汉字的使用频率形成明显正相关性。

表 3-121 猴桥口岸规范汉字使用情况的学历分布　　（单位：%）

学历		文盲	脱盲	小学	初中	高中	中专	大专	本科
工作学习	经常使用	0	0	35.9	59.3	100.0	60.0	78.7	80.0
	较多使用	0	0	7.7	11.1	0	0	11.2	11.2
	一般	0	0	12.8	11.1	0	40.0	10.1	8.8
	较少使用	0	100.0	28.2	14.8	0	0	0	0
	完全不用	100.0	0	15.4	3.7	0	0	0	0
日常生活	经常使用	0	0	15.5	37.1	50.0	40.0	72.7	70.7
	较多使用	0	0	28.2	14.8	0	0	9.1	10.1
	一般	0	0	12.8	29.6	0	40.0	18.2	19.2
	较少使用	0	100.0	25.6	14.8	50.0	20.0	0	0
	完全不用	100.0	0	17.9	3.7	0	0	0	0
民俗活动	经常使用	0	0	15.5	33.4	50.0	40.0	62.7	66.5
	较多使用	0	0	17.9	18.5	0	0	9.1	3.2
	一般	0	0	20.5	25.9	0	40.0	10.0	19.2
	较少使用	0	100.0	28.2	22.2	50.0	20.0	18.2	11.1
	完全不用	100.0	0	17.9	0	0	0	0	0

（四）规范汉字使用的年龄分布

如表 3-122 所示，猴桥口岸 6～19 岁人群在工作学习、日常生活中，经常使用规范汉字的比例最高；各年龄段群体在民俗活动中，使用规范汉字的频率均较低。

表 3-122 猴桥口岸规范汉字使用情况的年龄分布　　（单位：%）

年龄段	场合	使用频率				
		经常使用	较多使用	一般	较少使用	完全不用
6～19 岁	工作学习	87.5	3.1	3.1	6.3	0
	日常生活	46.9	18.8	15.6	15.6	3.1
	民俗活动	26.8	15.6	18.8	28.8	10.0
20～39 岁	工作学习	47.8	8.7	13.1	15.2	15.2
	日常生活	28.3	15.2	23.9	17.4	15.2
	民俗活动	28.3	10.8	19.6	28.3	13.0
40～59 岁	工作学习	27.3	4.5	13.6	27.3	27.3
	日常生活	22.7	18.2	13.6	18.2	27.3
	民俗活动	18.2	13.6	13.6	22.8	31.8

续表

年龄段	场合	使用频率				
		经常使用	较多使用	一般	较少使用	完全不用
60岁以上	工作学习	33.3	0	33.3	0	33.4
	日常生活	33.3	0	33.3	0	33.4
	民俗活动	33.3	0	33.3	0	33.4

三、猴桥口岸的规范汉字学习状况

（一）规范汉字的学习途径

1. 规范汉字学习途径的领域分布

如表 3-123 所示，猴桥口岸各领域调查对象学习规范汉字的主要途径均为学校教育。

表 3-123　猴桥口岸规范汉字学习途径的领域分布（多选）　　（单位：%）

学习途径	官方工作	文化教育	公共服务	大众传媒	其他领域
幼儿园	24.1	28.3	20.1	22.3	4.1
小学	100.0	100.0	93.3	100.0	76.0
中学	50.4	29.7	57.7	67.3	30.3
大学	16.1	6.7	9.4	16.1	3.1
家庭教育	7.3	13.3	2.7	7.1	1.0
工作单位	4.6	7.3	4.7	7.2	0
培训机构	0	0	0	0	0
大众传媒	22.3	11.3	14.4	26.9	3.3
人际交往	4.1	3.4	4.7	13.1	3.3
自学	4.1	11.7	7.3	10.1	4.3

2. 规范汉字学习途径的民族分布

如表 3-124 所示，猴桥口岸各民族调查对象学习规范汉字的主要途径均为中小学教育，尤其是小学教育；无人通过培训机构学习规范汉字；汉族学习规范汉字的途径要更为多样化。

表 3-124 猴桥口岸规范汉字学习途径的民族分布（多选）   （单位：%）

学习途径	汉族	少数民族
幼儿园	13.9	6.8
小学	100.0	100.0
中学	55.6	32.2
大学	19.4	5.1
家庭教育	8.3	5.1
工作单位	2.8	0
培训机构	0	0
大众传媒	13.9	10.2
人际交往	8.3	3.4
自学	13.9	1.7

3. 规范汉字学习途径的学历分布

如表 3-125 所示，调查对象规范汉字学习途径的情况，与其受教育程度有着积极的正相关性。

表 3-125 猴桥口岸规范汉字学习途径的学历分布[①]（多选）   （单位：%）

学习途径	脱盲	小学	初中	高中	中专	大专	本科
幼儿园	0	14.3	13.7	0	20.0	21.3	24.4
小学	100.0	100.0	100.0	100.0	100.0	100.0	100.0
中学	0	0	63.0	50.0	40.0	60.9	66.7
大学	0	0	3.7	0	0	25.5	24.4
家庭教育	0	0	3.7	0	20.0	9.1	11.1
工作单位	0	0	0	0	0	9.1	0
培训机构	0	0	0	0	0	0	0
大众传媒	13.2	0	7.4	0	16.3	18.2	17.1
人际交往	2.6	0	3.7	0	0	17.3	0
自学	0	0	0	0	21.1	16.4	22.1

---

① 由于文盲者未学习过规范汉字，故调查未涉及；鉴于脱盲者在特定时间内完成了扫盲学习任务，故将其并入小学学历者中，只是其所接受的"小学教育"应理解为"扫盲教育"。

4. 规范汉字学习的年龄分布

如表 3-126 所示，6~19 岁的调查对象大多通过小学学习规范汉字；20~39 岁、40~59 岁调查对象的规范汉字学习途径主要为小学、中学；60 岁以上调查对象大多是通过小学学习规范汉字，学习途径较为单一。

表 3-126 猴桥口岸规范汉字学习途径的年龄分布（多选） （单位：%）

学习途径	6~19 岁	20~39 岁	40~59 岁	60 岁以上
幼儿园	6.3	16.3	0	0
小学	100.0	100.0	100.0	58.1
中学	37.5	51.2	27.8	0
大学	6.3	16.3	5.6	0
家庭教育	9.4	7.0	0	0
工作单位	0	2.3	0	0
大众传媒	18.8	9.3	5.6	3.4
人际交往	0	11.6	0	0
自学	3.1	11.6	9.7	0

（二）规范汉字学习的难易程度

1. 规范汉字学习难易程度的领域分布

如表 3-127 所示，猴桥大众传媒领域调查对象对习得规范汉字的容易度认知是最高的，次之为官方工作领域；村寨领域对此容易度认知与其他领域相比则较低。

表 3-127 猴桥口岸规范汉字学习难易程度的领域分布 （单位：%）

难易程度	官方工作	文化教育	公共服务	大众传媒	其他领域
非常容易	9.1	10.0	3.7	25.0	5.4
比较容易	59.1	39.7	55.6	55.0	37.9
一般	31.8	30.3	25.9	20.0	18.9
比较困难	0	20.0	11.1	0	14.8
非常困难	0	0	0	0	9.5
不知道	0	0	3.7	0	13.5

2. 规范汉字学习难易程度的民族分布

如表 3-128 所示，各民族调查对象在规范汉字学习难易程度上存在差异：汉族调查对象的规范汉字学习容易度要高于少数民族，在比较困难、非常困难方面，少数民族明显要高于汉族。

表 3-128 猴桥规范汉字学习难易程度的民族分布　　（单位：%）

难易程度	汉族	少数民族
非常容易	8.1	4.5
比较容易	51.4	40.9
一般	27.0	27.3
比较困难	10.8	14.6
非常困难	0	5.1
不知道	2.7	7.6

3. 规范汉字学习难易程度的学历分布

如表 3-129 所示，绝大部分文盲不清楚规范汉字学习的难易程度；脱盲者中大部分人认为规范汉字学习比较困难；小学、初中、大专和本科学历群体中多数人认为规范汉字学习"比较容易"；高中和中专学历者对规范汉字学习的难易度评价主要为"一般"。

表 3-129 猴桥口岸规范汉字学习难易程度的学历分布　　（单位：%）

难易程度	文盲	脱盲	小学	初中	高中	中专	大专	本科
非常容易	0	0	0	11.1	0	0	9.1	10.1
比较容易	0	0	56.4	48.1	15.0	20.0	81.8	76.6
一般	0	40.0	28.2	25.9	60.0	80.0	9.1	13.3
比较困难	0	60.0	12.8	14.9	25.0	0	0	0
非常困难	28.6	0	0	0	0	0	0	0
不知道	71.4	0	2.6	0	0	0	0	0

4. 规范汉字学习难易程度的年龄分布

如表 3-130 所示，猴桥口岸 6～19 岁和 20～39 岁调查对象学习规范汉字的难易度基本一致；40～59 岁调查对象中有 1/2 的人员认为比较容易；60 岁以上调查对象普遍认为规范汉字学习难度一般。

表 3-130　猴桥口岸规范汉字学习难易程度的年龄分布　　（单位：%）

规范汉字习得		6~19 岁	20~39 岁	40~59 岁	60 岁以上
难易程度	非常容易	9.4	6.5	0	0
	比较容易	46.9	47.8	50.0	0
	一般	28.1	28.3	18.2	66.7
	比较困难	15.6	10.9	13.6	0
	非常困难	0	0	9.1	0
	不知道	0	6.5	9.1	33.3

（三）规范汉字学习的制约因素

1. 规范汉字学习制约因素的领域分布

如表 3-131 所示，猴桥口岸各领域群体多认为制约规范汉字学习的因素中，主要是笔顺复杂和笔画多，以及多音字、形似字多。

表 3-131　猴桥口岸规范汉字学习制约因素的领域分布（多选）　　（单位：%）

制约因素	官方工作	文化教育	公共服务	大众传媒	村寨
字数多	16.7	26.7	3.8	0	11.8
多音字多	30.0	53.3	34.6	50.0	11.8
形似字多	43.3	36.7	23.1	50.0	14.7
笔画多	50.0	60.0	53.8	40.0	58.8
笔顺复杂	66.7	56.7	57.7	40.0	61.8
结构复杂	36.7	40.0	26.9	20.0	41.2

2. 规范汉字学习制约因素的民族分布

如表 3-132 所示，在规范汉字学习中，各民族调查对象均认为最主要的制约因素是笔顺复杂，并认为规范汉字的字数多不是导致规范汉字学习困难的主要因素。

表 3-132 猴桥口岸规范汉字学习制约因素的民族分布（多选）　　（单位：%）

制约因素	汉族	少数民族
字数多	8.3	7.7
多音字多	30.4	27.4
形似字多	19.4	21.0
笔画多	53.2	55.3
笔顺复杂	58.3	61.3
结构复杂	25.0	27.9

3. 规范汉字学习制约因素的学历分布

如表 3-133 所示，文盲不清楚规范汉字学习的制约因素，脱盲者多认为制约规范汉字学习的主要因素是结构复杂和笔顺复杂，小学、初中、中专、大专、本科学历者多认为笔顺复杂和笔画多是规范汉字学习的主要制约因素，高中学历者则多认为制约因素是多音字多。

表 3-133 猴桥口岸规范汉字学习制约因素的学历分布（多选）　　（单位：%）

制约因素	文盲	脱盲	小学	初中	高中	中专	大专	本科
字数多	0	0	18.9	16.7	25.0	20.0	16.1	0.0
多音字多	0	0	21.6	37.5	75.0	60.0	45.5	44.4
形似字多	0	0	16.2	41.7	50.0	40.0	27.3	33.3
笔画多	0	0	70.3	66.7	50.0	60.0	56.4	44.4
笔顺复杂	0	100.0	62.2	75.0	50.0	80.0	72.7	55.6
结构复杂	0	100.0	43.2	45.8	25.0	40.0	9.1	33.3

4. 规范汉字学习制约因素的年龄分布

如表 3-134 所示，猴桥口岸 6~19 岁年龄段调查对象认为，制约规范汉字学习的主要因素是笔画多；其他年龄段调查对象均认为最主要的制约因素是笔顺复杂。

表 3-134 猴桥口岸规范汉字学习制约因素的年龄分布（多选）　　（单位：%）

制约因素	6~19 岁	20~39 岁	40~59 岁	60 岁以上
字数多	22.6	11.4	5.0	33.3
多音字多	41.9	40.9	5.0	33.3
形似字多	32.3	29.5	5.0	33.3

续表

制约因素	6～19岁	20～39岁	40～59岁	60岁以上
笔画多	71.0	54.5	40.0	44.4
笔顺复杂	54.8	68.2	50.0	66.7
结构复杂	35.5	36.4	30.0	66.7

（四）规范汉字学习的重视程度

1. 规范汉字学习重视程度的领域分布

如表 3-135 所示，猴桥口岸各领域调查对象的规范汉字学习重视情况较好。

表 3-135　猴桥口岸规范汉字学习重视程度的领域分布　　（单位：%）

重视程度	官方工作	文化教育	公共服务	大众传媒	其他领域
非常重视	52.8	66.7	63.0	70.0	67.6
比较重视	32.9	26.7	29.6	30.0	16.2
不太重视	14.3	6.6	3.7	0	2.7
不重视	0	0	0	0	2.7
不知道	0	0	3.7	0	10.8

2. 规范汉字学习重视程度的民族分布

如表 3-136 所示，各民族调查对象都比较重视规范汉字学习，汉族调查对象的"非常重视"度较之少数民族而言较高。

表 3-136　猴桥口岸规范汉字学习重视程度的民族分布　　（单位：%）

重视程度	汉族	少数民族
非常重视	59.5	48.2
比较重视	32.4	39.7
不太重视	5.4	4.5
不重视	0	1.5
不知道	2.7	6.1

3. 规范汉字学习重视程度的学历分布

如表 3-137 所示，猴桥口岸不同学历群体（除文盲外）都对规范汉字学习持重视态度，但初中及以下学历者均有人员对此无法做出评判。

表 3-137　猴桥口岸规范汉字学习重视程度的学历分布　　（单位：%）

重视程度	文盲	脱盲	小学	初中	高中	中专	大专	本科
非常重视	0	78.0	74.4	66.7	50.0	55.0	63.6	55.6
比较重视	0	0	20.5	18.5	20.0	20.0	36.4	44.4
不太重视	14.3	0	0	11.1	30.0	25.0	0	0
不重视	42.9	0	2.6	0	0	0	0	0
不知道	42.8	22.0	2.5	3.7	0	0	0	0

4. 规范汉字学习重视程度的年龄分布

表 3-138　猴桥口岸规范汉字学习重视程度的年龄分布　　（单位：%）

重视程度	6～19 岁	20～39 岁	40～59 岁	60 岁以上
非常重视	71.9	63.0	63.6	33.3
比较重视	21.9	28.3	18.2	33.3
不太重视	6.2	6.5	0	0
不重视	0	0	4.5	0
不知道	0	2.2	13.7	33.4

如表 3-138 所示，除 60 岁以上调查对象外，其他年龄段群体非常重视规范汉字学习的比例均超过半数。

四、猴桥口岸的规范汉字认同状况

（一）规范汉字的认知状况

1. 规范汉字重要性的认知

（1）规范汉字重要性认知的领域分布

如表 3-139 所示，猴桥口岸各领域中多数调查对象认为规范汉字在文字的重要性排名中可排名第一，其他文字的重要性排名第一所占比例都不高。

表 3-139　猴桥口岸规范汉字重要性认知的领域分布表　　（单位：%）

领域	规范汉字	本民族文字	其他民族文字	英文
官方工作	100.0	0	0	0
文化教育	76.7	6.7	0	6.7
公共服务	96.3	0	0	3.7
大众传媒	100.0	0	0	0
其他领域	78.4	8.1	0	5.4

（2）规范汉字重要性认知的民族分布

如表 3-140 所示，汉族对规范汉字重要性的认知略高于少数民族，有一定比例的少数民族调查对象认为本族文字第一重要。

表 3-140　猴桥口岸文字重要性认知（排名第一）的民族分布　　（单位：%）

少数民族关于重要性排名第一的语言认知			
规范汉字	本民族文字	其他民族文字	英文
77.3	7.5	0	6.0
汉族关于重要性排名第一的语言认知			
规范汉字		其他民族文字	英文
97.3		0	2.7

（3）规范汉字重要性认知的学历分布

如表 3-141 所示，猴桥口岸各学历群体中，除文盲者外，其余学历的大部分调查对象普遍认为规范汉字第一重要。

表 3-141　猴桥口岸文字重要性认知（排名第一）的学历分布　　（单位：%）

学历	规范汉字	本民族文字	其他民族文字	英文
文盲	57.1	14.3	0	14.3
脱盲	100.0	0	0	0
小学	76.9	7.7	0	2.6
初中	88.9	3.6	0	7.5
高中	100.0	0	0	0
中专	100.0	0	0	0
大专	90.9	0	0	0
本科	100.0	0	0	0

2. 规范汉字实用性的认知

（1）规范汉字实用性认知的领域分布

如表 3-142 所示，官方工作、文化教育、公共服务和大众传媒领域调查对象对规范汉字在工作学习中的实用性评价都较高，而其他领域调查对象对规范汉字的有用评价相对较低；大众传媒和公共服务领域调查对象对规范汉字在日常生活中"非常有用"的认知度较高。

表 3-142　猴桥口岸规范汉字实用性认知的领域分布　　（单位：%）

场合	实用性	官方工作	文化教育	公共服务	大众传媒	其他领域
工作学习	非常有用	85.7	93.3	77.8	100.0	59.5
	比较有用	0	6.7	18.5	0	24.3
	用处较小	14.3	0	0	0	2.7
	没什么用	0	0	3.7	0	10.8
	不知道	0	0	0	0	2.7
日常生活	非常有用	57.1	76.7	85.2	100.0	54.1
	比较有用	28.6	16.7	11.1	0	32.4
	用处较小	14.3	3.3	0	0	0
	没什么用	0	0	3.7	0	8.1
	不知道	0	3.3	0	0	5.4

（2）规范汉字实用性认知的民族分布

如表 3-143 所示，汉族调查对象对工作学习中规范汉字的实用性评价较高；各民族调查对象中绝大部分人员都认为规范汉字在日常生活中是有用的。

表 3-143　猴桥口岸规范汉字实用性认知的民族分布　　（单位：%）

场合	实用性	汉族	少数民族
工作学习	非常有用	78.4	74.2
	比较有用	16.2	16.7
	用处较小	2.7	1.5
	没什么用	2.7	6.1
	不知道	0	1.5

续表

场合	实用性	汉族	少数民族
日常生活	非常有用	70.3	65.2
	比较有用	24.3	24.2
	用处较小	0	3.0
	没什么用	2.7	4.5
	不知道	2.7	3.1

（3）规范汉字实用性认知的学历分布

如表 3-144 所示，猴桥口岸各学历调查对象普遍认为规范汉字在工作学习、日常生活中是具有实用性的，且实用性认知度都比较高。

表 3-144　猴桥口岸规范汉字实用性认知的学历分布　（单位：%）

场合	实用性	文盲	脱盲	小学	初中	高中	中专	大专	本科
工作学习	非常有用	57.1	77.8	75.0	69.2	85.2	80.0	80.0	90.9
	比较有用	14.3	22.2	25.0	17.9	11.1	20.0	20.0	9.1
	用处较小	0	0	0	2.6	3.7	0	0	0
	没什么用	14.3	0	0	10.3	0	0	0	0
	不知道	14.3	0	0	0	0	0	0	0
日常生活	非常有用	42.8	0	64.1	74.1	75.2	73.0	72.7	76.7
	比较有用	28.6	100.0	25.6	14.8	24.8	27.0	27.3	23.3
	用处较小	0	0	0	7.4	0	0	0	0
	没什么用	14.3	0	7.7	0	0	0	0	0
	不知道	14.3	0	2.6	3.7	0	0	0	0

（4）规范汉字实用性认知的年龄分布

如表 3-145 所示，猴桥口岸各年龄段群体普遍认为规范汉字在工作学习和日常生活中具有实用价值，尤其是 6～19 岁和 20～39 岁年龄段的大部分调查对象认为规范汉字非常有用。

表 3-145　猴桥口岸规范汉字实用性认知的年龄分布　（单位：%）

场合	实用性	6～19 岁	20～39 岁	40～59 岁	60 岁以上
工作学习	非常有用	87.5	73.9	63.7	66.7
	比较有用	12.5	19.6	18.2	33.3

续表

场合	实用性	6～19岁	20～39岁	40～59岁	60岁以上
工作学习	用处较小	0	2.2	4.5	0
	没什么用	0	4.3	13.6	0
	不知道	0	0	0	0
日常生活	非常有用	78.2	67.4	54.5	33.3
	比较有用	15.6	26.1	27.3	66.7
	用处较小	3.1	2.2	0	0
	没什么用	0	4.3	9.1	0
	不知道	3.1	0	9.1	0

（二）规范汉字的情感状况

1. 对规范汉字的喜爱程度

如表 3-146～表 3-149 所示，猴桥口岸大部分调查对象对规范汉字的字形持积极态度，其中认为"规范汉字很好看"的比例较高；对规范汉字是否好写的感知，大部分人认为比较好写，部分认为是很好写；对规范汉字的喜爱度都较高，选择"比较喜欢"的比例比较高。

表 3-146 猴桥口岸规范汉字喜爱程度的领域分布　　　　（单位：%）

	字形感知	官方工作	文化教育	公共服务	大众传媒	其他领域
程度	很好看	57.1	43.3	51.9	50.0	37.8
	比较好看	28.6	36.7	18.5	40.0	18.9
	不太好看	14.3	6.7	3.7	10.0	0
	不好看	0	10.0	22.2	0	21.6
	不知道	0	3.3	3.7	0	21.7
	书写感知	官方工作	文化教育	公共服务	大众传媒	其他领域
程度	很好写	38.6	40.0	25.9	50.0	24.3
	比较好写	28.6	53.3	55.6	30.0	35.1
	不太好写	32.8	6.7	11.1	20.0	2.7
	不好写	0	0	0	0	8.1
	不知道	0	0	7.4	0	29.8
	喜爱度	官方工作	文化教育	公共服务	大众传媒	其他领域
程度	很喜欢	57.1	40.0	33.3	60.0	21.6
	比较喜欢	14.3	53.3	44.4	20.0	35.1
	不太喜欢	14.3	6.7	3.7	20.0	2.7

续表

喜爱度		官方工作	文化教育	公共服务	大众传媒	其他领域
程度	不喜欢	0	0	7.4	0	5.4
	不知道	14.3	0	11.2	0	35.2

表 3-147　猴桥口岸规范汉字喜爱程度的民族分布　　（单位：%）

字形感知		汉族	少数民族
程度	很好看	54.1	31.8
	比较好看	21.6	35.8
	不太好看	2.7	4.5
	不好看	16.2	15.7
	不知道	5.4	12.2
书写感知		汉族	少数民族
程度	很好写	37.8	24.2
	比较好写	43.2	48.5
	不太好写	13.5	6.1
	不好写	0	4.5
	不知道	5.5	16.7
喜爱度		汉族	少数民族
程度	很喜欢	35.4	33.3
	比较喜欢	43.2	40.9
	不太喜欢	8.8	1.5
	不喜欢	4.4	3.0
	不知道	8.2	4.3

表 3-148　猴桥口岸规范汉字喜爱程度的学历分布　　（单位：%）

字形感知		文盲	脱盲	小学	初中	高中	中专	大专	本科
程度	很好看	14.3	23.9	38.5	45.4	40.0	43.6	49.5	55.6
	比较好看	0	17.6	28.2	25.9	50.0	40.7	40.3	44.4
	不太好看	0	0	0	7.4	10.0	10.3	5.1	0
	不好看	0	0	28.2	14.8	0	0	5.1	0
	不知道	85.7	58.5	5.1	6.5	0	5.4	0	0
书写感知		文盲	脱盲	小学	初中	高中	中专	大专	本科
程度	很好写	0	0	28.2	29.6	25.0	30.0	36.4	47.4
	比较好写	0	60.0	43.6	43.0	50.0	50.0	45.4	40.4
	不太好写	0	15.0	7.7	3.7	25.0	20.0	18.2	12.2

续表

书写感知		文盲	脱盲	小学	初中	高中	中专	大专	本科
程度	不好写	0	0	7.7	9.9	0	0	0	0
	不知道	100.0	25.0	12.8	13.8	0	0	0	0
喜爱度		文盲	脱盲	小学	初中	高中	中专	大专	本科
程度	很喜欢	0	0	28.2	37.0	50.0	50.0	38.4	44.4
	比较喜欢	0	100.0	46.2	40.7	50.0	50.0	51.4	55.6
	不太喜欢	0	0	5.1	7.4	0	0	5.1	0
	不喜欢	0	0	2.6	7.4	0	0	5.1	0
	不知道	100.0	0	17.9	7.5	0	0	0	0

表3-149 猴桥口岸规范汉字喜爱程度的年龄分布　（单位：%）

字形感知		6~19岁	20~39岁	40~59岁	60岁以上
程度	很好看	43.8	37.0	50.0	33.3
	比较好看	34.4	30.4	13.6	33.3
	不太好看	6.3	4.3	0	0
	不好看	12.5	21.7	13.6	0
	不知道	3.0	6.6	22.8	33.4
书写感知		6~19岁	20~39岁	40~59岁	60岁以上
程度	很好写	37.4	30.4	13.6	13.4
	比较好写	56.3	47.8	31.8	33.3
	不太好写	6.3	10.9	9.1	11.3
	不好写	0	4.3	4.5	8.7
	不知道	0	6.6	41.0	33.3
喜爱度		6~19岁	20~39岁	40~59岁	60岁以上
程度	很喜欢	46.8	28.3	22.7	20.3
	比较喜欢	43.8	47.8	27.3	26.3
	不太喜欢	6.3	4.3	4.5	7.0
	不喜欢	3.1	4.3	4.5	0
	不知道	0	15.3	41.0	46.4

2. 对书写水平的情感态度

（1）书写水平情感态度的领域分布

如表 3-150 所示，官方工作领域群体大多对高水平规范汉字书写人员持非常羡慕的情感态度；大众传媒领域群体的持羡慕度的情感态度的占比最高。

表 3-150　猴桥口岸对高水平规范汉字书写人员情感态度的领域分布（单位：%）

情感态度类型	官方工作	文化教育	公共服务	大众传媒	其他领域
非常羡慕	71.4	50.0	48.2	10.0	21.6
羡慕	28.6	33.3	33.3	90.0	56.8
一般	0	10.0	7.4	0	10.8
无所谓	0	6.7	11.1	0	2.7
嫉妒	0	0	0	0	0
不知道	0	0	0	0	8.1

（2）书写水平情感态度的民族分布

如表 3-151 所示，猴桥口岸各民族调查对象对高水平规范汉字书写人员都比较羡慕，且汉族调查对象的"非常羡慕"度较高，少数民族的"比较羡慕"度较高。

表 3-151　猴桥口岸对高水平规范汉字书写人员情感态度的民族分布（单位：%）

情感态度类型	汉族	少数民族
非常羡慕	54.1	31.8
羡慕	29.7	50.0
一般	5.4	10.6
无所谓	10.8	3.1
嫉妒	0	0
不知道	0	4.5

（3）书写水平情感态度的学历分布

如表 3-152 所示，各学历群体对高水平规范汉字书写人员持羡慕情感态度的比较多，文盲、脱盲者均表示羡慕；高中、本科学历者持非常羡慕、羡慕的比例合计为 100%；本科学历者持非常羡慕态度的占比为最高。

表 3-152　猴桥口岸对高平规范汉字书写人员情感态度的学历分布（单位：%）

情感态度类型	文盲	小学	初中	高中	中专	大专	本科	脱盲
非常羡慕	14.3	35.9	29.7	50.0	40.0	63.6	77.8	0
羡慕	71.4	48.7	40.7	50.0	40.0	18.2	22.2	100.0
一般	0	7.7	18.5	0	0	9.1	0	0
无所谓	0	2.6	11.1	0	20.0	9.1	0	0
嫉妒	0	0	0	0	0	0	0	0
不知道	14.3	5.1	0	0	0	0	0	0

（4）书写水平情感态度的年龄分布

如表 3-153 所示，6～19 岁和 20～39 岁调查对象对高水平规范汉字书定人员的羡慕度最高，而 40～59 岁和 60 岁以上调查对象对此现象则多为羡慕。

表 3-153　猴桥口岸对高水平规范汉字书写人员情感态度的年龄段分布（单位：%）

情感态度类型	6～19 岁	20～39 岁	40～59 岁	60 岁以上
非常羡慕	50.0	43.5	22.7	0
羡慕	34.4	47.9	40.9	66.7
一般	12.5	4.3	13.6	0
无所谓	3.1	4.3	9.2	33.3
嫉妒	0	0	0	0
不知道	0	0	13.6	0

（三）规范汉字的意向状况

1. 规范汉字的期望水平

（1）期望水平的领域分布

如表 3-154 所示，猴桥口岸大众传媒、官方工作和文化教育领域中几乎所有调查对象都对本人规范汉字的水平持有较高的期望值，都希望自己能熟练运用规范汉字书写文章。

表 3-154　猴桥口岸规范汉字期望水平的领域分布　　（单位：%）

规范汉字期望水平	官方工作	文化教育	公共服务	大众传媒	其他领域
能写文章或其他	88.7	89.7	70.4	100.0	59.5
能写家信或简单文章	11.3	10.3	22.2	0	8.1
会写一些常用字	0	0	3.7	0	13.5
看得懂，不用会写	0	0	0	0	2.7
没用，不想学	0	0	3.7	0	16.2

（2）期望水平的民族分布

如表 3-155 所示，各民族调查对象对能使用规范汉字"能写文章或其他"的期望度最高；其次为"能写家信或简单文章"；但也有少数的汉族、少数民族调查对象认为规范汉字"没有用，不想学"。

表 3-155　猴桥口岸规范汉字期望水平的民族分布　　（单位：%）

规范汉字期望水平	汉族	少数民族
能写文章或其他	75.7	68.2
能写家信或简单文章	16.2	10.6
会写一些常用字	2.7	9.1
看得懂，不用会写	0	1.5
没用，不想学	5.4	10.6

（3）期望水平的学历分布

如表 3-156 所示，学历越高的调查对象，对规范汉字能力的期望值就越高。

表 3-156　猴桥口岸规范汉字期望水平的学历分布　　（单位：%）

规范汉字期望水平	文盲	脱盲	小学	初中	高中	中专	大专	本科
能写文章或其他	0	0	64.1	83.9	88.0	90.0	91.8	95.9
能写家信或简单文章	27.1	100.0	10.3	12.4	12.0	10.0	8.2	4.1
会写一些常用字	58.6	0	10.3	0	0	0	0	0
看得懂，不用会写	0	0	2.6	0	0	0	0	0
没用，不想学	14.3	0	12.7	3.7	0	0	0	0

（4）期望水平的年龄分布

如表 3-157 所示，6～19 岁和 20～39 岁调查对象对本人规范汉字水平的期望都较高，60 岁以上调查对象对本人规范汉字水平的期望值较低。

表 3-157　猴桥口岸规范汉字期望水平的年龄分布　　　（单位：%）

规范汉字期望水平	6～19 岁	20～39 岁	40～59 岁	60 岁以上
能写文章或其他	84.4	76.1	50.0	0
能写家信或简单文章	12.5	8.7	18.2	33.3
会写一些常用字	3.1	8.7	9.1	0
看得懂，不用会写	0	2.2	0	0
没用，不想学	0	4.3	22.7	66.7

2. 规范汉字学习的主动性

（1）学习主动性的领域分布

如表 3-158 所示，猴桥各领域调查对象学习规范汉字的主动性情况都较为不理想。

表 3-158　猴桥口岸规范汉字学习主动性的领域分布　　　（单位：%）

频率	官方工作	文化教育	公共服务	大众传媒	其他领域
经常	18.7	22.7	13.4	17.7	8.1
有时	28.6	29.2	23.3	28.4	9.7
偶尔	19.3	25.7	20.2	21.6	9.7
不会	33.4	22.4	43.1	32.3	72.5

（2）学习主动性的民族分布

如表 3-159 所示，整体而言，汉族与少数民族调查对象学习规范汉字的主动性都比较低，少数民族调查对象尤甚。

表 3-159　猴桥口岸规范汉字学习主动性的民族分布　　　（单位：%）

频率	汉族	少数民族
经常	18.3	14.3

续表

频率	汉族	少数民族
有时	25.7	22.7
偶尔	20.6	18.2
不会	35.4	44.8

（3）学习主动性的学历分布

表 3-160　猴桥口岸规范汉字学习主动性的学历分布　　（单位：%）

频率	文盲	脱盲	小学	初中	高中	中专	大专	本科
经常	0	0	21.4	22.6	17.6	15.3	25.4	23.5
有时	0	0	19.4	24.6	28.3	27.6	28.2	27.4
偶尔	0	8.7	14.6	18.5	15.3	19.1	19.1	19.9
不会	100.0	91.3	44.6	34.3	38.7	38.0	27.3	29.2

如表 3-160 所示，猴桥口岸不同学历调查对象学习规范汉字的主动性都较差。

（4）学习主动性的年龄分布

如表 3-161 所示，猴桥口岸 6~19 岁年龄段调查对象"经常""有时"学习规范汉字的比例较之其他年龄段而言相对较高；60 岁以上调查对象学习规范汉字的主动性最差，绝大部分调查对象不会主动学习规范汉字。

表 3-161　猴桥口岸规范汉字学习主动性的年龄分布　　（单位：%）

频率	6~19 岁	20~39 岁	40~59 岁	60 岁以上
经常	27.6	16.7	12.5	3.3
有时	24.0	23.1	15.6	10.0
偶尔	18.8	20.7	20.2	30.0
不会	29.6	39.5	51.7	56.7

3. 规范汉字的学习动机

如表 3-162~表 3-165 所示，猴桥口岸调查对象学习规范汉字的动机主要为满足交际需求、适应时代发展和工作需求等外部动机，内部动机在各领域、各民族、各学历、各年龄段的调查对象学习规范汉字的动机中，占比不高，而其中以满足内心成就和因个人兴趣爱好而学习规范汉字的更是少之又少。

表 3-162　猴桥口岸规范汉字学习动机的领域分布（多选）　　　（单位：%）

学习动机	官方工作	文化教育	公共服务	大众传媒	其他领域
为满足工作需要学习	65.4	34.7	62.3	66.9	28.6
为适应时代需要学习	70.1	53.3	60.4	72.9	42.9
个人兴趣爱好	25.6	29.3	18.7	27.7	15.1
为学习文化知识	42.9	76.7	51.9	0	50.0
当下应学校或单位要求	38.7	81.1	31.2	52.7	0.0
为提高个人素质	47.7	54.7	29.1	51.1	19.1
大家学所以跟着学	0	19.7	20.5	0	31.7
为满足内心成就感	20.1	19.4	13.6	23.3	8.3
为满足交际需求	62.9	45.7	54.4	67.1	64.3
当时学校要求（升学）	100.0	100.0	100.0	100.0	100.0

表 3-163　猴桥口岸规范汉字学习动机的民族分布（多选）　　　（单位：%）

学习动机	汉族	少数民族
为满足工作需要	55.3	53.4
为适应时代需要	52.8	64.1
个人兴趣爱好	29.7	15.7
为学习文化知识	40.0	43.8
当下应学习或单位要求	30.3	42.8
为提高个人素质	42.8	41.7
大家学所以跟着学	13.4	19.8
为满足内心成就感	12.1	20.1
为满足交际需求	49.9	67.8
当时学校要求（升学）	100.0	100.0

表 3-164　猴桥口岸规范汉字学习动机的学历分布（多选）　　　（单位：%）

学习动机	脱盲	小学	初中	高中	中专	大专	本科
为满足工作需要学习	0	27.0	55.6	50.0	60.0	72.7	77.8
为适应时代需要学习	100.0	54.1	66.7	55.0	80.0	54.5	66.7
个人兴趣爱好	0	24.3	40.7	50.0	60.0	27.3	33.3

续表

学习动机	脱盲	小学	初中	高中	中专	大专	本科
为学习文化知识	0	54.1	55.6	55.0	80.0	54.5	66.7
应学习或单位要求	0	35.1	44.4	25.0	20.0	54.5	55.6
为提高个人素质	0	37.8	55.6	65.0	60.0	54.5	88.9
大家学所以跟着学	100.0	10.8	22.2	25.0	20.0	9.1	22.2
为满足内心成就感	0	8.1	29.6	0	20.0	9.1	22.2
为满足交际需求	0	48.6	55.6	55.0	60.0	54.5	66.7
当时学校要求（升学）	100.0	100.0	100.0	100.0	100.0	100.0	100.0

表 3-165　猴桥口岸规范汉字学习动机的年龄分布（多选）　　（单位：%）

学习动机	6~19岁	20~39岁	40~59岁	60岁以上
为满足工作需要	36.9	62.8	57.8	25.6
为适应时代需要	56.9	76.7	57.1	44.2
个人兴趣爱好	27.6	24.6	20.8	16.9
为学习文化知识	71.2	51.8	33.3	21.9
当下应学校或单位要求	70.3	38.9	21.7	9.5
为提高个人素质	56.3	59.5	27.2	13.6
大家学所以跟着学	6.8	4.9	3.9	51.8
为满足内心成就感	28.7	21.7	7.8	3.1
为满足交际需求	56.4	58.9	57.1	59.7
当时学校要求（升学）	100.0	100.0	100.0	100.0

第四节　清水河口岸规范汉字普及度调查

一、清水河口岸规范汉字能力及水平

（一）规范汉字的使用能力

1. 规范汉字使用能力的领域分布

如表 3-166 所示，大众传媒领域群体规范汉字的阅读能力、书写能力是最高的。官方工作领域、文化教育领域群体的规范汉字使用能力较为接近，村寨生活领域最低。

表3-166 清水河口岸规范汉字使用能力的领域分布 （单位：%）

规范汉字使用能力		领域				
		官方工作	文化教育	公共服务	大众传媒	其他领域
阅读能力	能读书看报	93.3	81.1	73.0	100.0	36.8
	能看懂家信或简单文章	3.3	10.8	10.8	0	16.1
	认识一些常用词	3.4	2.7	8.1	0	14.9
	基本看不懂	0	2.7	5.4	0	14.9
	完全看不懂	0	2.7	2.7	0	17.3
书写能力	能写文章或其他	86.7	51.4	67.6	90.0	32.2
	能写家信或简单文章	10.0	37.8	5.4	10.0	11.5
	会写一些常用词	3.3	10.8	18.9	0	21.9
	基本不会写	0	0	5.4	0	12.6
	完全不会写	0	0	2.7	0	21.8

2. 规范汉字使用能力的民族分布

如表3-167所示，清水河调查对象中，少数民族能读书看报的高于汉族；汉族能看懂家信和简单文章的高于少数民族。

表3-167 清水河口岸规范汉字使用能力的民族分布 （单位：%）

规范汉字使用能力		民族	
		汉族	少数民族
阅读能力	能读书看报	59.1	75.0
	能看懂家信或简单文章	12.3	8.3
	认识一些常用词	11.1	4.2
	基本看不懂	9.7	2.1
	完全看不懂	7.8	10.4
书写能力	能写文章或其他	48.4	66.0
	能写家信或简单文章	15.7	12.8
	会写一些常用词	18.3	6.4
	基本不会写	8.5	2.1
	完全不会写	9.1	12.7

3. 规范汉字使用能力的学历分布

如表3-168所示，各学历群体的规范汉字阅读能力随着学历的升高而逐渐增强；书写能力最强的是中专、大专学历者，其次是高中、本科学历者。

表 3-168 清水河口岸规范汉字使用能力的学历分布表 （单位：%）

规范汉字使用能力		学历					
		文盲、脱盲	小学	初中	高中	中专、大专	本科
阅读能力	能读书看报	0	17.4	71.4	86.7	97.4	100.0
	能看懂家信或简单文章	0	19.6	22.5	13.3	2.6	0
	认识一些常用词	5.0	32.6	6.1	0	0	0
	基本看不懂	40.0	17.4	0	0	0	0
	完全看不懂	55.0	13.0	0	0	0	0
书写能力	能写文章或其他	5.0	13.0	46.9	86.7	92.3	84.8
	能写家信或简单文章	0	21.7	24.5	0	7.7	15.2
	会写一些常用词	5.0	32.6	26.5	13.3	0	0
	基本不会写	20.0	19.6	2.1	0	0	0
	完全不会写	70.0	13.1	0	0	0	0

4. 规范汉字使用能力的年龄分布

如表 3-169 所示，清水河口岸调查对象的阅读能力随着年龄增加而比例逐渐降低；规范汉字书写能力则是 20～39 岁最高。

表 3-169 清水河口岸规范汉字使用能力的年龄分布表 （单位：%）

规范汉字使用能力		年龄段			
		6～19 岁	20～39 岁	40～59 岁	60 岁以上
阅读能力	能读书看报	69.8	69.3	46.0	12.5
	能看懂家信或简单文章	16.3	9.7	10.8	12.5
	认识一些常用词	9.3	9.6	10.8	0.0
	基本看不懂	2.3	7.0	13.5	25.0
	完全看不懂	2.3	4.4	18.9	50.0
书写能力	能写文章或其他	46.5	60.5	46.0	12.5
	能写家信或简单文章	25.6	13.1	8.1	12.5
	会写一些常用词	25.6	12.3	16.2	0
	基本不会写	2.3	8.8	5.4	12.5
	完全不会写	0	5.3	24.3	62.5

（二）规范汉字掌握水平状况

1. 规范汉字掌握水平的领域分布

如表 3-170 所示，清水河口岸各领域中，公共服务领域群体错别字辨析水平最高，其他领域群体的水平最低；大众传媒领域群体的规范汉字笔画水平最好，公共服务领域群体的水平最低；文化教育、其他领域群体的规范汉字笔顺水平相近，大众传媒领域群体的水平最低。

表 3-170　清水河口岸规范汉字掌握情况的领域分布　　（单位：%）

规范汉字掌握情况		官方工作	文化教育	公共服务	大众传媒	其他领域
正确率	错别字辨析	29.8	25.7	38.6	28.6	20.0
	规范汉字笔画	35.1	37.8	31.8	50.0	43.3
	规范汉字笔顺	35.1	36.5	29.6	21.4	36.7

2. 规范汉字掌握水平的民族分布

如表 3-171 所示，各民族规范汉字掌握水平相近，水平最高的规范汉字笔画。

表 3-171　清水河口岸规范汉字掌握情况的民族分布　　（单位：%）

规范汉字掌握情况		汉族	少数民族
正确率	错别字辨析	28.5	29.0
	规范汉字笔画	37.5	37.7
	规范汉字笔顺	34.0	33.3

3. 规范汉字掌握水平的学历分布

如表 3-172 所示，文盲、脱盲者规范汉字掌握水平最低，其中本科学历者的错别字辨析水平最高，小学学历者的规范汉字笔画掌握情况最好；除文盲、脱盲者外，其余学历者的规范汉字笔顺掌握水平都比较接近。

表 3-172　清水河口岸规范汉字掌握情况的学历分布　　（单位：%）

规范汉字掌握情况		文盲、脱盲	小学	初中	高中	中专、大专	本科
正确率	错别字辨析	0	16.7	26.5	25.0	28.8	32.4
	规范汉字笔画	0	50.0	38.8	40.0	37.0	35.2
	规范汉字笔顺	0	33.3	34.7	35.0	34.2	32.4

4. 规范汉字掌握水平的年龄分布

如表 3-173 所示，清水河口岸 6～19 岁群体的规范汉字笔画、笔顺掌握程度近似；20～39 岁群体的错别字辨析正确率是最高的；40～59 岁群体的规范汉字笔画正确率最高；60 岁以上群体无法完成规范汉字掌握水平的测试。

表 3-173　清水河口岸规范汉字掌握情况的年龄分布　　（单位：%）

规范汉字掌握情况		6～19 岁	20～39 岁	40～59 岁	60 岁以上
正确率	错别字辨析	19.2	31.3	26.1	0
	规范汉字笔画	40.4	35.8	43.5	0
	规范汉字笔顺	40.4	32.9	30.4	0

二、清水河口岸的规范汉字使用状况

（一）规范汉字使用的领域分布

如表 3-174 所示，清水河口岸官方工作、文化教育领域群体在工作学习中经常使用、较多使用规范汉字的比例是最高的。

表 3-174　清水河口岸规范汉字使用情况的领域分布　　（单位：%）

领域	场合	经常使用	较多使用	一般	较少使用	完全不用
官方工作	工作学习	86.7	3.3	3.3	3.3	3.4
	日常生活	36.7	26.7	23.3	6.7	6.6
	民俗活动	30.0	10.0	30.0	13.3	16.7
文化教育	工作学习	81.6	15.8	2.6	0	0
	日常生活	21.6	37.8	16.2	18.9	5.5
	民俗活动	10.8	16.2	18.9	16.2	37.9
公共服务	工作学习	37.8	16.2	10.8	16.2	19.0
	日常生活	13.6	24.3	13.5	32.4	16.2
	民俗活动	10.9	5.4	24.3	35.1	24.3
大众传媒	工作学习	12.5	62.5	12.5	12.5	0
	日常生活	0	0	37.5	62.5	0
	民俗活动	0	0	12.5	12.5	75.0
其他领域	工作学习	14.9	8.0	12.6	23.1	41.4
	日常生活	8.0	9.2	11.5	19.5	51.8
	民俗活动	5.7	9.2	10.3	17.2	57.6

（二）规范汉字使用的民族分布

如表 3-175 所示，汉族在工作学习中使用规范汉字呈现出两极分化；在民俗活动中，各民族完全不用规范汉字的比例是最高的，汉族较少使用、完全不用规范汉字的比例高于少数民族。

表 3-175　清水河口岸规范汉字使用情况的民族分布　　　（单位：%）

民族	场合	经常使用	较多使用	一般	较少使用	完全不用
汉族	工作学习	42.9	9.1	8.4	16.9	22.7
	日常生活	14.9	19.5	11.7	23.4	30.5
	民俗活动	9.1	12.9	15.6	20.8	41.6
少数民族	工作学习	29.0	14.5	39.1	5.8	11.6
	日常生活	13.0	19.6	26.1	15.2	26.1
	民俗活动	15.8	12.9	24.5	17.8	29.0

（三）规范汉字使用的学历分布

如表 3-176 所示，在工作学习中，学历越高的调查对象，经常使用、较多使用规范汉字的比例越高；在日常生活和民俗活动中，中专、大专学历者经常使用规范汉字的比例最高。文盲、脱盲者在各场合中完全不使用规范汉字的比例最高。

表 3-176　清水河口岸规范汉字使用情况的学历分布　　　（单位：%）

学历	场合	经常使用	较多使用	一般	较少使用	完全不用
文盲、脱盲	工作学习	0	0	10.0	10.0	80.0
	日常生活	0	0	10.0	15.0	75.0
	民俗活动	5.0	0	5.0	10.0	80.0
小学	工作学习	23.9	13.0	15.3	21.7	26.1
	日常生活	4.3	17.4	4.3	23.9	50.1
	民俗活动	4.6	13.6	6.8	18.2	56.8
初中	工作学习	38.8	10.2	10.2	24.5	16.3
	日常生活	6.1	24.5	18.4	30.6	20.4
	民俗活动	6.3	12.5	16.7	31.2	33.3
高中	工作学习	26.7	33.3	6.7	26.7	6.6
	日常生活	13.3	20.0	26.7	20.0	20.0
	民俗活动	6.7	13.3	20.0	26.7	33.3

续表

学历	场合	经常使用	较多使用	一般	较少使用	完全不用
中专、大专	工作学习	61.5	10.3	7.7	5.1	15.4
	日常生活	34.3	20.0	17.1	20.0	8.6
	民俗活动	20.5	2.6	30.8	23.0	23.1
本科	工作学习	81.8	15.2	3.0	0	0
	日常生活	24.2	27.3	24.2	12.1	12.2
	民俗活动	9.1	12.1	24.2	18.2	36.4

（四）规范汉字使用的年龄分布

表3-177 清水河口岸规范汉字使用情况的年龄分布　　（单位：%）

年龄段	场合	经常使用	较多使用	一般	较少使用	完全不用
6～19岁	工作学习	67.4	11.6	4.7	7.0	9.3
	日常生活	18.6	27.9	16.3	20.9	16.3
	民俗活动	11.6	11.6	16.3	27.9	32.6
20～39岁	工作学习	42.1	14.0	14.1	15.8	14.0
	日常生活	12.6	21.6	18.1	18.9	28.8
	民俗活动	11.4	8.8	21.9	16.7	41.2
40～59岁	工作学习	21.6	8.2	8.1	24.3	37.8
	日常生活	16.2	5.4	8.1	35.1	35.2
	民俗活动	10.8	10.8	8.1	27.0	43.3
60岁以上	工作学习	0	10.0	10.0	10.0	70.0
	日常生活	0	10.0	0	10.0	80.0
	民俗活动	0	10.0	0	10.0	80.0

如表3-177所示，在工作学习、日常生活、民俗活动中，6～19岁的调查对象经常使用规范汉字的比例最高。60岁以上调查对象在各类场合中的规范汉字使用频率是最低的。

三、清水河口岸的规范汉字学习状况

（一）规范汉字的学习途径

1. 规范汉字学习途径的领域分布

如表3-178所示，各领域群体学习规范汉字的途径主要是学校，大众传媒群体还通过工作单位、大众传媒学习规范汉字,其他领域群体还通过人际交往学习规范汉字,家庭教育在官方工作领域群体的学习途径中也占有一定的比例。

表 3-178　清水河口岸规范汉字学习途径的领域分布(多选)　　(单位:%)

学习途径	官方工作	文化教育	公共服务	大众传媒	其他领域
幼儿园	36.7	56.8	16.2	0	4.6
小学	80.0	91.9	64.9	90.0	60.9
中学	76.7	78.4	56.8	100.0	28.7
大学	56.7	75.7	18.9	50.0	6.9
家庭教育	43.3	24.3	0	0	5.7
工作单位	50.0	32.4	21.6	60.0	5.7
培训机构	33.3	29.7	2.7	0	1.1
大众传媒	33.3	21.6	29.7	70.0	24.1
人际交往	43.3	35.1	51.4	50.0	56.3
自学	36.7	5.4	8.1	10.0	31.0

2. 规范汉字学习途径的民族分布

如表 3-179 所示,各民族调查对象在学习规范汉字时,最重要的学习途径都是学校教育。

表 3-179　清水河口岸规范汉字学习途径的民族分布(多选)　　(单位:%)

学习途径	汉族	少数民族
幼儿园	22.2	17.0
小学	73.2	72.3
中学	55.6	72.3
大学	26.8	29.8
家庭教育	15.0	6.4
工作单位	22.9	25.5
培训机构	11.8	10.6
大众传媒	28.1	25.5
人际交往	49.7	46.8
自学	25.5	17.0

3. 规范汉字学习途径的学历分布

如表 3-180 所示,文盲、脱盲学历者学习规范汉的主要途径是人际交往和自学；小学学历者的规范汉字学习途径主要是小学和人际交往；初中、高中、中专和大专学历者以小学、中学为主要学习途径；本科学历者的占比则要更高一些。

表 3-180　清水河口岸规范汉字学习途径的学历分布（多选）　　（单位：%）

学习途径	文盲、脱盲	小学	初中	高中	中专、大专	本科
幼儿园	0	13.0	14.3	26.7	28.2	42.4
小学	0	67.4	83.7	80.0	87.2	90.9
中学	0	0	79.6	80.0	89.7	93.9
大学	0	2.2	4.1	13.3	46.2	93.9
家庭教育	0	0	12.2	13.3	23.1	27.3
工作单位	5.0	0	12.2	26.7	43.6	57.6
培训机构	0	0	4.1	20.0	23.1	27.3
大众传媒	15.0	26.1	24.5	40.0	46.2	18.2
人际交往	60.0	52.2	57.1	46.7	51.3	24.2
自学	55.0	19.6	14.3	26.7	23.1	15.2

4. 规范汉字学习途径的年龄分布

如表 3-181 所示，6～19 岁调查对象以小学为规范汉字的主要学习途径。20～39 岁调查对象以小学、中学为主要学习途径。

表 3-181　清水河口岸规范汉字学习途径的年龄分布（多选）　　（单位：%）

学习途径	6～19 岁	20～39 岁	40～59 岁	60 岁以上
幼儿园	34.9	20.2	8.1	12.5
小学	76.7	77.2	59.5	37.5
中学	48.8	65.8	54.1	25.0
大学	0	36.8	29.7	0
家庭教育	14.0	14.9	8.1	0
工作单位	0	28.1	32.4	0
培训机构	0	16.7	10.8	0
大众传媒	25.6	28.1	37.8	0
人际交往	48.8	43.0	56.8	75.0
自学	11.6	23.7	24.3	37.5

（二）规范汉字学习的难易程度

1. 规范汉字学习难度的领域分布

如表 3-182 所示，认为规范汉字学习非常容易占比最高的是大众传媒领域调查对象；认为规范汉字学习非常困难占比最高的是其他领域调查对象。

表 3-182　清水河口岸规范汉字学习难易程度的领域分布　　（单位：%）

难易程度	官方工作	文化教育	公共服务	大众传媒	其他领域
非常容易	3.7	0	11.8	20.0	8.0
比较容易	37.0	19.0	52.9	20.0	20.7
一般	55.6	66.7	20.6	60.0	29.9
比较困难	3.7	11.9	8.8	0	23.0
非常困难	0	2.4	5.9	0	17.2
不知道	0	0	0	0	1.2

2. 规范汉字学习难度的民族分布

如表 3-183 所示，汉族调查对象认为规范汉字习得非常容易的比例高于少数民族。

表 3-183　清水河口岸规范汉字学习难易程度的民族分布　　（单位：%）

难易程度	汉族	少数民族
非常容易	7.2	6.4
比较容易	27.0	34.0
一般	40.1	42.6
比较困难	17.1	8.5
非常困难	8.6	8.5
不知道	0	0

3. 规范汉字学习难度的学历分布

如表 3-184 所示，整体情况而言，学历高的调查对象，一般会认为规范汉字学习难度不高。

表 3-184　清水河口岸规范汉字学习难易程度的学历分布　　（单位：%）

难易程度	文盲脱盲	小学	初中	高中	中专、大专	本科
非常容易	5.3	4.3	6.3	15.4	5.1	12.1
比较容易	10.5	17.0	25.0	38.5	48.7	33.3
一般	0	31.9	56.2	46.1	43.6	48.5
比较困难	31.6	34.0	10.4	0	2.6	6.1
非常困难	52.6	12.8	2.1	0	0	0
不知道	0	0	0	0	0	0

4. 规范汉字学习难度的年龄分布

如表 3-185 所示，各年龄段群体学习规范汉字的难度值基本跟年龄呈正相关。

表 3-185　清水河口岸规范汉字学习难易程度的年龄分布　　（单位：%）

难易程度	6～19 岁	20～39 岁	40～59 岁	60 岁以上
非常容易	0	8.1	10.5	12.5
比较容易	28.6	37.0	7.9	12.5
一般	59.5	35.1	42.1	12.5
比较困难	9.5	13.5	26.3	12.5
非常困难	2.4	6.3	13.2	50.0
不知道	0	0	0	0

（三）规范汉字学习的制约因素

1. 规范汉字学习制约因素的领域分布

如表 3-186 所示，关于制约规范汉字学习的首要因素，官方工作领域认为是多音字多、笔顺复杂，文化教育领域认为是多音字多，公共服务领域认为是结构复杂，大众传媒领域认为是形似字多，其他领域认为是笔顺复杂。

表 3-186　清水河口岸规范汉字学习制约因素的领域分布（多选）　　（单位：%）

制约因素	官方工作	文化教育	公共服务	大众传媒	其他领域
字数多	16.7	13.5	16.2	20.0	17.2
多音字多	40.0	54.1	27.0	70.0	23.0
形似字多	33.3	40.5	32.4	80.0	23.0

续表

制约因素	官方工作	文化教育	公共服务	大众传媒	其他领域
笔画多	20.0	35.1	32.4	50.0	29.9
笔顺复杂	40.0	37.8	40.5	30.0	42.5
结构复杂	33.3	35.1	45.9	30.0	40.2

2. 规范汉字学习制约因素的民族分布

如表 3-187 所示，各民族认为对规范汉字学习影响最小的因素是字数多，笔顺复杂是制约规范汉字学习的首要因素，其次是笔画多、结构复杂、多音字多。

表 3-187　清水河口岸规范汉字学习制约因素的民族分布（多选）　（单位：%）

制约因素	汉族	少数民族
字数多	13.7	23.4
多音字多	33.3	36.2
形似字多	31.4	31.9
笔画多	34.0	40.4
笔顺复杂	40.5	40.4
结构复杂	39.2	31.9

3. 规范汉字学习制约因素的学历分布

如表 3-188 所示，关于制约规范汉字学习的首要因素，文盲脱盲、小学学历者认为是结构复杂，初中学历者认为是笔顺复杂，高中学历者认为是笔顺复杂和结构复杂，中专、大专学历者认为是多音字多，本科学历者认为是多音字多、形似字多。

表 3-188　清水河口岸规范汉字学习制约因素的学历分布（多选）　（单位：%）

制约因素	文盲、脱盲	小学	初中	高中	中专、大专	本科
字数多	6.7	27.0	14.3	26.7	12.8	15.2
多音字多	3.3	32.4	26.5	26.7	59.0	48.5
形似字多	3.3	29.7	24.5	26.7	48.7	48.5
笔画多	3.3	48.6	38.8	13.3	28.2	33.3
笔顺复杂	13.3	70.3	46.9	33.3	30.8	36.4
结构复杂	16.7	73.0	36.7	33.3	41.0	18.2

4. 规范汉字学习制约因素的年龄分布

表3-189　清水河口岸规范汉字学习制约因素的年龄分布（多选）　（单位：%）

制约因素	6~19岁	20~39岁	40~59岁	60岁以上
字数多	23.3	12.3	21.6	12.5
多音字多	39.5	33.3	32.4	25.0
形似字多	30.2	31.6	40.5	25.0
笔画多	32.6	29.8	32.4	37.5
笔顺复杂	39.5	42.1	40.5	37.5
结构复杂	41.9	35.1	32.4	37.5

如表3-189所示，关于制约规范汉字学习的首要因素，6~19岁调查对象认为是结构复杂，20~39岁的调查对象认为是笔顺复杂，40~59岁的调查对象认为是形似字多、笔顺复杂，60岁以上群体则认为是笔画多、笔顺复杂、结构复杂。

（四）规范汉字学习的重视度

1. 规范汉字学习重视度的领域分布

如表3-190所示，大众传媒领域群体"比较重视"规范汉字学习的比例最高。官方工作领域"非常重视"规范汉字学习的比例最高。其他领域的调查对象不重视、不知道的所占比例最高。

表3-190　清水河口岸规范汉字学习重视程度的领域分布　（单位：%）

重视程度	官方工作	文化教育	公共服务	大众传媒	其他领域
非常重视	50.0	32.5	50.0	10.0	20.9
比较重视	36.7	55.0	35.3	80.0	47.7
不太重视	13.3	7.5	2.9	0	5.8
不重视	0	0	5.9	10.0	14.0
不知道	0	5.0	5.9	0	11.3

2. 规范汉字学习重视度的民族分布

如表3-191所示，汉族调查对象持比较重视规范汉字学习态度的比例最高。少数民族调查对象中，比较重视规范汉字学习的比例最高。

表 3-191　清水河口岸规范汉字学习重视程度的民族分布　　　（单位：%）

重视程度	汉族	少数民族
非常重视	34.0	25.5
比较重视	44.5	55.3
不太重视	6.5	4.3
不重视	7.8	6.4
不知道	7.2	8.5

3. 规范汉字学习重视度的学历分布

如表 3-192 所示，从学历分布看，高中学历者非常重视规范汉字学习的占比是最高的。部分文盲、脱盲学历的调查对象或对此无法评判，或选择不重视态度。

表 3-192　清水河口岸规范汉字学习重视程度的学历分布　　　（单位：%）

重视程度	文盲、脱盲	小学	初中	高中	中专、大专	本科
非常重视	15.0	15.2	20.4	53.3	46.4	51.5
比较重视	20.0	43.5	63.3	46.7	48.8	39.4
不太重视	5.0	8.7	6.1	0	2.4	9.1
不重视	25.0	15.2	8.2	0	2.4	0
不知道	35.0	17.4	20.0	0	0	0

4. 规范汉字学习重视度的年龄分布

如表 3-193 所示，各年龄段调查对象对规范汉字学习的重视度均为重视。

表 3-193　清水河口岸规范汉字学习重视程度的年龄分布　　　（单位：%）

重视程度	6~19 岁	20~39 岁	40~59 岁	60 岁以上
非常重视	23.3	37.7	27.0	12.5
比较重视	60.5	43.9	40.5	37.5
不太重视	9.3	6.1	5.4	0
不重视	2.2	7.0	16.2	12.5
不知道	4.7	5.3	10.9	37.5

（五）规范汉字相关活动的了解状况

1. 规范汉字相关活动了解状况的领域分布

表 3-194　清水河口岸规范汉字相关活动了解情况的领域分布　　（单位：%）

了解状况			官方工作	文化教育	公共服务	大众传媒	其他领域
全国规范汉字书写能力测评	了解程度	听说也参加过	10.0	2.7	0	0	0
		听说但没参加过	73.3	51.4	12.1	77.8	18.5
		没有听说过	16.7	45.9	87.9	22.2	81.5
	对推行规范汉字的作用	很大	33.3	44.5	27.0	60.0	16.1
		较大	20.0	22.2	10.8	20.0	9.2
		较小	20.0	8.3	2.7	10.0	9.2
		没有	13.4	0	13.6	10.0	5.7
		不知道	13.3	25.0	45.9	0	59.8
全国规范汉字书写大赛	了解程度	听说也参加过	6.7	2.7	0	0	0
		听说但没参加过	76.7	62.2	12.1	77.8	19.8
		没有听说过	16.6	35.1	87.9	22.2	80.2
	对推行规范汉字的作用	很大	36.7	48.6	30.4	66.7	15.9
		较大	30.0	25.7	12.1	22.2	9.8
		较小	10.0	0	3.0	0	3.7
		没有	16.6	5.7	3.0	11.1	6.1
		不知道	6.7	20.0	51.5	0	64.5

如表 3-194 所示，关于全国规范汉字书写能力测评的活动，官方工作领域群体的了解程度是各领域中最高的，公共服务领域群体的了解程度是最低的。关于全国规范汉字书写大赛的活动，官方工作领域群体听说过的比例最高，其次是文化教育领域群体，其他领域群体最低。

2. 规范汉字相关活动了解状况的民族分布

表 3-195　清水河口岸规范汉字相关活动了解情况的民族分布　　（单位：%）

了解状况			汉族	少数民族
全国规范汉字书写能力测评	了解程度	听说也参加过	6.5	4.3
		听说但没参加过	32.7	38.3
		没有听说过	60.8	57.4

续表

了解状况			汉族	少数民族
全国规范汉字书写能力测评	对推行规范汉字的作用	很大	28.1	27.7
		较大	13.7	17.0
		较小	5.2	10.6
		没有	9.2	10.7
		不知道	43.8	34.0
全国规范汉字书写大赛	了解程度	听说也参加过	7.8	2.1
		听说但没参加过	36.6	44.7
		没有听说过	55.6	53.2
	对推行规范汉字的作用	很大	28.1	29.8
		较大	15.0	19.1
		较小	10.5	10.7
		没有	5.2	6.4
		不知道	41.2	34.0

如表 3-195 所示，关于全国规范汉字书写能力测评活动、全国规范汉字书写大赛，汉族调查对象的了解程度明显低于少数民族调查对象。

3. 规范汉字相关活动了解状况的学历分布

如表 3-196 所示，随着学历的升高，各学历群体规范汉字相关活动的了解程度也逐渐增加。其中本科学历调查对象的所占比例最高，文盲、脱盲学历调查对象为最低。

表 3-196　清水河口岸规范汉字相关活动了解情况的学历分布　　（单位：%）

了解状况			文盲脱盲	小学	初中	高中	中专大专	本科
全国规范汉字书写能力测评	了解程度	听说也参加过	0	0	0	0	2.9	2.7
		听说但没参加过	0	7.3	37.5	38.5	48.6	64.9
		没有听说过	100	92.7	62.5	61.5	48.5	32.4
	对推行规范汉字的作用	很大	3.3	10.5	27.1	30.8	24.0	54.5
		较大	0	7.9	20.8	7.7	20.0	30.3
		较小	0	0	6.3	0	24.0	6.1
		没有	0	7.9	6.2	0	4.0	3.0
		不知道	96.7	73.7	39.6	61.5	28.0	6.1

续表

了解状况			文盲脱盲	小学	初中	高中	中专大专	本科
全国规范汉字书写大赛	了解程度	听说也参加过	0	0	2.1	0	5.9	2.7
		听说但没参加过	0	7.5	43.8	38.5	47.1	75.7
		没有听说过	100.0	92.5	54.1	61.5	47.0	21.6
	对推行规范汉字的作用	很大	3.3	5.6	29.2	30.8	47.1	52.8
		较大	0	8.3	20.8	7.7	20.6	27.8
		较小	0	0	4.2	0	8.8	5.6
		没有	0	8.4	8.3	0	5.9	5.6
		不知道	96.7	77.7	37.5	61.5	17.6	8.2

4. 规范汉字相关活动了解状况的年龄分布

如表 3-197 所示，随着年龄的逐渐增加，各年龄段群体对规范汉字相关活动的了解程度逐渐降低，其中 6～19 岁群体对相关活动的了解程度最高。

表 3-197　清水河口岸规范汉字相关活动了解情况的年龄分布　（单位：%）

了解状况			6～19岁	20～39岁	40～59岁	60岁以上
全国规范汉字书写能力测评	了解程度	听说也参加过	4.6	7.9	5.4	0
		听说但没参加过	41.9	34.2	24.3	12.5
		没有听说过	53.5	57.9	70.3	87.5
	对推行规范汉字的作用	很大	23.3	33.3	16.2	0
		较大	23.3	10.5	13.5	0
		较小	18.5	16.7	8.1	0
		没有	2.3	3.5	5.4	25.0
		不知道	32.6	36.0	56.8	75.0
全国规范汉字书写大赛	了解程度	听说也参加过	9.3	8.8	10.8	0
		听说但没参加过	44.2	35.1	32.4	12.5
		没有听说过	46.5	56.1	56.8	87.5
	对推行规范汉字的作用	很大	25.6	34.2	18.9	0
		较大	23.3	14.0	13.5	0
		较小	16.2	11.4	10.9	0
		没有	4.7	4.4	8.1	12.5
		不知道	30.2	36.0	48.6	87.5

四、清水河口岸的规范汉字认同状况

（一）规范汉字的认知状况

1. 规范汉字的重要性认知

（1）规范汉字重要性认知的领域分布

如表 3-198 所示，各领域调查对象基本都是将规范汉字的重要性排列为第一位，其中占比最高的是大众传媒领域的调查对象。

表 3-198　清水河口岸规范汉字重要性认知的领域分布　　（单位：%）

领域	规范汉字	本民族文字	其他民族文字	英文
官方工作	90.0	3.3	3.3	3.4
文化教育	90.5	7.1	0	2.4
公共服务	93.5	6.5	0	0
大众传媒	100.0	0	0	0
其他领域	83.1	14.5	0	2.4

（2）规范汉字重要性认知的民族分布

如表 3-199 所示，规范汉字对于各民族调查对象来说均为重要性排名第一的文字，汉语调查对象持此观点的占比稍高于少数民族调查对象。调查对象将英文作为重要性排名第一文字的占比较低。

表 3-199　清水河口岸文字重要性认知（排名第一）的民族分布　　（单位：%）

汉族关于重要性排名第一的语言认知				
规范汉字	其他民族文字		英文
96.6	0.7		2.7
少数民族关于重要性排名第一的语言认知			
规范汉字	本民族文字	其他民族文字	英文
84.0	16.0	0	0

（3）规范汉字重要性认知的学历分布

如表 3-200 所示，在清水河口岸各学历调查对象中，大部分人员都认为规范汉字是重要性排名第一的文字，即使是持此观点占比最低的文盲、脱盲者，占比也达到了70%以上。

表 3-200 清水河口岸文字重要性认知（排名第一）的学历分布 （单位：%）

学历	规范汉字	本民族文字	其他民族文字	英文
文盲、脱盲	71.4	28.6	0	0
小学	93.2	2.3	0	4.5
初中	84.0	16.0	0	0
高中	93.3	6.7	0	0
中专、大专	86.5	8.1	2.7	2.7
本科	91.4	5.7	0	2.9

（4）规范汉字重要性认知的年龄分布

如表 3-201 所示，各年龄段调查对象均将规范汉字视为重要性排名第一的文字，且各学历群体中持此观点的调查对象所占比例都比较高。

表 3-201 清水河口岸规范汉字重要性认知的年龄分布 （单位：%）

年龄段	规范汉字	本民族文字	其他民族文字	英文
6~19 岁	83.7	14.0	2.3	0
20~39 岁	89.2	8.1	0	2.7
40~59 岁	91.2	8.8	0	0
60 岁以上	83.3	16.7	0	0

2. 规范汉字的实用性认知

（1）规范汉字实用性认知的领域分布

表 3-202 清水河口岸规范汉字实用性认知的领域分布 （单位：%）

场合	实用性	官方工作	文化教育	公共服务	大众传媒	其他领域
工作学习	非常有用	82.8	61.0	54.1	22.2	37.9
	比较有用	17.2	31.7	24.3	77.8	33.0
	用处较小	0	0	13.5	0	16.2
	没什么用	0	7.3	19.0	0	12.6

续表

场合	实用性	官方工作	文化教育	公共服务	大众传媒	其他领域
日常生活	非常有用	69.0	35.7	43.2	22.2	37.9
	比较有用	27.6	42.9	24.3	77.8	33.3
	用处较小	3.4	11.9	19.0	0	16.2
	没什么用	0	9.5	13.5	0	12.6

如表3-202所示，在工作学习和日常生活中，官方工作领域调查对象认为规范汉字非常有用的占比最高，大众传媒领域调查对象认为比较有用的占比最高。认为规范汉字在工作学习、日常生活中没什么用的群体，主要是公共服务、其他领域的调查对象。

（2）规范汉字实用性认知的民族分布

如表3-203所示，整体上看，认为规范汉字有用的少数民族所占比例高于汉族，但各民族均有一些调查对象认为规范汉字用处较小。

表3-203　清水河口岸规范汉字实用性认知的民族分布　　（单位：%）

场合	实用性	汉族	少数民族
工作学习	非常有用	50.0	54.2
	比较有用	28.6	41.7
	用处较小	11.0	4.1
	没什么用	10.4	0
日常生活	非常有用	43.5	37.5
	比较有用	31.8	45.8
	用处较小	12.4	12.5
	没什么用	12.3	4.2

（3）规范汉字实用性认知的学历分布

如表3-204所示，在工作学习和日常生活中，认为规范汉字非常有用且占比最高的是高中学历调查对象；认为规范汉字没什么用且占比最高的是文盲、脱盲学历的调查对象。

表 3-204　清水河口岸规范汉字实用性认知的学历分布　　（单位：%）

场合	实用性	文盲、脱盲	小学	初中	高中	中专、大专	本科
工作学习	非常有用	30.0	43.5	40.8	80.0	59.5	76.5
	比较有用	15.0	28.3	42.9	20.0	40.5	23.5
	用处较小	20.0	8.6	6.1	0	0	0
	没什么用	35.0	19.6	10.2	0	0	0
日常生活	非常有用	30.0	43.5	32.7	66.7	54.1	45.7
	比较有用	25.0	28.3	40.8	33.3	40.5	42.9
	用处较小	10.0	8.6	12.2	0	5.4	5.7
	没什么用	35.0	19.6	14.3	0	0	5.7

（4）规范汉字实用性认知的年龄分布

如表 3-205 所示，在工作学习中，6~19 岁群体对认为规范汉字实用性的认知度最高。60 岁以上群体认为用处较小、没什么用的比例之和，是所有年龄段中最高的。在日常生活中，20~39 岁调查对象对规范汉字实用性的认知度最高。

表 3-205　清水河口岸规范汉字实用性认知的年龄分布　　（单位：%）

场合	实用性	6~19 岁	20~39 岁	40~59 岁	60 岁以上
工作学习	非常有用	46.5	56.1	40.5	50.0
	比较有用	39.5	28.1	35.1	25.0
	用处较小	4.7	10.5	10.9	0
	没什么用	9.3	5.3	13.5	25.0
日常生活	非常有用	37.2	43.9	40.5	50.0
	比较有用	37.2	36.0	35.1	25.0
	用处较小	11.6	12.2	10.9	0
	没什么用	14.0	7.9	13.5	25.0

3. 规范汉字相关知识学习必要性的认知

（1）规范汉字相关知识学习必要性认知的领域分布

如表 3-206 所示，认为很有必要学习规范汉字相关知识的，占比最高的是官方工作领域调查对象；认为完全没有必要学习规范汉字相关知识的，主要集中于公共服务、其他领域的调查对象。

表 3-206　清水河口岸规范汉字相关知识学习必要性的领域分布　　（单位：%）

知识内容	领域	很有必要	有必要	没多大必要	完全没必要	不知道
基础理论知识	官方工作	70.0	20.0	10.0	0	0
	文化教育	65.9	31.7	0	0	2.4
	公共服务	29.7	27.0	18.9	10.8	13.6
	大众传媒	40.0	50.0	10.0	0	0
	其他领域	25.3	25.3	25.3	18.4	5.7
书法艺术	官方工作	63.3	26.7	10.0	0	0
	文化教育	19.5	61.0	17.1	0	2.4
	公共服务	32.4	8.1	29.7	18.9	10.9
	大众传媒	10.0	40.0	50.0	0	0
	其他领域	21.8	20.7	18.4	16.1	23.0
错别字辨析	官方工作	70.0	30.0	0	0	0
	文化教育	73.2	19.5	2.4	0	4.9
	公共服务	35.1	24.3	18.9	10.8	10.9
	大众传媒	30.0	50.0	20.0	0	0
	其他领域	33.3	25.3	11.5	10.3	19.6
书写技能	官方工作	80.0	10.0	10.0	0	0
	文化教育	48.8	41.5	7.3	0	2.4
	公共服务	43.2	29.7	5.4	10.8	10.9
	大众传媒	40.0	40.0	20.0	0	0
	其他领域	35.6	26.4	13.8	8.0	16.2

（2）规范汉字相关知识学习必要性认知的民族分布

如表 3-207 所示，在认为很有必要学习规范汉字相关知识的调查对象中，少数民族群体的占比略高于汉族。除书法艺术、书写技能的知识外，汉族认为完全没有必要学习规范汉字相关知识的，占比高于少数民族。

表 3-207　清水河口岸规范汉字相关知识学习必要性的民族分布　　（单位：%）

知识内容	民族	很有必要	有必要	没多大必要	完全没必要	不知道
基础理论知识	汉族	42.2	24.7	16.2	13.0	3.9
	少数民族	45.8	33.3	14.6	6.3	0
书法艺术	汉族	29.2	35.1	18.2	10.4	7.1
	少数民族	33.3	31.3	22.9	10.4	2.1
错别字辨析	汉族	49.7	24.5	9.8	7.7	8.3
	少数民族	50.0	33.3	10.4	4.2	2.1
书写技能	汉族	49.0	29.4	12.6	5.6	3.4
	少数民族	54.2	29.2	10.4	6.2	0

（3）规范汉字相关知识学习必要性认知的学历分布

表 3-208　清水河口岸规范汉字相关知识学习必要性的学历分布　　（单位：%）

知识内容	学历	很有必要	有必要	没多大必要	完全没必要	不知道
基础理论知识	文盲、脱盲	25.0	25.0	25.0	12.5	12.5
	小学	20.9	30.2	20.9	18.6	9.4
	初中	36.7	38.8	20.4	2.0	2.1
	高中	35.7	50.0	14.3	0	0
	中专、大专	68.6	17.2	14.2	0	0
	本科	71.4	20.0	5.7	2.9	0
书法艺术	文盲、脱盲	18.8	12.5	31.3	18.7	18.7
	小学	21.4	28.6	16.7	19.0	14.3
	初中	24.5	38.8	14.3	16.3	6.1
	高中	21.4	35.7	35.7	0	7.2
	中专、大专	55.6	13.9	25.0	5.5	0
	本科	34.3	45.7	17.1	2.9	0
错别字辨析	文盲、脱盲	25.0	18.8	25.0	12.5	18.7
	小学	42.9	16.7	11.9	14.3	14.2
	初中	49.0	34.7	8.2	4.1	4.0
	高中	35.7	35.7	21.5	0	7.1
	中专、大专	69.4	19.4	8.4	2.8	0
	本科	57.1	34.3	5.7	2.9	0
书写技能	文盲、脱盲	31.2	25.0	18.8	12.5	12.5
	小学	33.3	31.0	11.9	16.7	7.1
	初中	38.8	42.9	16.3	0	2.0
	高中	42.9	42.9	14.2	0	0
	中专、大专	77.8	13.9	5.6	2.7	0
	本科	65.7	28.5	2.9	2.9	0

如表 3-208 所示，认为很有必要学习基础理论知识的，占比最高的是本科学历者，认为很有必要学习书法艺术、错别字辨析、书写技能的，占比最高的是中专、大专学历者。

（4）规范汉字相关知识学习必要性认知的年龄分布

如表 3-209 所示，整体上看，6～19 岁的调查对象对规范汉字相关知识学习必要性的认知方面，高于其余年龄段群体。

表 3-209　清水河口岸规范汉字相关知识学习必要性的年龄分布　　（单位：%）

知识内容	年龄段	很有必要	有必要	没多大必要	完全没必要	不知道
基础理论知识	6~19 岁	44.7	36.8	13.2	0	5.3
	20~39 岁	50.0	25.5	19.1	4.5	0.9
	40~59 岁	32.4	29.4	17.6	11.8	8.8
	60 岁以上	0	42.9	14.3	28.6	14.2
书法艺术	6~19 岁	31.7	46.3	7.3	7.3	7.4
	20~39 岁	35.1	25.2	26.1	8.2	5.4
	40~59 岁	21.2	30.3	21.2	18.2	9.1
	60 岁以上	0	42.9	14.3	28.6	14.2
错别字辨析	6~19 岁	65.9	22.0	2.4	2.4	7.3
	20~39 岁	52.2	25.7	12.4	4.4	5.3
	40~59 岁	34.4	28.1	15.6	12.5	9.4
	60 岁以上	0	42.9	14.3	28.6	14.2
书写技能	6~19 岁	43.9	41.5	12.2	0	2.4
	20~39 岁	58.2	25.5	11.8	3.6	0.9
	40~59 岁	38.2	29.4	14.7	11.8	5.9
	60 岁以上	0	42.9	14.3	28.6	14.2

（二）规范汉字水平的期望状况

1. 规范汉字期望水平的领域分布

如表 3-210 所示，整体来看，各领域调查对象对本人规范汉字的期望水平均集中在能写文章或其他方面。

表 3-210　清水河口岸规范汉字期望水平的领域分布　　（单位：%）

规范汉字期望水平	官方工作	文化教育	公共服务	大众传媒	村寨生活
能写文章或其他	80.0	89.2	51.4	90.0	34.5
能写书信或简单文章	20.0	8.1	28.6	10.0	16.1
会写一些常用字	0	2.7	11.4	0	19.5
看得懂，不用会写	0	0	2.9	0	13.8
没用，不想学	0	0	5.7	0	16.1

2. 规范汉字期望水平的民族分布

表 3-211　清水河口岸规范汉字期望水平的民族分布　　　（单位：%）

规范汉字期望水平	汉族	少数民族
能写文章或其他	51.9	70.8
能写书信或简单文章	17.5	10.4
会写一些常用字	13.0	6.3
看得懂，不用会写	9.2	6.3
没用，不想学	8.4	6.2

如表 3-211 所示，清水河口岸各民族对本人能写文章或其他的规范汉字水平，期望值都是最高的，且少数民族的占比明显高于汉族。

3. 规范汉字期望水平的学历分布

如表 3-212 所示，整体而言，随着学历的升高，各学历群体对本人规范汉字水平的期望值也越来越高。

表 3-212　清水河口岸规范汉字期望水平的学历分布　　　（单位：%）

规范汉字期望水平	文盲、脱盲	小学	初中	高中	中专、大专	本科
能写文章或其他	15.0	28.3	61.2	60.0	69.2	97.0
能写书信或简单文章	5.0	6.5	24.5	33.3	25.6	3.0
会写一些常用字	25.0	23.9	12.2	6.7	2.6	0
看得懂，不用会写	25.0	21.7	2.1	0	2.6	0
没用，不想学	30.0	19.6	0	0	0	0

4. 规范汉字期望水平的年龄分布

如表 3-213 所示，各年龄段群体对本人规范汉字水平的期望状况不同，但是整体来讲，除 60 岁以上群体外，期望自己能写文章或其他的占比是最高的。

表 3-213　清水河口岸规范汉字期望水平的年龄分布　　　（单位：%）

规范汉字期望水平	6～19 岁	20～39 岁	40～59 岁	60 岁以上
能写文章或其他	65.1	57.0	54.1	12.5
能写书信或简单文章	14.0	18.4	10.8	12.5

续表

规范汉字期望水平	6~19岁	20~39岁	40~59岁	60岁以上
会写一些常用字	7.0	10.5	18.9	12.5
看得懂，不用会写	9.3	8.8	5.4	37.5
没用，不想学	4.6	5.3	10.8	25.0

（三）规范汉字的情感状况

1. 对规范汉字的喜爱程度

如表 3-214 所示，从领域分布来看，大众传媒群体对规范汉字的字形、书写感知、喜爱度的评价均是最高的。

表 3-214 清水河口岸规范汉字喜爱程度的领域分布　　（单位：%）

	字形感知	官方工作	文化教育	公共服务	大众传媒	其他领域
程度	很好看	33.3	29.7	43.2	36.4	26.4
	比较好看	20.0	32.4	13.5	54.5	20.7
	不太好看	36.7	29.7	24.3	9.1	16.1
	不好看	6.7	8.2	13.5	0	12.6
	不知道	3.3	0	5.5	0	24.2
书写感知		领域				
		官方工作	文化教育	公共服务	大众传媒	其他领域
程度	很好写	33.3	27.0	35.1	36.4	26.4
	比较好写	30.0	48.6	24.3	54.5	24.1
	不太好写	26.7	24.3	27.0	9.1	17.2
	不好写	6.7	0.1	5.4	0	8.0
	不知道	3.3	0	8.2	0	24.3
喜爱度		领域				
		官方工作	文化教育	公共服务	大众传媒	其他领域
程度	很喜欢	33.3	34.2	40.5	36.4	25.3
	比较喜欢	53.3	43.9	32.4	54.5	20.7
	不太喜欢	10.0	14.6	13.5	9.1	19.5
	不喜欢	3.4	2.4	5.4	0	11.5
	不知道	0	4.9	8.2	0	23.0

如表 3-215 所示，就整体情况而言，少数民族对规范汉字的字形、书写的感知，以及喜爱度，持肯定情况的占比高于汉族。

表 3-215 清水河口岸规范汉字喜爱程度的民族分布　　（单位：%）

字形感知		民族	
		汉族	少数民族
程度	很好看	33.1	25.0
	比较好看	20.1	33.3
	不太好看	22.1	25.0
	不好看	11.0	12.5
	不知道	13.7	4.2
书写感知		民族	
		汉族	少数民族
程度	很好写	30.5	25.0
	比较好写	28.0	43.8
	不太好写	21.4	22.9
	不好写	6.5	4.2
	不知道	13.6	4.1
喜爱度		民族	
		汉族	少数民族
程度	很喜欢	29.9	39.6
	比较喜欢	31.2	45.8
	不太喜欢	17.5	8.3
	不喜欢	8.4	2.1
	不知道	13.0	4.2

如表 3-216 所示，整体来看，本科学历调查对象对规范汉字的字形好看、书写好写、喜爱程度等方面的评价均是最高的，文盲、脱盲的调查对象对规范汉字的喜爱程度比较低。

表 3-216　清水河口岸规范汉字喜爱程度的学历分布　　　　（单位：%）

字形感知		学历					
		文盲、脱盲	小学	初中	高中	中专、大专	本科
程度	很好看	10.0	27.3	24.5	46.7	35.9	48.5
	比较好看	5.0	22.7	28.6	20.0	30.8	24.2
	不太好看	5.0	18.2	20.4	33.3	30.8	27.3
	不好看	10.0	9.1	26.5	0	2.5	0
	不知道	70.0	22.7	0	0	0	0
书写感知		学历					
		文盲、脱盲	小学	初中	高中	中专、大专	本科
程度	很好写	14.2	27.3	20.4	40.0	33.3	48.5
	比较好写	0	27.3	42.9	26.7	38.5	33.3
	不太好写	4.8	18.1	26.5	33.3	23.1	12.1
	不好写	14.3	2.3	10.2	0	2.6	6.1
	不知道	66.7	25.0	0	0	2.5	0
喜爱度		学历					
		文盲、脱盲	小学	初中	高中	中专、大专	本科
程度	很喜欢	15.0	26.1	24.5	53.3	28.2	57.6
	比较喜欢	0	17.4	44.9	20.0	61.5	39.4
	不太喜欢	15.0	15.2	26.5	26.7	7.7	3.0
	不喜欢	10.0	17.4	4.1	0	2.6	0
	不知道	60.0	23.9	0	0	0	0

2. 对书写水平的情感态度

（1）书写水平情感态度的领域分布

如表 3-217 所示，官方工作领域群体对高水平规范汉字书写人员持非常羡慕态度的比例最高；其他领域群体持无所谓态度的比例最高。

表 3-217　清水河口岸对规范汉字书写水平高于自己的情感态度的领域分布（单位：%）

情感态度类型	官方工作	文化教育	公共服务	大众传媒	其他领域
非常羡慕	50.0	36.5	30.6	22.2	14.6
羡慕	21.4	41.5	27.8	66.7	42.7
一般	28.6	12.2	27.8	11.1	19.5
无所谓	0	4.9	8.2	0	14.6
嫉妒	0	0	0	0	0
不知道	0	4.9	5.6	0	7.0

(2) 书写水平情感态度的民族分布

如表 3-218 所示，少数民族非常羡慕高水平规范汉字书写人员的比例较高，各民族对高水平规范汉字书写人员持羡慕态度的比例接近，汉族对高水平规范汉字书写人员持一般态度的较多，且有少数调查对象持嫉妒态度。

表 3-218　清水河口岸对高水平规范汉字书写人员情感态度的民族分布（单位：%）

情感态度类型	汉族	少数民族
非常羡慕	24.0	39.6
羡慕	37.7	37.5
一般	21.4	14.6
无所谓	8.4	8.3
嫉妒	1.4	0
不知道	7.1	0

(3) 书写水平情感态度的学历分布

如表 3-219 所示，对于高水平规范汉字书写人员，本科学历的调查对象持非常羡慕态度的比例最高；初中学历的调查对象持羡慕态度的比例最高；各学历调查对象无人持嫉妒态度；文盲、脱盲学历调查对象持不知道态度的比例最高。

表 3-219　清水河口岸对高水平规范汉字书写人员情感态度的学历分布（单位：%）

情感态度类型	文盲、脱盲	小学	初中	高中	中专、大专	本科
非常羡慕	5.0	21.7	8.2	40.0	43.6	54.5
羡慕	35.0	37.0	53.1	20.0	35.9	27.3
一般	10.0	19.6	30.6	20.0	17.9	15.2
无所谓	20.0	8.7	8.1	20.0	2.6	3.0
嫉妒	0	0	0	0	0	0
不知道	30.0	13.0	0	0	0	0

（四）规范汉字的意向状况

1. 规范汉字学习的主动性

如表 3-220 所示，从领域分布看，学习规范汉字主动性最强的是官方工作、文化教育、大众传媒领域的调查对象。

表 3-220　清水河规范汉字学习主动性的领域分布　　（单位：%）

频率	官方工作	文化教育	公共服务	大众传媒	其他领域
经常	44.4	41.5	14.3	55.6	7.1
有时	40.7	31.7	45.7	11.1	24.7
偶尔	11.2	24.4	17.1	33.3	18.8
不会	3.7	2.4	22.9	0	49.4

如表 3-221 所示，从民族分布看，少数民族学习规范汉字的主动性高于汉族，具体表现为少数民族的调查对象经常学习、有时学习规范汉字的比例高于汉族。

表 3-221　清水河口岸规范汉字学习主动性的民族分布　　（单位：%）

频率	汉族	少数民族
经常	19.5	31.3
有时	29.9	33.3
偶尔	23.3	22.9
不会	27.3	12.5

如表 3-222 所示，从学历分布看，高学历调查对象学习规范汉字的主动性比较高。

表 3-222　清水河口岸规范汉字学习主动性的学历分布　　（单位：%）

频率	文盲脱盲	小学	初中	高中	中专、大专	本科
经常	0	15.3	10.2	40.0	33.3	48.5
有时	20.0	21.7	32.7	33.3	44.4	33.3
偶尔	5.0	15.2	32.7	6.7	19.4	15.2
不会	75.0	47.8	24.4	20.0	2.9	3.0

2. 规范汉字的学习动机动机

如表 3-223 所示，从领域分布看，官方工作、公共服务领域群体学习规范汉字的外部动机比例所占比例较高。文化教育、大众传媒领域群体学习规范汉字兼有内、外部的学习动机。其他领域群体满足交际需求的外部学习动机的比例最高。

表 3-223　清水河口岸规范汉字学习动机的领域分布（多选）　（单位：%）

学习动机	官方工作	文化教育	公共服务	大众传媒	其他领域
为满足工作需要学习	86.7	64.9	73.0	70.0	33.3
为适应时代需要学习	66.7	70.3	73.0	70.0	42.5
个人兴趣爱好	30.0	37.8	18.9	40.0	12.6
为学习文化知识	66.7	75.7	45.9	50.0	40.2
应学校或单位要求	23.3	54.1	21.6	50.0	17.2
为提高个人素质	63.3	67.6	48.6	70.0	34.5
大家学所以跟着学	10.0	2.7	2.7	10.0	14.9
为满足内心成就感	16.7	5.4	10.8	20.0	11.5
满足交际需求	63.3	59.5	64.9	10.0	63.2

如表 3-224 所示，从民族分布看，清水河口岸汉族调查对象的学习动机主要集中在满足交际需求方面，少数民族的调查对象则主要集中在为适应时代需要学习规范汉字方面。

表 3-224　清水河口岸规范汉字学习动机的民族分布（多选）（单位：%）

学习动机	汉族	少数民族
为满足工作需要学习	53.9	60.4
为适应时代需要学习	54.5	64.6
个人兴趣爱好	19.5	29.2
为学习文化知识	51.9	50.0
应学校或单位要求	29.2	41.7
为提高个人素质	48.1	52.1
大家学所以跟着学	9.1	12.5
为满足内心成就感	11.7	10.4
满足交际需求	64.3	43.8

如表 3-225 所示，从学历分布看，文盲、脱盲学历者学习规范汉字持内部动机的比例稍高于外部动机。其余年龄段群体学习规范汉字的动机基本上是外部动机的比例高于内部动机的比例。

表 3-225　清水河口岸规范汉字学习动机的学历分布（多选）　（单位：%）

学习动机	文盲、脱盲	小学	初中	高中	中专、大专	本科
为满足工作需要学习	25.0	21.7	46.9	60.0	82.1	100.0

续表

学习动机	文盲、脱盲	小学	初中	高中	中专、大专	本科
为适应时代需要学习	20.0	32.6	55.1	86.7	71.8	85.3
个人兴趣爱好	0	19.6	20.4	20.0	23.1	38.2
为学习文化知识	10.0	41.3	55.1	66.7	61.5	73.5
应学校或单位要求	10.0	21.7	18.4	26.7	33.3	47.1
为提高个人素质	30.0	23.9	40.8	53.3	66.7	79.4
大家学所以跟着学	30.0	4.3	10.2	26.7	2.6	5.9
为满足内心成就感	15.0	4.3	10.2	33.3	12.8	11.8
满足交际需求	50.0	63.0	59.2	73.3	56.4	52.9

第四章　滇西边境口岸地区国家通用语言文字普及的思考

第一节　滇西边境口岸地区国家通用语言文字普及状况及成因

一、滇西边境口岸地区国家通用语言文字普及状况

（一）滇西边境口岸地区国家通用语言普及状况

1. 普通话能力水平的特点

（1）语用主体的普通话听说能力存在较大差异

如表4-1所示，滇西边境口岸地区调查对象的普通话表达能力明显弱于普通话的理解能力。

表4-1　滇西边境口岸语用主体地区普通话能力水平　　　　（单位：%）

听	所占比例	说	所占比例
完全能听懂	73.2	能熟练交谈，没有任何障碍	40.2
基本能听懂	16.0	能熟练交谈，有时候有障碍	18.3
能听懂一些日常用语	6.7	基本能交谈	16.9
基本听不懂	2.4	会说一些日常用语	13.5
完全听不懂	1.7	完全不会说	11.1

（2）不同群体间的普通话听说能力存在较大差异

如表4-2～表4-5所示，汉族调查对象的普通话听说能力优于少数民族，低年龄段调查对象的普通话听说能力优于高年龄段，男性调查对象的普通话听说能力优于女性，高学历调查对象的普通话听说能力优于低学历者。

表 4-2 滇西边境口岸地区各民族普通话能力水平 （单位：%）

普通话能力	等级	民族	
		汉族	少数民族
听	完全能听懂	88.3	67.2
	基本能听懂	10.0	18.3
	能听懂一些日常用语	0.8	9.1
	基本听不懂	0.6	3.2
	完全听不懂	0.3	2.2
说	能熟练交谈，没有任何障碍	50.5	35.9
	能熟练交谈，有时候有障碍	20.5	17.5
	基本能交谈	15.4	17.6
	会说一些日常用语	11.2	14.4
	完全不会说	2.4	14.6

表 4-3 滇西边境口岸地区各年龄段群体普通话能力水平 （单位：%）

普通话能力	等级	年龄段			
		6~19 岁	20~39 岁	40~59 岁	60 岁以上
听	完全能听懂	83.3	85.5	60.2	43.6
	基本能听懂	15.9	9.3	21.4	21.2
	能听懂一些日常用语	0.8	3.3	8.8	7.1
	基本听不懂	0	1.7	4.4	14.2
	完全听不懂	0	0.2	5.2	13.9
说	能熟练交谈，没有任何障碍	48.5	46.7	25.2	2.5
	能熟练交谈，有时候有障碍	28.8	18.1	17.5	9.8
	基本能交谈	18.4	20.2	20.8	21.1
	会说一些日常用语	4.3	10.7	16.8	32.0
	完全不会说	0	4.3	19.7	34.6

表 4-4 滇西边境口岸地区各性别群体普通话能力水平 （单位：%）

普通话能力	等级	性别	
		男性	女性
听	完全能听懂	73.9	69.5
	基本能听懂	18.3	15.2
	能听懂一些日常用语	4.5	7.2
	基本听不懂	0.5	3.1
	完全听不懂	2.8	5.0

续表

普通话能力	等级	性别	
		男性	女性
说	能熟练交谈，没有任何障碍	43.1	33.6
	能熟练交谈，有时候有障碍	22.2	23.0
	基本能交谈	16.1	15.8
	会说一些日常用语	10.5	12.7
	完全不会说	8.1	14.9

表 4-5　滇西边境口岸地区各学历群体普通话能力水平　　（单位：%）

普通话能力	等级	学历			
		文盲	小学	中学	大学
听	完全能听懂	33.0	50.6	94.1	96.0
	基本能听懂	32.4	10.9	5.9	4.0
	能听懂一些日常用语	12.8	17.2	0	0
	基本听不懂	7.5	10.1	0	0
	完全听不懂	14.3	11.2	0	0
说	能熟练交谈，没有任何障碍	3.1	9.0	45.5	82.0
	能熟练交谈，有时候有障碍	1.6	13.3	29.3	14.0
	基本能交谈	27.1	22.9	21.9	4.0
	会说一些日常用语	24.9	23.9	3.3	0
	完全不会说	43.3	30.9	0	0

（3）各领域群体的普通话听说能力存在较大差距

如表 4-6 所示，与其他工作领域群体相比，官方工作、文化教育、公共服务、大众传媒领域的工作人员学历较高，且工作上接触普通话的机会较多，拥有更多的学习和使用普通话的机会，所以这些群体的普通话使用能力明显要强于其他领域群体，但普通话表达能力水平都普遍低于普通话的听力水平；当然，官方工作、文化教育、公共服务、大众传媒各领域自身的普通话听说能力也是有一定的差距的。其他领域群体普通话听说能力水平是最低的。

第四章 滇西边境口岸地区国家通用语言文字普及的思考

表 4-6 滇西边境口岸地区各领域群体普通话能力水平 （单位：%）

普通话能力		领域				
		官方工作	文化教育	大众传媒	公共服务	其他领域
听	完全能听懂	100.0	94.3	87.5	95.2	60.5
	基本能听懂	0	4.6	12.5	4.1	17.2
	能听懂一些日常用语	0	1.1	0	0.7	9.6
	基本听不懂	0	0	0	0	5.6
	完全听不懂	0	0	0	0	7.1
说	能熟练交谈，没有任何障碍	63.0	67.3	74.4	36.6	23.8
	能熟练交谈，有时候有障碍	19.3	23.4	18.1	34.1	16.7
	基本能交谈	16.8	8.5	7.5	13.9	22.5
	会说一些日常用语	0.9	0.8	0	15.4	19.5
	完全不会说	0	0	0	0	17.5

2. 普通话使用频率的特点

（1）普通话使用频率低，语用主体间的差异较大

如表 4-7、表 4-8 所示，滇西边境口岸地区调查对象的普通话使用频率整体较低，不同类型语用主体的普通话使用频率具体为：男性高于女性，汉族高于少数民族。同时，结合前文有关数据可知，调查对象的普通话使用频率与其年龄、学历呈正相关。

表 4-7 滇西边境口岸地区普通话使用情况的性别分布 （单位：%）

普通话使用情况		工作学习	日常生活	民俗活动
男性	完全使用	16.6	9.8	6.0
	经常使用	20.7	14.8	8.1
	偶尔使用	24.8	33.5	20.0
	从不使用	37.9	41.9	65.9
女性	完全使用	16.6	8.7	5.7
	经常使用	20.5	18.3	10.7
	偶尔使用	21.8	27.4	23.5
	从不使用	41.1	45.6	60.1

表 4-8　滇西边境口岸地区普通话使用情况的民族分布　　　（单位：%）

普通话使用情况		工作学习	日常生活	民俗活动
汉族	完全使用	17.8	12.6	7.9
	经常使用	14.0	15.2	4.3
	偶尔使用	32.8	32.1	15.3
	从不使用	35.4	40.1	72.5
少数民族	完全使用	6.9	5.3	1.1
	经常使用	14.5	15.3	5.0
	偶尔使用	26.7	33.2	24.3
	从不使用	51.9	46.2	69.6

（2）普通话使用范围有限，不同场合中的差异较大

调查发现，滇西边境口岸地区调查对象使用普通话的范围非常有限，普通话一般只在正式、严肃的交际场合中使用：第一，如表 4-9 所示，教师和学生基本上仅在课堂中使用普通话，在课后的交流中则多使用方言或少数民族语言。

表 4-9　滇西边境口岸地区文化教育领域群体普通话使用情况　　（单位：%）

使用频率	课堂用语		课外用语			家长会	
	教师	学生	教师之间	学生之间	师生之间	教师发言	家长发言
完全使用	81.4	64.7	13.8	11.4	18.2	51.6	4.6
经常使用	14.8	30.5	27.1	42.6	42.8	28.6	26.2
偶尔使用	2.6	3.3	34.6	27.8	23.8	8.2	29.5
从不使用	1.2	1.5	24.5	18.2	15.2	11.3	39.7

第二，如表 4-10 所示，各单位工作人员（包括官方工作、大众传媒、公共服务领域群体）仅将普通话作为一种正式交际场景中的"工作用语"，与单位内部同事交流则通常使用汉语方言。

表 4-10　滇西边境口岸地区各单位工作人员普通话使用情况　　（单位：%）

使用频率	开会时使用普通话的频率			日常工作中使用普通话的频率	
	主持会议	传达上级指示	讨论、发言	同事之间	工作对象
完全使用	44.9	23.6	12.1	7.2	25.1
经常使用	31.2	40.5	30.8	18.1	27.0
偶尔使用	12.7	21.1	36.2	39.6	31.4
从不使用	11.2	14.8	20.9	35.1	16.5

第三，如表 4-11 所示，其他领域人员使用普通话的场合更加有限，人们除与听不懂本地汉语方言的外地人交流使用普通话之外，基本只是在行政事务、买卖、看病等场合偶尔使用普通话。

表 4-11　滇西边境口岸地区其他领域群体普通话使用频率分布　（单位：%）

使用频率	打招呼	聊天	生产劳动	买卖	看病	行政事务	民族节庆	婚嫁丧葬
完全使用	7.2	7.1	2.4	11.9	7.1	11.9	2.4	3.6
经常使用	11.9	3.6	4.8	16.7	13.1	17.9	4.8	4.8
偶尔使用	22.6	17.9	7.1	32.1	27.4	32.1	8.3	8.3
从不使用	58.3	71.4	85.7	39.3	52.4	38.1	84.5	83.3

3. 普通话认同和学习的特点

（1）普通话的情感认同高，但学习热情低

如表 4-12～表 4-15 所示，滇西边境口岸地区大部分调查对象对普通话的重要性、实用性都有着客观的认识，对普通话也有着良好的情感态度，但依然存在既渴望拥有良好的普通话能力水平又不愿意积极主动学习普通话的人员。

表 4-12　滇西边境口岸地区语言重要性认知（排名第一）情况　（单位：%）

语言	普通话	本民族语言（方言）	其他民族语言（方言）	英语
所占比例	60.9	24.5	3.7	10.9

表 4-13　滇西边境口岸地区普通话实用性的认知情况　（单位：%）

实用性	非常有用	比较有用	不太有用	没用	不知道
所占比例	76.0	16.8	3.2	0	4.0

表 4-14　滇西边境口岸地区普通话好听度的情感态度　（单位：%）

好听度	非常好听	比较好听	不太好听	不好听	不知道
所占比例	49.1	29.6	11.5	1.1	8.7

表 4-15　滇西边境口岸地区学习和使用普通话的情况　（单位：%）

频率	经常	有时	偶尔	不会	不知道
所占比例	15.7	21.3	20.0	38.0	5.0

显然，滇西边境口岸地区调查对象对普通话的认同度是非常高的，但学习热情与情感认同差距甚远。

（2）普通话学习情况在不同群体间差异较大

第一，如表 4-16 和表 4-17 所示，不同群体学习普通话的途径差异较大，具体表现为：学历较高群体的普通话学习途径较为多样，学历较低群体的学习路径比较局限；官方工作、文化教育及大众传媒领域调查对象的学习路径多样化，其他领域调查对象的学习途径比较单一。

表 4-16　滇西边境口岸各学历群体的普通话学习途径（多选）　（单位：%）

学历	幼儿园	小学	中学	大学	家庭教育	工作单位	培训机构	大众传媒	人际交往	自学
文盲	0	0	0	0	0	2.4	0	56.1	41.5	36.6
小学	42.9	85.7	0	0	7.1	5.7	5.7	75.0	41.4	27.1
中学	18.5	84.8	84.2	0	10.9	21.7	3.8	68.5	66.8	25.5
大学	18.3	86.3	88.3	83.2	38.1	68.0	14.7	71.6	74.1	7.6

表 4-17　滇西边境口岸地区各领域群体普通话学习途径（多选）　（单位：%）

领域	幼儿园	小学	中学	大学	家庭教育	工作单位	培训机构	大众传媒	人际交往	自学
官方工作	41.8	92.5	90.8	78.2	16.4	77.1	19.9	85.0	79.2	31.8
文化教育	69.1	95.5	76.1	32.7	18.1	20.2	22.6	84.1	60.3	49.6
大众传媒	28.9	89.7	84.8	65.9	14.1	65.6	43.1	82.2	66.9	51.7
公共服务	21.5	97.5	94.6	65.8	6.2	32.9	3.9	88.6	71.1	12.6
其他领域	15.0	81.2	53.0	11.7	8.3	12.5	5.8	76.3	41.1	12.1

第二，如表 4-18 所示，不同群体学习普通话的难易程度差距大，具体规律是：语音方面，随着年龄增加，学习难度逐渐加大；词汇方面，60 岁以上群体学习普通话的难度是最大的；语法方面，认为普通话学习非常困难的，20~39 岁调查对象所占比例最低。

表 4-18　滇西边境口岸地区各年龄段群体通话学习难度分布　　（单位：%）

类型		非常容易	容易	一般	困难	非常困难
6~19 岁	语音	17.5	30.5	23.6	18.9	9.5
	词汇	17.4	28.3	28.7	18.2	7.4
	语法	14.9	24.5	31.0	19.0	10.6
20~39 岁	语音	22.3	33.6	23.9	11.7	8.5
	词汇	23.1	30.3	31.6	11.5	3.5
	语法	19.6	32.7	25.6	11.6	10.5
40~59 岁	语音	12.5	20.5	21.6	30.8	14.6
	词汇	16.0	22.1	34.0	18.2	9.7
	语法	12.6	24.3	33.6	15.3	14.2
60 岁以上	语音	2.3	16.5	27.4	25.1	28.7
	词汇	6.5	18.7	37.4	21.0	16.4
	语法	6.5	18.7	37.4	21.0	16.4

第三，如表 4-19 所示，不同群体对普通话的重视程度差异大。各领域调查对象对普通话使用需求各不相同，这是造成各领域调查对象对普通话学习重视程度不同的主要原因之一。大众传媒领域群体对普通话的学习最重视，其他领域的普通话重视程度从高到低依次排序为：文化教育-官方工作-公共服务-其他领域。

表 4-19　滇西边境口岸地区各领域群体普通话重视程度　　（单位：%）

领域	非常重视	比较重视	不太重视	不重视	不知道
官方工作	28.7	34.5	14.6	19.4	2.8
文化教育	32.3	36.8	15.8	5.4	9.7
大众传媒	43.0	35.1	10.6	4.8	6.5
公共服务	23.3	33.4	20.2	15.7	7.4
其他领域	10.2	31.1	22.4	24.3	12.0

（二）滇西边境口岸地区国家通用文字普及状况

1. 规范汉字的能力水平偏低，且呈现出不平衡性

滇西边境口岸地区语用主体的规范汉字能力水平整体偏低，且存在较大差异性：

第一，如表 4-20 所示，滇西边境口岸地区调查对象的规范汉字学习效果不太

理想，且规范汉字的阅读能力和书写能力存在较大差异性。整体而言，滇西边境口岸地区调查对象的规范汉字阅读能力高于书写能力。

表 4-20　滇西边境口岸地区语用主体规范汉字能力水平　　（单位：%）

阅读能力	所占比例	书写能力	所占比例
能读书看报	60.4	能写文章或其他	49.5
能看懂家信或简单文章	22.7	能写家信或简单文章	26.6
认识一些常用词	10.9	会写一些常用词	14.5
基本看不懂	1.8	基本不会写	5.1
完全看不懂	4.2	完全不会写	4.3

第二，如表 4-21～表 4-23 所示，规范汉字能力水平在不同群体分布中呈现较大的不平衡性：从性别方面看，男性调查对象的规范汉字使用能力及掌握水平优于女性；不同年龄段调查对象和各民族调查对象，对于规范汉字的使用能力与掌握水平均存在较大差异，不平衡性较为突出。

表 4-21　滇西边境口岸地区规范汉字使用能力的性别分布表　　（单位：%）

规范汉字使用能力		性别	
		男	女
阅读能力	能读书看报	54.3	47.3
	能看懂家信或简单文章	20.8	16.6
	认识一些常用词	12.8	13.9
	基本看不懂	3.9	1.6
	完全看不懂	8.2	20.6
书写能力	能写文章或其他	39.4	32.7
	能写家信或简单文章	26.8	19.7
	会写一些常用词	18.4	16.1
	基本不会写	5.6	8.4
	完全不会写	9.8	23.1

表 4-22　滇西边境口岸地区规范汉字使用能力的年龄分布　　（单位：%）

规范汉字使用能力		年龄段			
		6~19 岁	20~39 岁	40~59 岁	60 岁以上
阅读能力	能读书看报	50.3	74.5	53.0	39.8
	能看懂家信或简单文章	38.4	11.9	16.1	11.7
	认识些常用词	10.1	8.5	11.5	17.8
	基本看不懂	0.6	2.4	7.5	6.3
	完全看不懂	0.6	2.7	11.9	24.4
书写能力	能写文章或其他	42.5	61.0	48.6	19.6
	能写家信或简单文章	40.8	19.0	10.6	14.7
	会写一些常用词	16.2	12.6	16.7	25.4
	基本不会写	0.5	4.4	9.3	12.8
	完全不会写	0	3.0	14.8	27.5

表 4-23　滇西边境口岸地区规范汉字使用能力的民族分布　　（单位：%）

规范汉字使用能力		民族	
		汉族	少数民族
阅读能力	能读书看报	74.0	53.8
	能看懂家信或简单文章	14.6	23.4
	认识些常用词	7.0	12.0
	基本看不懂	2.4	3.0
	完全看不懂	2.0	7.8
书写能力	能写文章或其他	64.4	42.6
	能写家信或简单文章	16.7	27.8
	会写一些常用词	12.3	15.3
	基本不会写	4.3	5.3
	完全不会写	2.3	9.0

第三，如表 4-24 所示，调查对象的学历与其规范汉字能力及水平呈现显著正相关性。

表 4-24 滇西边境口岸地区规范汉字使用能力的学历分布　　（单位：%）

规范汉字使用能力		学历							
		文盲	脱盲	小学	初中	高中	中专	大专	本科
阅读能力	能读书看报	0	0	7.9	68.5	82.1	100.0	97.9	100.0
	能看懂家信或简单文章	0	35.6	41.7	27.5	17.9	0	2.1	0
	认识一些常用词	1.2	44.4	36.2	4.0	0	0	0	0
	基本看不懂	16.3	6.7	10.3	0	0	0	0	0
	完全看不懂	82.5	13.3	3.9	0	0	0	0	0
书写能力	能写文章或其他	1.2	0	3.3	35.2	77.9	97.6	97.9	96.2
	能写家信或简单文章	0	0	37.4	43.8	14.6	2.4	2.1	3.8
	会写一些常用词	1.3	68.9	37.4	17.2	7.5	7.1	0	0
	基本不会写	5.0	17.8	16.9	3.8	0	0	0	0
	完全不会写	92.5	13.3	5.0	0	0	0	0	0

第四，如表 4-25 所示，大众传媒、官方工作、公共服务、文化教育领域群体的规范汉字使用能力最高、学习效果也最好，尤其是大众传媒和官方工作领域的调查对象；其他领域群体的规范汉字的使用能力水平较低。

表 4-25 滇西边境口岸地区规范汉字使用能力的领域分布　　（单位：%）

规范汉字使用能力		领域				
		官方工作	文化教育	公共服务	大众传媒	其他领域
阅读能力	能读书看报	97.3	59.5	78.5	100.0	33.9
	能看懂家信或简单文章	1.8	30.3	13.8	0	23.5
	认识一些常用词	0.9	8.8	5.6	0	20.7
	基本看不懂	0	0.7	1.4	0	7.9
	完全看不懂	0	0.7	0.7	0	14.0
书写能力	能写文章或其他	92.1	50.1	62.9	97.5	16.7
	能写家信或简单文章	3.5	35.2	19.1	2.5	26.7
	会写一些常用词	4.4	14.7	13.4	0	26.6
	基本不会写	0	0	3.9	0	12.5
	完全不会写	0	0	0.7	0	17.5

2. 规范汉字认同度整体较高，但学习主动性极低

第一，如表 4-26～表 4-28 所示，滇西口岸地区调查对象对规范汉字的重要性、实用性的认同度较高，对学习规范汉字知识的必要性多持积极态度。

表 4-26　滇西边境口岸地区文字重要性认知（排名第一）情况　（单位：%）

文字	规范汉字	本民族文字	其他民族文字	英文
所占比例	85.0	7.8	0.2	7.0

表 4-27　滇西边境口岸地区规范汉字实用性的认知情况　（单位：%）

场合	实用性				
	非常有用	比较有用	用处较小	没什么用	不知道
工作学习	73.4	19.2	3.6	3.0	0.8
日常生活	60.4	29.2	5.8	3.0	1.6

表 4-28　滇西边境口岸地区规范汉字知识学习必要性的认知　（单位：%）

内容		很有必要	有必要	没多大必要	完全没必要	不知道
基础理论知识		47.6	36.5	5.2	5.9	4.8
书写技能	笔画	49.4	36.9	5.2	5.2	3.3
	笔顺	49.4	36.9	5.2	5.2	3.3
	偏旁	46.4	41.0	4.1	5.2	3.3
	结构	47.2	40.3	3.3	5.5	3.7
书法艺术		31.4	42.8	11.8	5.8	8.2
错别字辨析		48.7	36.5	5.5	5.5	3.8

第二，如表 4-29 所示，调查对象对规范汉字的字形感觉、书写感觉、喜爱度等方面的情感态度较为积极。

表 4-29　滇西边境口岸地区规范汉字的情感态度　（单位：%）

	字形感觉			书写感觉			喜爱度	
程度	很好看	47.7	程度	很好写	41.1	程度	很喜欢	40.6
	比较好看	23.0		比较好写	35.9		比较喜欢	36.9
	不太好看	10.6		不太好写	12.4		不太喜欢	12.0
	不好看	12.6		不好写	5.1		不喜欢	3.8
	不知道	6.1		不知道	5.5		不知道	6.7

第三，如前所述，滇西边境口岸地区调查对象对本人的规范汉字水平具有一定的期望，尤其是高学历群体的期望值都比较高，但如表 4-30 所示，调查对象

学习规范汉字的主动性总体较差。

表 4-30　滇西边境口岸地区规范汉字学习主动性的情况　　（单位：%）

频率	经常	有时	偶尔	不会
所占比例	15.4	21.8	22.2	40.6

3. 规范汉字学习因不同因素影响而产生显著性差异

第一，不同学历、不同领域群体的规范汉字学习途径差异性较大。如表 4-31 和表 4-32 所示，学历越高者的规范汉字学习途径越广泛；而不同领域中，官方工作、文化教育、大众传媒领域群体的规范汉字学习途径较为丰富，其他领域群体的规范汉字学习途径较为狭窄。

表 4-31　滇西边境口岸地区规范汉字学习途径的学历分布（多选）（单位：%）

学习途径	学历					
	脱盲	小学	初中	高中	中专、大专	本科
幼儿园	1.8	23.7	19.8	21.6	35.5	39.2
小学	71.4	90.3	94.4	90.8	96.8	97.7
中学	0	0	61.3	59.8	56.6	73.0
大学	0	0.6	2.0	3.3	15.1	44.6
家庭教育	0	7.8	6.8	3.3	14.4	19.5
工作单位	1.3	0	3.1	8.4	15.2	34.3
培训机构	0	0	1.8	5.0	5.8	8.8
大众传媒	7.1	11.3	12.3	14.2	29.4	31.5
人际交往	15.7	13.1	16.7	11.7	12.8	8.0
自学	15.9	7.9	8.1	10.3	13.1	18.1

表 4-32　滇西边境口岸地区规范汉字学习途径的领域分布（多选）（单位：%）

学习途径	领域				
	官方工作	文化教育	公共服务	大众传媒	其他领域
幼儿园	33.8	52.3	23.1	15.9	7.0
小学	90.0	96.0	80.5	95.0	77.6
中学	73.0	59.6	59.2	87.6	33.9
大学	39.5	41.2	17.0	37.8	4.2
家庭教育	26.4	19.8	3.1	5.7	3.8
工作单位	30.8	21.0	12.0	8.5	2.9

续表

学习途径	领域				
	官方工作	文化教育	公共服务	大众传媒	其他领域
培训机构	17.2	14.8	2.7	0	2.9
大众传媒	28.9	16.9	21.2	48.2	16.9
人际交往	23.2	18.4	28.2	29.7	30.5
自学	42.3	8.7	7.2	10.9	17.5

第二，如表 4-33 所示，不同年龄群体对规范汉字学习难易程度的认知存在明显差异，同时结合前文有关调查对象关于规范汉字学习制约因素的认知情况，可知制约调查对象学习规范汉字的因素主要是笔画多、笔顺复杂等。

表 4-33　滇西边境口岸地区规范汉字学习难易程度的年龄分布　（单位：%）

难易程度	年龄段			
	6~19 岁	20~39 岁	40~59 岁	60 岁以上
非常容易	5.9	8.2	11.4	3.1
比较容易	54.3	52.3	33.6	14.2
一般	29.9	25.7	23.9	28.4
比较困难	9.3	10.0	20.0	29.9
非常困难	0.6	2.2	5.6	12.5
不知道	0	1.6	5.5	11.9

第三，如表 4-34 和表 4-35 所示，调查对象较为重视规范汉字的学习，但存在较为明显的年龄段差异，且在不同领域内的重视度差异也较大。

表 4-34　滇西边境口岸地区规范汉字学习重视度的年龄分布　（单位：%）

重视程度	年龄段			
	6~19 岁	20~39 岁	40~59 岁	60 岁以上
非常重视	48.3	56.4	55.1	39.7
比较重视	42.1	31.4	24.1	23.8
不太重视	6.9	6.9	5.0	7.2
不重视	1.5	1.8	6.0	3.1
不知道	1.2	3.5	9.8	26.2

表 4-35　滇西边境口岸地区规范汉字学习重视度的领域分布　　（单位：%）

重视程度	领域				
	官方工作	文化教育	公共服务	大众传媒	村寨生活
非常重视	57.4	59.0	54.7	60.0	39.2
比较重视	31.0	31.3	32.1	37.5	36.7
不太重视	10.7	6.1	5.8	0	7.0
不重视	0.0	2.3	5.1	2.5	4.2
不知道	0.9	1.3	2.3	0	12.9

4. 规范汉字已成为滇西边境口岸地区各领域使用频率最高的文字

如表 4-36 所示，规范汉字已成为滇西边境口岸地区各领域群体使用频率最高的文字，特别是在官方工作、文化教育、大众传媒和公共服务领域中。同时，在公众交际中，规范汉字的使用频率相对低于其他领域，有相当数量调查对象会在此领域中较多地使用少数民族文字。

表 4-36　滇西边境口岸地区规范汉字使用情况的领域分布　　（单位：%）

使用情况	官方工作	文化教育	公共服务	大众传媒	公众交际	日常生活
使用规范汉字	95.2	94.7	93.3	92.8	83.4	93.9
同时使用少数民族文字	4.8	5.3	6.7	7.2	15.6	6.1
只用本地少数民族文字	0	0	0	0	1.0	0

二、滇西边境口岸地区国家通用语言文字普及状况成因分析

（一）主观因素分析

1. 普通话普及状况的主观因素分析

（1）社会意识因素

第一，方言情结及语言偏见。滇西边境口岸地区汉语方言属于西南官话，居住于此的人在方言的长期使用过程中对它生出了浓厚的感情。在本地，说方言大多出于习惯或是为了交流更加方便。但若是在外乡，如能偶然之间与同乡说上几句方言，那就是情感的寄托。所以，很多人潜意识里都存在这样的方言情结。许

多本地人不愿意说普通话,也觉得没必要说普通话,在许多人的观念意识里,普通话成为了"外地人"的身份标记,代表着"归属感"的缺失。同时,还有少数本地人认为,除非是跟听不懂方言的外地人交流,否则在当地说普通话有"装腔作势"之感。这在一定程度上阻碍了普通话的传播和使用。

第二,漠视心理及旁观态度。调查显示:大部分调查对象认为,大众传媒领域出现普通话不规范现象是非常不应该的,文化教育、官方工作领域则次之,但这两个领域及公共服务领域如果出现普通话不规范现象,虽然不应该,但可以原谅。对于公众交际、日常生活这两大领域中出现的普通话不规范现象,绝大部分调查对象认为是无所谓的。可见,尽管多数人希望普通话在正式场合得以规范使用,但如果出现普通话不规范现象,绝大部分调查对象都是不予理睬的,也不会向该领域的有关部门或使用者本人反映。其中,部分调查对象还认为,如果别人使用不规范的普通话,自己指明的话,反而会造成双方交际的尴尬。

(2)个人情感因素

关于普通话的认同度,调查显示:有人觉得普通话非常好听,有人觉得不好听;有人认为它亲切,有人认为不亲切;有人认为它非常有用,有人觉得作用有限;有人对普通话说得好的人会心生羡慕之情,有人觉得无所谓。这些选择,明显都是基于语用主体自我对普通话的情感态度。同时,一些调查对象对本民族语言或当地汉语方言有着更深的情感,不愿意去说普通话。还有部分调查对象认为普通话能力水平的高低能够显示文化素养的高低,而有的人则认为普通话的好坏与文化素养毫无关系。此外,还有部分调查对象认为,外地人在日常交际中使用普通话很正常,但本地人使用普通话有时反而会遭受当地人的非议,日常交流只有使用当地汉语方言,才能获得身份认同感。

与此同时,如表4-37所示,滇西边境口岸地区调查对象对《国家通用语言文字法》的理解也存在一些认识的误区,如有一部分调查对象当被问及"是否支持立法规范普通话、规范汉字"时,会表示不理解;还有调查对象表示,普通话的使用是个人的事,不需要特别颁布相关的法律法规。

表4-37 滇西边境口岸地区语言文字法主观情感对比 (单位:%)

类型	情感态度		
	积极态度	消极态度	不知道
普通话	66.8	25.5	7.7
规范汉字	69.2	19.8	11.0
《国家通用语言文字法》	57.3	26.1	16.6

（3）学习动机因素

如表 4-38 所示，滇西边境口岸地区调查对象学习普通话的动机较为多样，且与调查对象的文化背景、生活阅历有关。在不同学习动机的影响下，调查对象学习普通话的热情各不相同，这也是影响普通话普及的因素之一。此外，滇西边境口岸地区调查对象中，主动学习普通话的调查对象也大多集中于"有时"学习、"偶尔"学习方面；只有出现工作、学习需要时，才会主动学习。整体而言，调查对象学习普通话的主动性不高。至于《国家通用语言文字法》的学习，很多调查对象对"为何学习《国家通用语言文字法》"，均表示不知。

表 4-38　滇西边境口岸地区普通话的学习目的（多选）　（单位：%）

普通话学习目的	所占比例
满足工作需要	53.7
适应时代社会发展	82.0
个人兴趣爱好	16.6
学习文化知识	75.0
学校（单位）要求	37.2
提高个人素质	47.5
大家学，所以跟着学	17.3
内心具有成就感	36.1
满足交际需求	79.9

2. 规范汉字普及状况的主观因素分析

（1）受教育程度因素

如表 4-39～表 4-41 所示，首先，60 岁以上调查对象的学历最低，20～39 岁年龄段调查对象学历较高，而 6～19 岁年龄段的调查对象主要集中于中小学生。因此，不同年龄段调查对象的文化水平或者说受教育程度的差异，对各年龄段群体的规范汉字能力有较大影响，是造成不同年龄段人群规范汉字能力差异的重要因素之一。其次，调查对象所属民族及其受教育程度具有较为明显的差异。少数民族调查对象的学历和受文化教育程度普遍较低，在对规范汉字认同度也较高的情况下，其规范汉字的使用能力、学习效果和使用频率都低于汉族调查对象，除却其他主客观因素，该现象与调查对象的文化教育程度有一定关系。再次，通过不同领域调查对象的学历交叉分析，其他领域调查对象的学历最低，初中及以下学历者高达80%以上，大众传媒、官方工作领域的调查对象学历最高，专科及以上学历的约达到90%。而大众传媒和官方工作领域调查对象的规范汉字使用能力、学习效果、使用度和认同度等，在各领域中都相对较高；文化教育领域调查对象有一部分为小学生和初中生，对规范汉字的学习、使用等都均处于基础教育阶段，故对该领域的规范汉字普及度造成一定的影响；其他领域调查对象的规范汉字能力水平、学习效果、使用情况和认同情况，都明显低于上述各领域的调查对象。

表4-39 滇西边境口岸地区语用主体年龄段与学历分布情况 （单位：%）

学历	年龄段			
	6～19岁	20～39岁	40～59岁	60岁以上
文盲	0	2.1	9.0	16.7
脱盲	0	1.3	1.3	16.7
小学	35.1	11.8	20.5	16.7
初中	37.1	22.9	23.1	25.0
高中	13.1	5.1	7.7	8.3
中专	12.1	7.2	0	16.6
大专	1.3	24.6	20.5	0
本科	1.3	25.0	17.9	0

表4-40 滇西边境口岸地区语用主体民族与学历分布情况 （单位：%）

学历	汉族	少数民族
文盲	0	6.3
脱盲	1.4	1.6
小学	9.9	29.2
初中	21.7	31.2
高中	9.2	7.4
中专	8.5	6.9
大专	26.1	7.9
本科	23.2	9.5

表 4-41　滇西边境口岸地区语用主体领域与学历分布情况　　　（单位：%）

学历	领域					
	官方工作	文化教育	公共服务	大众传媒	村寨生活	缺失
文盲	0	0	0	0	13.9	10.0
脱盲	0	0	2.7	0	2.5	10.0
小学	0	27.1	8.1	0	36.7	20.0
初中	2.5	22.1	40.5	0	36.7	40.0
高中	5.0	10.1	10.8	10.0	5.1	0
中专	0	10.2	8.1	10.0	5.1	20.0
大专	47.5	11.9	17.6	60.0	0	0
本科	45.0	18.6	12.2	20.0	0	0

调查还发现，学历越高的调查对象，完成调查问卷的独立性越强，而学历越低的调查对象则相反，部分调查对象需要调查人员说明、解释方能完成问卷调查。此外，义务教育是规范汉字学习的重要途径，但在滇西边境口岸地区的村寨居民中，还是有儿童仅上完小学或尚未完成小学教育，还有一些初中生中途退学或毕业后不再继续接受教育等，受教育程度较低，大多只能在家务农，加之接触和使用规范汉字的机会有限，调查对象使用和掌握规范汉字的能力水平也就不断下降。

（2）观念与意向因素

调查发现，滇西边境口岸地区调查对象对《国家通用语言文字法》的知晓度总体偏低，对其相关规定内容的知晓度更低。调查显示：很多调查对象并不真正理解何为"国家以立法的形式推行规范汉字"，经调查人员反复解释和说明后，才会做出认同选择，显示出语言文字法律法规意识的淡薄。同时，在知晓其意后，调查对象虽然多表示对以立法形式推行规范汉字予以支持，并认为学习该法具有重要性，对推行规范汉字和规范使用汉字有着重要意义，但对于《国家通用语言文字法》及规范汉字相关规定的认知必要性，调查对象的认知依旧较低。

（3）个体身份因素

调查发现，调查对象所从事的职业对其规范汉字的使用具有影响：第一，单位工作人员调查对象对规范汉字的使用能力、使用频率与学习状况相对较好。工作人员调查对象，主要是分布于官方工作、文化教育、公共服务和大众传媒领域中；其中，大众传媒和官方工作领域的工作人员对规范汉字的使用能力、频率及习得能力最强，公共服务领域工作人员则较弱于其他领域群体。村寨居民对象对规范汉字的使用与学习最弱。学生群体中，小学生、初中生的规范汉字能力不够稳定，规范汉字的使用和学习处于发展状态中。第二，工作和学习对规范汉字的需求较大或要求较高的，在满足调查对象习得并使用规范汉字的同时，还让调查对象获得更多接触规范汉字的机会，在这样的良性循环下，调查对象的规范汉字能力就会得到不断提升。村寨居民对于规范汉字的需求则小得多，其规范汉字的能力和水平就会在此环境中不断削弱与萎缩。第三，在单位工作领域内，大众传媒、官方工作和文化教育领域的调查对象的规范汉字能力、使用与习得，均相对高于公共服务领域，其工作性质也是其重要的影响因素之一。

（4）学习动机因素

调查对象学习规范汉字的途径多为学校教育，而在校学生的规范汉字学习目的，主要是满足课程要求和升学需要，非在校调查对象大多不会自觉、主动地学习规范汉字，只有出现工作需求、交际需求、时代需要时才能学习，为满足求知欲、成就感和兴趣爱好而主动学习规范汉字的则很少。同时，多数调查对象认为，学习《国家通用语言文字法》比较重要，而且具有一定的意义，但在调查中，调查人员注意到一些调查对象会询问"了解或者学习这个法律对我有什么用"，由此可见，《国家通用语言文字法》的了解或者学习动机，对于大多数调查对象而言，基本是不明晰的。

（5）"思""行"之间的错位

滇西边境口岸地区调查对象对规范汉字的认同感普遍较高，多数调查对象对规范汉字的重要性和实用性认知都比较高，也希望自己能熟练使用规范汉字进行阅读与书写，并且多表示对规范汉字书写水平高于自己的人很是羡慕。同时，在进行规范汉字相关知识学习必要性的认知中，调查对象的必要性认知也近80%以上。但是，调查对象对规范汉字的习得行为、习得效果却与此产生了错位。具体分析如下：学生多因学校要求而学习，为学习文化知识、满足求知欲而自觉学习规范汉字的比例远低于前者；官方工作、文化教育、大众传媒和公共服务领域的调查对象中，大众传媒和文化教育领域人员对规范汉字的习得行为较为积极，习得效果也较好于其他领域，这主要源于其工作性质。此外，村寨居民对规范汉字的认同度虽相对低于上述领域调查对象，但认同度也相对较高，但其规范汉字的习得行为却更为被动，学习效果也比较差。由此可知，较高的认同度为规范汉字的普及创造了有利的心理条件，但是学习行为的滞后与错位，却严重影响了规范汉字的普及，这种矛盾现象与调查对象的文化水平、兴趣爱好、个人性格、时间因素、工作性质、生活环境等均有关系。

（二）客观因素分析

1. 普通话普及状况的客观因素分析

（1）环境因素

第一，地理环境因素。滇西边境口岸地区处于中缅边境，是中缅往来乃至中国与东南亚国家往来的门户，也是边境贸易的中心市场及多个相邻国家的物资集散地，流动人口，尤其是外国流动人口（以缅甸人为主）比较多，加之当地聚居着多种少数民族，使用着多种语言，从而使当地的语言资源呈现出较为丰富的状态：缅甸人能听懂和使用当地的汉语方言，当地人在与外地人的交流中学习到了普通话。同时，不同性别、年龄、职业的人与外界接触的机会并不均等，这就导致调查对象在普通话学习途径方面存在着各种差异，从而导致了人们普通话能力水平的差异。此外，由于滇西边境口岸地区多处于云南省西部的边远地区，当地的教育文化水平还有待提高，给普通话推广带来了一定的阻碍。相对而言，瑞丽口岸的经济及教育要发达一些，这也是瑞丽口岸的普通话普及度高于其他口岸的重要原因之一。

第二，社会环境因素。从人员构成方面看，滇西边境口岸地区具有两大特点：一是少数民族人数众多，且与汉族人数差距不大，在某些村寨和社区占据一定的优势地位。这与当地多民族大杂居、小聚居的居住方式有关。这就使当地居民在与不同民族交际时选择不同的语言：少数民族人员在与本族人交流时大多选用本民族语言，但与汉族人员交流时需选用汉语（主要以方言为主）。二是滇西边境口岸地区流动人口较多，包括外省同胞、缅甸华侨、外国人员（以缅甸人为主）。这就使当地人与不懂当地少数民族语言或汉语方言的外地人的接触机会增多，从而提升了当地人使用普通话的频率。与此同时，学习、使用普通话的机会，在不同民族、不同性别、不同年龄段的人群中的分布都是不均等的。因为口岸地区的流动人口基本上都是来此务工或做买卖的，与他们有来往的也大多是当地的经商人员。而经商人员以青壮年男性居多，且汉族多于少数民族。从经济发展、教育发展来看，地方经济的快速发展会带动当地教育的发展，而教育的发展也能给当地的经济发展提供宝贵人力资源。与发达城市相比，滇西边境口岸地区的经济发展、教育发展的程度都相对落后，但每个口岸又存在不同程度的差异。三个口岸中，瑞丽口岸的经济比其他口岸更为发达，大量外地人在此经商、居住，本地人与他们打交道时，就会越来越多地用到普通话，也能在话语交际中习得普通话。这就使当地人的普通话能力水平自然随着经济的发展及外地人的大量流入而不断得以加强。畹町口岸、猴桥口岸、清水河口岸三个口岸的经济则没有瑞丽口岸发达，外来流动人口也没有瑞丽多，当地人使用普通话的需求度不如瑞丽口岸，对普通话学习的重视程度也就较低。教育的发展程度不一致，也是导致不同口岸普通话普及度存在差异的一个原因。相比之下，瑞丽口岸的教育比其他口岸更发达，各级学校无论是数量还是质量，包括硬件设施、师资条件、优秀生源等，都优于其他口岸，当地的学生能享受到更加丰富的普通话学习资源，自然获得了更高的普通话能力水平。

第三，人文环境因素。本书的调查对象中，有很多都是世居于口岸的居民，其母语要么是本地汉族方言，要么是本民族语言（即少数民族语言）。因为绝大多数的少数民族也同样精通本地汉语方言，所以汉语方言在当地几乎能完成大部分人所有的日常交际任务；其中，少数调查对象会在商贸往来中接触到外省人，或者是在一些机关、单位接触到来自外地的工作人员，但即使如此，也还是有部分调查对象从不使用普通话。原因有二：一是本地汉语方言属于北方方言，虽然语言、词汇、语法等方面都与普通话有着一些差异，但大多数外地人还是基本能听懂的。二是许多本地人没有接受过系统的普通话培训或学习，觉得说普通话别扭且尴尬，所以一般情况下不愿意说普通话。从民族风俗方面看，当地大部分少数民族家庭都是以男性为主导，这在中老年调查对象中显得尤为突出。在这些家庭里，男性比女性拥有更多的受教育机会，也拥有更多外出务工的机会，而大部分女性接受教育的程度都非常低或根本就没有接受过正规的学校教育；加之女性成家后基本不与外界接触，多在家务农或操持家务，交际对象也就集中在本族人、本地人中。这就使得少数民族女性表现出比男性更低的普通话能力水平、更低的学习普通话的兴趣，自然也就无法认知普通话普及的功能和地位。

（2）政策因素

我国自实施《中华人民共和国国家通用语言文字法》（简称"国家通用语言文字法"）以来，国家通用语言文字的普及取得了可喜的成绩。滇西边境口岸地区的推普工作也在相关政策的引导下稳步进行。

第一，关于《国家通用语言文字法》中的刚性因素。《国家通用语言文字法》的第二章专门规定了国家通用语言文字的使用，其中第十条明确规定学校及其他教育机构以普通话为基本的教育教学用语（法律另有规定的除外）。调查发现，几乎所有中小学在招聘教师时都有对普通话水平等级的严格要求，语文学科教师的普通话为二级甲等，其他学科的教师则为二级乙等或三级甲等。但其中也有特殊情况，即对于政策明确之前就已从业的老教师，主要是通过教学期间的普通话考核和培训，通常也会要求其达到一定的等级。可以说，这一政策是刚性的要求，是每个学校必须严格遵守的。该政策的严格执行给当地学生提供了良好的普通话学习资源和学习榜样，但也有个别学校存在一些特殊情况，如猴桥镇余家寨的村办小学，因交通不便利，经济较落后，生活条件和教学条件较差，很难招聘并留下教师，教师的普通话能力和水平更是难以保障。此外，尽管滇西边境各口岸都有一些私立幼儿园，但教学资源及软硬件条件较差，教师的普通话口语水平也很难保证；即使是公立学校，很多教师也会因语用习惯等因素而不同程度地在课堂教学中使用汉语方言。

第二，关于《国家通用语言文字法》中的柔性因素。颁布和实施《国家通用语言文字法》的目的是"为推动国家通用语言文字的规范化、标准化及其健康发展，使国家通用语言文字在社会生活中更好地发挥作用，促进各民族、各地区经济文化交流。"故法规中对各行各业使用普通话的要求，都是规范性的，而非强制性的。例如：《国家通用语言文字法》第一章第八条规定："各民族都有使用和发展自己的语言文字的自由。"滇西边境口岸地区聚居着大量的少数民族，他们有使用和发展本民族语言文字的自由。这就意味着普通话的普及应因地制宜，发挥引导作用而非强制作用。又如：《国家通用语言文字法》第二章第九条规定："国家机关以普通话和规范汉字为公务用语用字。法律另有规定的除外。"《国家通用语言文字法》第二章第十六条对可以使用方言的四种情况进行了具体说明，其中包括"国家机关的工作人员执行公务时确需使用的"。可见《国家通用语言文字法》对公务用语的规定是柔性大于刚性，这与滇西边境口岸地区官方工作领域普通话普及状况是基本吻合的。再如：《国家通用语言文字法》第二章第十九条规定："凡以普通话作为工作语言的岗位，其工作人员应当具备说普通话的能力。以普通话作为工作语言的播音员、节目主持人和影视话剧演员、教师、国家机关工作人员的普通话水平，应当分别达到国家规定的等级标准；对尚未达到国家规定的普通话等级标准的，分情况进行培训。"此处，对其他以普通话为工作用语的单位，如银行、医院、商店、交通运输等服务行业，并未进行明确规定，"应当具备说普通话的能力"这一表述是具有弹性的；对未达规定标准人员分情况进行培训，也是柔性的，滇西边境口岸地区许多岗位的工作人员虽具有相应的普通话水平或经过培训也能达到，但在现实语言生活中，其普通话的使用频率及效果并不完全一致。

第三，相关政策的执行因素。《国家通用语言文字法》总则的第三条规定"国家推广普通话，推行规范汉字"，第四条规定"地方各级人民政府及其有关部门应当采取措施，推广普通话和推行规范汉字"。调查显示：滇西边境口岸地区的政府及有关部门对普及普通话都做过不同程度的宣传工作，也组织过数量不等、规模不同的普通话推广活动，但从调查对象对《国家通用语言文字法》的知晓度、参与推普活动或普通话培训的人数比例来看，这些宣传工作及活动的影响力并不是很理想，国家通用语言文字普及度尚需进一步加强和巩固。

2. 规范汉字普及状况的客观因素分析

（1）政策因素

《国家通用语言文字法》规定："国家机关以普通话和规范汉字为公务用语用字""学校及其他教育机构以普通话和规范汉字为基本的教育教学用语用字""汉语文出版物应当符合国家通用语言文字的规范和标准""汉语文出版物中需要使用外国语言文字的，应当用国家通用语言文字做必要的注释""公共服务行业以规范汉字为基本的服务用字。因公共服务需要，招牌、广告、告示、标志牌等使用外国文字并同时使用中文的，应当使用规范汉字""对外汉语教学应当教授普通话和规范汉字"等。可以看出，《国家通用语言文字法》中多出现软性语言"应当"，以此做出的即为弹性较大、重在引导的"柔性"规定，其法律约束力相对较低，这与我国的语言国情是相吻合的；但从另一方面看，也会因缺少对违反相关规定的行为没有采取处罚等强制性手段，从而导致《国家通用语言文字法》及相关规定的法律约束力与执行力相对较弱的现象。滇西边境口岸地区调查对象对不规范汉字的认知，基本都是"不应该""不对""不合适"，没有人将其提升到法律法规的高度来进行思考。与此同时，《国家通用语言文字法》有关规范汉字和少数民族文字的使用政策，需要语用主体具备较高的语用能力，并以此来驾驭规范汉字、本地少数民族文字之间的关系，这对于少数民族村寨居民来说，是很难达到的。

（2）执行因素

调查显示：滇西边境口岸地区大部分调查对象没有听说过或参与过有关规范汉字的宣传推广活动；调查对象对有关规范文字的法律法规的知晓度偏低；政府及有关部门宣传普及规范汉字，多采用张贴标语、广播宣传等方式，人民群众喜闻乐见、宣传效果良好的活动形式比较少。同时，《国家通用语言文字法》第三章"管理和监督"、《云南省国家通用语言文字条例》第八条等，都明确规定了各有关部门、各领域、公众对规范汉字使用的监督与管理的具体职责和执行措施，但调查显示：当地有关部门的监督管理机制还不完善，无法对当地规范汉字的使用情况进行有效监察和管理，而公众的参与度也比较低。

（3）人际交往因素

滇西边境口岸地区因其特殊的地理位置、众多的少数民族，也成为人们较为喜爱的旅游景点。随着外来人口的不断增加，当地的语言文字环境及语言生活状况也变得复杂起来。规范汉字为国家通用文字，其作为交际工具的通用性、普遍性，明显要高于其他少数民族文字。就此而言，滇西边境口岸地区的语境为规范汉字的普及和传播产生了积极的作用，但在村寨地区，规范汉字的普及却并不理想。村寨调查对象多为高度聚居的居住方式，人际交往多限于内部交流，与外界交流比较少，由此产生的普通话交际需求也较为薄弱；同时，村寨调查对象的生活方式较为单一，接触新鲜事物的机会比较少，渴求度也不高；至于宣传或发布文件、通知等，大多是由村委会采取广播、会议等形式进行。这些都对规范汉字的使用与推行产生了一定的消极影响。

（4）居住环境因素

调查显示：不同居住环境中的调查对象对规范汉字的习得与使用存在较大差异，不平衡性差距较大。城镇居民使用规范汉字的能力、情况和效果，明显高于村寨居民。这与村寨、城镇所特有的人文环境因素有关，如教育环境、文字环境、人际环境、文化氛围、观念态度、认知环境等，在上述差异性因素的综合作用下，调查对象对规范汉字的认同、学习、使用等多方面的认知、情感和意向均各不相同。这说明，人文环境与规范汉字的使用、普及存在相关性。此外，家庭环境因素，如家庭教育、家庭观念、家庭素质等，对后代的影响力也很大，而这也会表现在语用主体对规范汉字的习得、使用等方面。一般说来，城镇家庭，尤其是城镇单位家庭，更为重视教育，其文化意识较强，观念也较为开放，接触新事物的机会较多，人际也比较频繁，这些对于语用主体及其后代文化素养形成的影响力不可小觑。相对而言，村寨家庭，尤其是地处偏远地区的村寨家庭，由于受到各种因素局限性的影响，语用主体及其后代文化素养的形成就要弱得多。

（5）文字因素

从规范汉字本身来看，既有有利的方面，也有不利的方面：

关于有利的方面：首先，规范汉字是我国国家通用文字，国家通过对规范汉字地位的法律定位及相关规划，确保了规范汉字在国内的权威地位。从本体方面看，规范汉字规划不仅包括文字规范标准的制定与推行，还包括对文字在各方面上的规划。通过本体规划，规范汉字已成为我国最为完善的文字体系。从生态方面看，规范汉字规划更加重视文字的多样性与和谐性，使不同的文字各尽其能，各得其所。《国家通用语言文字法》明确规定："各民族都有使用和发展自己的语言文字的自由。"除此之外，规范汉字规划还包括声望规划、观念规划等。这些多维角度的规划，使得规范汉字拥有了地位、权威、声望、使用的优越性，以及较为有利的文字关系。其次，规范汉字所具有的地位、权威、声望、优点等，使得规范汉字的使用范围越来越广，其交际有效性也越来越强，随之所产生的是语用主体对规范汉字的声望、认可度也越来越强，由此规范汉字便在一种"由上而下"有意识推行、"由下而上"自发性使用的双向模式中获得有效的传播和普及。滇西边境口岸地区调查对象中,除汉族外,多为傣族、傈僳族、景颇族等,多数少数民族调查对象表示只会说本民族语言,仅有少数调查对象会使用本民族文字,大多为学历较高或年纪较大的调查对象。因此,规范汉字便成为了人们日常交际的选择。

关于不利的方面:规范汉字已成为滇西边境口岸地区人们使用频率最高、使用范围最广的文字,但调查也发现,调查对象对规范汉字的学习效果并不理想,使用能力水平参差不齐,除个人因素、社会因素外,还有文字本身的因素。首先,规范汉字有"四难""四多"问题,给规范汉字的习得与传播造成一定的难度。其次,规范汉字与语用主体的文化水平有关。随着当今科学技术的发展,人们基本可以通过新媒体中的语音功能完成话语交际任务,很多调查对象都能听懂普通话,会说汉语方言,但却不会阅读和书写规范汉字,或者只会一些常用字,即使是规范汉字使用能力水平较高的调查对象,也因为依赖计算机输入而表现出了规范汉字书写能力不稳定的状况,会读会看会写,但书写的正确率并不高。这些因素都对规范汉字的普及造成了一定的影响。

第二节 滇西边境口岸地区国家通用语言文字的传播

一、滇西边境口岸地区国家通用语言文字发展趋势

(一)国家通用语言文字的传播范围将不断扩大

在滇西边境口岸地区,国家通用语言文字已经得到了民众较高的认同,但受各种主客观因素的影响,普通话和规范汉字的习得效果与使用情况不是很理想,但随着国家通用语言文字推广工作的持续深入及滇西边境口岸地区开放程度的日益提升,普通话和规范汉字在各大领域,尤其是在公众交际和日常交际领域中的运用,将得到更为明显的发展。

第一,调查显示:以普通话作为下一代母语来学习的家庭数目呈增长趋势,特别是在经济、教育较为发达的瑞丽口岸,已逐渐出现一批对孩子说普通话的年轻父母。这些孩子日后将成为以普通话为母语甚至以普通话为日常交际工具的语用群体。

第二,随着滇西边境口岸地区教育教学的发展,普通话和规范汉字在校园内的传播会变得更加完善,普通话和规范汉字的能力水平亦将成为教师招聘中重要的考量指标。以学校为主阵地的国家通用语言文字教育,必将推动当地居民普通话和规范汉字水平的提升。人们因能力水平欠佳而不敢开口说普通话、不敢提笔写字的负面情绪也会不断降低。自然,普通话也将从"官方语言"层面,进入普通民众日常交际用语的层面,规范汉字也将逐渐广泛应用于各个领域。

第三，国家通用语言文字推广活动的影响力将不断深入。调查人员了解到，调查对象参与或了解国家通用语言文字活动的时间基本集中于近几年，且人数呈逐年递增趋势。这说明，政府及相关部门的国家通用语言文字推广工作，近年来增加了力度，也逐步彰显出成效。依照此发展趋势，随着政府及相关部门加大推广力度，国家通用语言文字相关推广活动的影响力也会逐步加深。

（二）国家通用语言文字普及的不平衡性将在一定时期内存在

调查显示：滇西边境口岸地区的国家通用语言文字普及度还不高，但国家通用语言文字的普及并不是一朝一夕就可以完成的，也不可能是立竿见影的事情。在此过程中，普通话和规范汉字普及的不平衡性依然会是一个较为突出的问题。

第一，官方工作、大众传媒和学校教育领域的人员，在受教育程度上依然占有绝对的优势，且享有良好的国家通用语言文字的学习资源。所以，长时间内，上述领域人员的普通话和规范汉字的能力水平仍将呈现出明显的优势。公共服务领域的国家通用语言文字使用情况，在这一阶段也会有长足的发展，但仍不能突破自身局限而有较大的发展。公众交际领域、日常交际领域的国家通用语言文字状况跟前面提及的领域会出现较大的差距。

第二，少数民族村寨居民及重体力劳动人员的国家通用语言文字能力水平，在一定时期内不会有显著提升。调查显示：少数民族调查对象的母语基本还是本民族语言，且总体上的受教育程度还是要比汉族低一些。因此，国家通用语言文字在少数民族中的普及，依然需要持续一段时间，且在短期内难以发生显著变化。此外，当地从事农业生产、建筑装修等重体力劳动的人员，由于受教育程度总体偏低，对他们提升国家通用语言文字能力形成了严重障碍，加之职业性质所导致其学习、使用普通话和规范汉字的机会相对要少，自身缺乏学习、使用普通话和规范汉字的内部需求，他们的普通话、规范汉字的能力水平提升难度也比较大。

第三，村寨的国家通用语言文字发展依然会弱于城镇市区的发展。综合考虑已有状况和各种影响国家通用语言文字发展的因素，可以推断，在将来很长一段时间内，村寨居民的普通话和规范汉字发展依然会弱于城镇市区的发展。原因如下：一是村寨居民的国家通用语言文字现有水平已然低于城镇市区的居民，两者的发展不在同一起跑线上；二是村寨居民接触到外地人及书面材料的机会较少，所以他们使用普通话和规范汉字的机会也相对少一些，自然也就谈不上主动学习国家通用语言文字；三是政府及相关部门组织的国家通用语言文字活动惠及城镇的机会比村寨要多，村寨居民很少能够通过这些活动来学习和提升国家通用语言文字技能；四是村寨居民的受教育程度整体上低于城镇居民，学习国家通用语言文字的难度也就相对较大，且城镇居民能享受到更优的教育资源，学习途径更加丰富、便捷。

（三）国家通用语言文字传播在滇西边境口岸地区的地位和作用日益突显

滇西边境口岸地区的特殊性，必然会使国家通用语言文字的普及受到更多的重视。与非口岸地区相比，滇西边境口岸地区的政治环境、人口环境、经济环境和语言文字环境更为复杂。国家通用语言文字的普及，一是使该地区不同民族之间的关系更加紧密，二是对我国和毗邻国家之间的交流至关重要。调查结果显示，滇西边境口岸地区长期居住着一定数量的缅甸人，他们从小就能接触到普通话和规范汉字，并以此作为与当地人交际的重要工具。可以说，该口岸地区国家通用语言文字的普及与传播，直接关系到了普通话和规范汉字的国际传播问题。从另一方面看，语言文字是民族和国家的重要象征，在国家安全方面意义重大。首先，它可以联系、协调，甚至是团结、稳定某个特定的群体，维系社会的运行与发展。此时，语言文字就是一种凝聚人心的正能源。其次，各种利益集团也容易把语言文字作为自己争取某种利益的工具，从而引发摩擦、对立，甚至造成冲突。此时，语言文字的作用便会演化成为一种分散力、负面力。近年来，因不同语言文字产生冲突的现象时有发生，如某些境外势力利用少数民族语言文字做文章等，给国家语言安全敲响了警钟。因此，在当前国家通用语言文字的传播中，正确处理边境口岸地区的各种语言文字关系，已成为我们不可回避且不可忽视的重大安全问题。

（四）国家通用语言文字与少数民族语言文字和谐发展

随着社会、经济、教育的发展和政策措施的完善，国家通用语言文字的传播呈现出了必然性，但这并不与少数民族语言文字的存在和发展相冲突。《国家通用语言文字法》规定，国家推广普通话，但各民族都有使用和发展自己的语言文字的自由。特别是最近几年以来，国家和地方越来越重视少数民族语言文字的传承和发展，一些地方政府及相关部门还出台了一系列保护、宣传少数民族语言文字的措施。在滇西边境口岸地区，不仅有少数民族语言文字的电视广播，还新增了专门的少数民族语言文字网站，相关部门也会组织人员进行少数民族语言文字培训，有时还会对少数民族语言文字文化的传承者给予适当的奖励。这些都将促进少数民族语言文字的健康发展，并与国家通用语言文字的深入发展呈现出包容、和谐、多样的语言生活状态。

二、滇西边境口岸地区国家通用语言文字传播建议

（一）进一步加强边境多民族地区语言政策规划

第一，完善现有语言文字法规。当前，尽管我国已经颁布了《国家通用语言文字法》，各省也制定了各具特色的相关条例，但由于颁布时间较晚，公众知晓度较低，认同度不高，间接地导致了语言文字不规范现象的产生。此外，由于滇西边境口岸地区特殊的地理区位，跨境的、多民族的交际主体在边境口岸频繁往来，势必造成语言使用状况的多样性。因此，滇西边境口岸地区要进一步加强国家通用语言文字的规划，应在明确国家通用语言文字功能和地位的基础上，立足当地语言生活实际，制定出适用于当地的语言文字法规，对其各领域用语用字、公民享有的语言文字权利和义务等，进行明确规定。

第二，加强少数民族语言文字的保护。滇西边境口岸地区少数民族众多，在普及国家通用语言文字的同时，应确保各民族语言文字和谐发展。例如：在少数民族聚居区，允许工作人员掌握一定的少数民族语言，设置一定的少数民族语言文字标识，努力构建边境口岸和谐、生动的语言文字生活等。同时，随着当前语言文字研究的不断深入，对逐渐消亡的语言文字的研究已经得到社会各界的广泛关注，学习和使用少数民族语言文字的人群也会越来越多，这些都将促进各民族语言文字的和谐发展。

第三，提高当地相关部门及机构的执行力。首先，不断更新并发展多元化的宣传方式。滇西边境口岸地区应进一步加大《国家通用语言文字法》《云南省国家通用语言文字条例》等宣传教育力度，并将其列入不同领域以及不同社会人群的普法教育内容之一，同时配合以生动活泼的宣传手段和宣传方式。据调查，多数调查对象不大接受普通话和规范汉字的讲座、海报等宣传方式，但对大众传媒、教育机构的宣传活动较为欢迎。当前，大众传媒已经成为信息传播最主要的途径之一，具有较多优点，可以借助大众传媒进行积极宣传。此外，学校师生是推行国家通用语言文字的主力军，可以通过校园向家庭、社区辐射，以此提高民众对国家通用语言文字及相关法律法规的知晓度与认同度。

第四，完善监督与管理机制。首先，号召社会大众积极发挥监督主体的作用。社会大众既是守法主体，也是监督主体，建议当地政府及相关部门进一步加强社会大众参与法律实施监督的保障机制建设，让社会大众积极参与到语言文字法规实施的监督管理中。其次，强化规范汉字应用的监督与检查。既要加强对文化教育、官方工作、大众传媒、公共服务行业和公共场所规范汉字使用情况的监督检查，又要加强对报纸、杂志、书籍、网络电视传媒等文化产品和信息技术产品的规范汉字使用的监督检查。最后，加强语言生活的监测与引导，通过相关监测平

台，追踪检测并研究分析国家通用语言文字使用中出现的新现象和新问题，包括手机、网络等新媒体的使用情况，对不规范现象加以矫正与指导，引导语言生活健康发展，共同营造规范使用国家通用语言文字的社会氛围。

（二）建立并强化国家通用语言文字的培训和测试机制

第一，建立并强化针对不同领域的国家通用语言文字培训。把普通话和规范汉字培训项目，列为滇西边境口岸地区的学校教育机构、机关单位、大众传媒和服务行业人员的培训内容，并进一步加大培训力度。同时，从实际出发，开展评价体系多元化的普通话和规范汉字能力培训，以满足不同行业、不同工作和不同岗位的语言文字需求。

第二，建立并逐步强化针对村寨居民的国家通用语言文字培训。调查显示：滇西边境口岸地区村寨居民对国家通用语言文字的传播效果仍有待提高和完善，很多调查对象离校后习得普通话和规范汉字的途径相当有限，甚至无法继续学习，自学效果也不理想，建立针对性的国家通用语言文字培训能为他们提供一个专业、科学、有效的学习平台。

第三，加强国家通用语言文字测试的力度和广度。以普通话口语水平测试为例，不妨结合当地的实际情况，从普通话作为一种日常交际工具的角度，对自愿参加测试的民众进行一些常用交际话语的测试，只需要大致判定出测试者的普通话听说读写能力状况即可，对能力较强的加以肯定和鼓励，对能力较弱的提出学习建议。规范汉字也不例外。这样一来，可以激发能力较强者内心的成就感，从而鼓励他们多说多写，尽量说标准的普通话，尽量写规范汉字；而能力较弱者也有了学习、改进的方向。

（三）培育民众使用国家通用语言文字的语用心理

第一，培育民众使用国家通用语言文字的自豪感。语用主体对普通话和规范汉字的情感与心态，会直接或间接地作用到对它的认知、认同，以及习得与使用的行为上，尤其是当积极、主动或正面的情感和心态产生时，更是如此。因此，在传播国家通用语言文字时，应重视培养公众对国家通用语言文字学习与使用的自豪感，并以此心理认同为基础，主动、自觉地学习、使用和传播国家通用语言文字。

第二，树立国家通用语言文字实用性意识。调查发现，滇西边境口岸地区民众对于普通话和规范汉字的实用性认知还是比较高的，尤其是"比较有用"的认知评价，而且人们对国家通用语言文字在工作学习中的实用性评价要优于在日常生活中的实用性评价。调查还发现，滇西边境口岸地区的村寨居民，生活较保守，交际圈狭窄，受教育程度低，普通话及规范汉字的需求不大，因此对国家通用语言文字的实用性认知多停留于抽象层面,并未真正从内心认同规范汉字的实用性。就此而言,只有公众树立了国家通用语言文字实用性意识,才能让他们切身体会到学习和使用国家通用语言文字的方便与益处。

(四)通过师资建设促进国家通用语言文字的传播

调查发现,学校教育是普通话和规范汉字推广与传播的重要途径之一,其中起关键作用的便是教师。教师的普通话、规范汉字的能力和水平,以及使用普通话和规范汉字的情况,会直接影响甚至决定学生对国家通用语言文字的掌握、使用与情感、态度。同时,滇西边境口岸地区少数民族众多,人口流动较大,语言文字使用情况也较为复杂。所以,当地有关部门可利用学校的有利条件,组织学校开展国家通用语言文字教学的本土化研究,实现国家通用语言文字传播的本土化。

(五)为国家通用语言文字的传播提供各方面的保障

第一,国家通用语言文字的传播需要稳定而有力的资金保障。滇西边境口岸地区应重视在政府财政投入的基础上,开拓与发展多元化的资金筹集渠道,并加强对该经费的管理与使用。同时,在争取国家逐步增加专项拨款的同时,当地政府及相关部门也要设立相应款项,用以支持、发展滇西边境口岸地区的国家通用语言文字传播事业。

第二,加强国家通用语言文字学习材料的全面建设。调查发现,滇西边境口岸地区的国家通用语言文字学习材料仅限于学校教材,针对的是学生群体,因此该口岸地区人群的普通话和规范汉字学习途径大部分限于学校教育。因此,建议应针对不同行业的工作人群和村寨居民编辑出版内容实用的国家通用语言文字学习材料,同时配合普及国家通用语言文字必要性的宣传工作,让学习材料真正发挥实效。

第三,将国家通用语言文字传播与文化传播紧密结合。语言文字作为文化的重要载体,在其传播的过程中,必将带来文化的传播,而人们在学习语言文字的同时也就是在学习一种文化。滇西边境口岸地区民族及人口的复杂性,决定了普通话和规范汉字的传播应与中华文化、民族历史等相结合,这不但有助于提升民众对国家通用语言文字的学习兴趣,而且还会使民众从内心生发主动学习、积极使用普通话和规范汉字的动机,从而使得当地国家通用语言文字普及度得到更有力的提升,最终促进口岸地区与内陆地区、民族之间甚至是国际之间的交流与发展。

（六）通过国家通用语言文字塑造国家语言形象

第一，滇西边境口岸地区因其特殊的地理区位，少数民族众多，边民往来频繁。当地民众对国家通用语言文字的认同与对国家的认同、中华民族的认同是息息相关的。边境口岸地区的安全不仅是领土上的防御与保护，还包括语言文字观念上的安全。边境口岸的国家通用语言文字发展，是该地区公众形成民族认同感的主要依据，是区分我国与他国的依据，是国家安全的重要内容。

第二，在国际对外交往中，国家语言形象至关重要。外国人通过普通话、规范汉字，了解我国的传统文化和悠久历史。滇西边境口岸地区是国家语言形象塑造的重要窗口，当地推广和普及国家通用语言文字的状况直接关系到我国官方语言形象的塑造问题。努力提升滇西边境口岸地区地区民众的普通话、规范汉字的能力和水平，不但有助于提升口岸地区的民族素质，树立良好的语言形象，而且有利于外国人正确理解中国的语言文字及其文化。因此，当地可以充分发挥大众传媒的示范作用，开办一些有关语言文字及其文化的节目，联合相关部门加大对语言文字的宣传，还可以将当地举办的语言文字活动通过媒体的方式进行播报，达到宣传面广、知名度高的效果，增加民族自豪感。

参 考 文 献

陈章太. 2002. 说语言立法. 语言文字应用, (4): 19-24.
陈章太. 2005. 语言规划研究. 北京: 商务印书馆.
陈章太. 2010. 《国家通用语言文字法》的成就与发展. 语言文字应用, (3): 8-11.
段晓平. 2005. 语言文字法规在教育领域的实施现状与思考. 现代语文(理论研究), (1): 31-35.
冯广艺. 2013. 语言生态学引论. 北京: 人民出版社.
冯军. 2010. 在新的起点上进一步加强国家通用语言文字法制建设. 语言文字应用, (8): 13-19.
郭龙生. 2004. 当代中国普通话推广政策的价值取向研究. 修辞学习, (5): 1-7.
郭龙生. 2005. 略论国家通用语言文字的传播战略. 语言文字应用, (1): 18-24.
郭龙生. 2011. 中国当代语言规划的理论与实践. 广州: 广东教育出版社.
郭龙生. 2012. 教育领域普通话普及情况调查分析. 语言文字应用, (3): 81-89.
黄德宽. 2010. 《国家通用语言文字法》的"软法"属性. 语言文字应用, (3): 11-13.
教育部语言文字信息管理司. 2008-2017. 中国语言生活状况报告. 北京: 商务印书馆.
李宇明. 2010. 中国语言规划论. 北京: 商务印书馆.
李宇明. 2010. 中国语言规划续论. 北京: 商务印书馆.
吕冀平, 戴昭明. 2000. 当前我国语言文字的规范化问题. 上海: 上海教育出版社.
马丽雅, 孙宏开, 李旭练. 2007. 中国民族语文政策与法律评述. 北京: 民族出版社.
普通话普及情况调查项目组. 2012. 普通话普及情况调查资料汇编.
王立. 2006. 国家语文法规与公众语言生活. 语言文字应用, (4): 12-19.
王铁琨. 2009. 试论《国家通用语言文字法》颁行的意义及其特色. 语文研究, (4): 1-5.
王远新. 2007. 语言田野调查实录. 北京: 中央民族大学出版社.
魏丹. 2005. 语言立法与语言政策. 语言文字应用, (4): 8-13.
魏丹. 2006. 《国家通用语言文字法》的立法经过及其内涵. 语言文字报, (2): 1-2.
许嘉璐. 2001. 历史上第一部关于语言文字的法律. 语言文字应用, (2): 3-5.
薛占峰, 董金凤. 2006. 《国家通用语言文字法》贯彻实施中存在的问题及对策. 现代语文, (8): 44-46.
姚喜双. 2012. 大力推广和规范使用国家通用语言文字. 语言文字应用, (5): 6-13.
易花萍. 2012. 我国语言文字法的当代内涵与文化样征. 社会科学家, (4): 153-155.
张璟玮, 徐大明. 2008. 人口流动与普通话普及. 语言文字应用, (8): 43-52.
中国语言文字使用情况调查领导小组办公室. 2006. 中国语言文字使用情况调查资料. 北京: 语文出版社.
周庆生. 2003. 国家、民族与语言—语言政策国别研究. 北京: 语文出版社.
周芸, 龙柯廷, 张超. 2016. 西双版纳边境地区语言文字法规实施状况调查研究. 北京: 科学出版社.

后　　记

2014 年，我主持申报的云南省哲学社会科学规划项目"中缅边境口岸地区国家通用语言文字普及度抽样研究"获得立项。随后，课题组经多次研讨和论证，最终确定了项目研究的具体目标、基本框架和调研方案，于 2015—2016 年，先后赴滇西边境国家一类口岸畹町口岸、瑞丽口岸、猴桥口岸、清水河口岸开展田野调查工作。调查工作结束后，课题组主要成员于 2017—2019 年，完成了调研数据的整理、分析和校对、查缺补漏等工作，并采取负责人设计研究内容和指导研究进程、主要成员按研究方案分阶段合作的工作机制，在完成项目的结题验收工作后，又经多次修改和完善，最终形成了本书。

在项目研究过程中，全体成员为了争取更多的调查时间而坚持乘坐夜班车赶往各调查点，每天在早出晚归、饮食毫无规律的情况下仍然坚持返回宾馆后整理调查问卷、总结当天工作存在的问题及改进措施。调查期间，课题组得到了滇西边境口岸地区各界人士的大力支持和无私帮助；协助课题组开展问卷调查的有德宏师专李秋萍老师，云南中医学院杨延芳老师，云南师范大学传媒学院余明霞、李渊、李玉坤、胡紫璇同学，云南师范大学文学院龙琼、王兆燕同学，德宏师专冒亮、宝俊、杨文静、张丽同学，滇西科技师范学院茶永兵同学，他们的帮助使调查工作的效率大大提高；资助本书出版的云南省哲学社会科学规划办公室的领导及相关专家、工作人员，以及不辞辛劳、耐心细致修改和完善书稿的科学出版社的领导及责编，更是坚定了我们关注语言生活研究的信心。在此一并表达我们内心深处最为诚挚的感激之情。

本书作者分工具体如下：周芸负责全书体例的撰写、调查方案的确定和全书内容的修订和统稿；吴秋娜主要负责清水河口岸普通话和规范汉字的调查及数据分析、文字描述，并协助周芸完成各调查点的数据整合及文字阐述；曾晓英主要负责畹町口岸、瑞丽口岸、猴桥口岸普通话的调查及数据分析、文字描述，以及普通话调查点的文字整合；岳雄主要负责畹町口岸、瑞丽口岸、猴桥口岸规范汉字的调查及数据分析、文字描述。

周　芸
2019 年 8 月于昆明